鹿飞雪解密

——《形意拳学》

鹿飞雪 著

人民体育出版社

图书在版编目（CIP）数据

鹿飞雪解密《形意拳学》/ 鹿飞雪著
. –北京：人民体育出版社，2019
ISBN 978-7-5009-5543-6

Ⅰ. ①鹿…　Ⅱ. ①鹿…　Ⅲ. ①形意拳–基本知识
Ⅳ. ①G852.14

中国版本图书馆 CIP 数据核字（2019）第 047197 号

*

人民体育出版社出版发行
三河兴达印务有限公司印刷
新　华　书　店　经　销

*

787×960　16 开本　24.75 印张　301 千字
2019 年 9 月第 1 版　2019 年 9 月第 1 次印刷
印数：1— 5,000 册

*

ISBN 978-7-5009-5543-6
定价：75.00 元

社址：北京市东城区体育馆路 8 号（天坛公园东门）
电话：67151482（发行部）　　　邮编：100061
传真：67151483　　　　　　　　邮购：67118491
网址：www.sportspublish.cn
（购买本社图书，如遇有缺损页可与邮购部联系）

目 录

上卷 《形意拳学》解密

下卷　习拳偶得

上卷

《形意拳学》解密

解密孙公禄堂《形意拳学》
——自序、凡例、无极学

自序：余幼而失学，即喜习武事，并非图猛力过人之勇，只求有益卫生之功；不以气粗力猛为勇，而以不粗不猛刚柔并济而为勇也。人有言曰："武学与文学一理。"理既同则何分轻重？然文学之士所以不讲武术者，实因有粗猛不雅之弊耳。余于形意一门，稍窥门径，内含无极、太极、五行、八卦、起点诸法。探源论之，彼太极、八卦二门及外家、内家两派，虽谓同出一源可也。后世渐分门类，演成各派，实亦势使之然耳。

《自序》之中，唯此段须加以解释，并不能匆匆过去。其中言，内家武术是不粗不猛刚柔并济而为勇，这段话要格外注意。如今太多练拳的都是唯恐自己不够刚猛，还有往散打搏击上靠的，这么练从根本上就是错误的。另外，还有一个需要特别关注的是"起点"。绝大多数人看到这里不知所以，但过去人写书每一个字都会非常考究，绝没有废话。文字天授，不可随意曲之。起点，是内劲生发的关键！

凡例：体操一门，种类繁多。唯形意拳法，系顺天地自然之理，运用一派纯正之气，勿论男女妇孺及年近半百之人皆可练习。一无折腿屈腰之苦，二无跃高纵险之劳，且不必短服扼腕，随便常服，均可从事。此诚武业中文雅事也。此体操较别项体操不同。别项体操有或尚劲力，或进柔软，或讲运气，以至刀矛技艺等等不一。皆非同此拳之妙用，故不能脱俗。

这段话是点睛之语。人皆以为武术和西方体育等同，功夫就是苦练狠练咬着牙练，其实大谬不然。孙公禄堂说得很明白，别人家有可能这样练，但我们家不是，形意拳练的是纯正之气。这个气不是后天气血的气，也不是呼吸的气，而是浩然正气，天地宇宙最本体的功能，衍化一切万物的根本推动力，在道家叫它"太极"，内家拳就叫"内劲"，孙公叫它"一气"，所谓一气即太极，太极即一气。学拳从一开始立意就要正，一开始搞错了，以后还能练得对吗？所谓失之毫厘谬以千里。所以孙公禄堂进一步引申，形意拳谁都可以练，男女老少都没问题，这说明形意拳是最自然、最本能的拳法，练的不是肌肉块或者胳膊粗拳头大，而是人的自然本能。这个自然本能万物平等，谁身上都有，人身上有，动物身上也有，甚至植物身上也有。从这个最基本的自然本能开始，不管男女老少大家都在一个起点上。当然，学拳第一步肯定是把身体练好，所谓身心转变，转弱为强，这些都是小小不然的事情。

世人对于形意拳还有另外一个误区，就是觉得形意拳刚猛至极，可实际上呢？孙公在这里说得很清楚：既没有劈叉拉筋的痛苦，也没有蹿蹦跳跃的冒险，甚至不用穿练功的衣服，就是日常服装也可以练拳，而且是文雅事！下面更深入一步，这个拳不讲究劲力、柔软、运气，甚至没有特意练兵器的功夫，读到这里是不是头大呢？哪有不讲究劲力的拳法？怎么打人呢？硬也不是软也不是，那么哪个是？郭云深说过一句话："形意拳无他，神气耳！"说白了形意拳练的是本能，内家拳做减法不做加法，只是回归而已。好像老虎狮子天生就会捕猎动物当食物，只是需要妈妈来带几年实践。这种本能人也有啊。我们练形意拳就是要通过拳法系统锻炼，把这个本能找出来。老虎狮

子捕猎哪会讲究劲不劲的，自然也不会运气，人家上去就是那么一下，本能出来摧枯拉朽。为什么形意拳不特意练兵器？老虎狮子的爪子和牙齿就是人家的兵器，本能出来自然就会用了。所以我们练形意拳的功夫出来了，给你把刀还是剑都是捎带手的事，不过是手臂的延长或者手里多了个老虎爪子。总之一句话，我们是练本能用本能，没有刻意做作之功。但凡你做作了，就入了后天有形，用孙公的话讲：太俗！而俗的对面呢，不就是圣嘛！

上编　形意混沌辟开天地五行学

第一章　形意无极学

无极者，当人未练之先，无思无意，无形无象，无我无他，胸中混混沌沌，一气浑沦，无所向意者也。世人不知有逆运之理，但斤斤于天地自然之道，气拘物蔽，昏昧不明，以致体质虚弱，阳极必阴，阴极必死。于此摄生术，盖未有谙也。唯圣人独能参透逆运之术，揽阴阳、夺造化、转乾坤、扭气机，于后天之中返先天，复出归元。保合太和，总不外乎后天五行拳、八卦拳之理，一气伸缩之道。所谓无极而能生一气者是也。

这段话基本就是孙公在传道了，但不是说具体的修道方法，而是讲道家修行的基本理论。孙氏形意拳里头两个桩，一是无极桩，二是混元桩。无极和混元都是道家的东西。"无极而太极，太极而两仪""有物混成，在天地先"。无极桩是为返先天，而混元桩是为了出内劲。无极其实就是佛家涅槃的境界，说境界都不对的，只能说道体根本。"道自虚无生一气，便从一气产阴阳"，就是说一气（也就是内劲），是从这个上头出功夫，而这个功夫是从虚无之中自己来的，而不是你能刻意造作出来的。所以说内家拳是做减法不是做加法，谁做加法谁就错了。而无极就是这个虚无，无极学就是研究这个虚无本体的学问。修佛、修道最后的归宿都是涅槃，我们练内家拳的存身立命之处也是这个。佛家讲，用即用不用即歇，其实和内家拳道理一样的，不用即是无极，用即是太极。所以如果只是向上一路修道，无极桩已经足够。这个东西比打坐要高明得多，唯有过来人知之。

道家讲顺行和逆行。人从出娘胎那一刻开始，就是走向死亡，这个过程人类无法控制，只能看着自己的生命走向尽头。除了修行成就的佛菩萨，任何生命都摆脱不了这个顺行的规律，早晚都得死，包括天地万物、有情无情、动物植物。只要是道体衍化出来的有形有相，都是在顺行的路上迈向死亡。那么是什么在决定这生命衰亡的过程呢？孙公说了，是天地自然之道，气拘物蔽，昏昧不明。天地自然之道就是顺行，所谓顺行就是消耗，而消耗又从何来？七情六欲！人其实从性成熟开始就走向了衰亡，女子14，男子16。过去古人结婚早，消耗也就早。如今结婚晚，相对消耗也就晚一点。当然，洁身自好是可以的，放纵欲望则不在此列。那么有没有办法挽回或者延缓生命的衰老呢？当然是有的，道家早就喊出与天地同寿的话，而且实践了几千年。既然七情六欲是衰老的根本原因，那么把这些消耗停住不就行了嘛。这在佛家就是说"如香象渡河截流而过"，在道家就是说"无缝塔"，没有丝毫的泄露，生命瞬间就停掉了，好像关掉电门一样。而无极桩就是做这个工作，刹那回到本源，一瞬间思维呼吸都停掉了，这个状态就是无极。其实普通人小时候都有发呆的经历，东北话讲叫"卖呆儿"，自己是不知道的，除非旁人提醒你，回过神来才知道自己刚才呆住了，这个就是生理上自然的入定。什么叫定？很多人把它神秘化了，没做到的人才会神化，练到了才晓得其实就是生理心理的自然现象。平常人心里头复杂，念头一个

接一个，是永远不会有定的，当你脑子里干干净净，此心如如不动时，自然就会入定。所以定只是现象不是根本，如果长时间呆在定里是犯戒的，还得能出来继续往上走。随着修行的不断深入，就会有不同程度的定，这些都不能执着。对于内家拳来说，初步定已经足够了，能够在无极桩站到初步入定，就已经见到了本来面目，返了先天境界，下一步就可以进入到混元桩，悟出内劲。

大道至简，释迦牟尼拈花微笑，连话都是多余的。咱们就一个无极桩，你去站就是了。这个门里最忌讳的是起心动念，还有玩弄习气的。比如自作聪明，比如好琢磨好问。看了几篇书，脑子里就泛出无数问题，这些都是在后天自我磋磨，是没有前途的。我们要不思而得，是为智慧；思而有得，那是小聪明。有了问题不要动脑子去想，而是要去反复看前人的文章，有了感悟再去练功，那么身心两验，就会有智慧迸发，这个才是真得。只要是你想出来的，别管你自己觉得多有道理，因为片面所以错误。如果单凭想象就能成就，这世上就都是佛菩萨了。大道唯一，只有这一条路。千万不要没事瞎琢磨，然后没完没了地去问自己的上师，那是非常愚蠢的俗行。不光是练拳时如此，平常生活里也要把心时刻安静下来，行走坐卧都是这个状态，才是真正的练功。聪明值钱但不贵重，只有智慧才千金不易。

第一式

起点面正，两手下垂，两足为九十度之式。此式是顺行天地自然之道，谓之无极形式也。

两脚外开90°（多一点少一点没关系，只要舒适自然），脚跟相触。周身自然站立，舒适得力，不能有丝毫的刻意或者较劲。重心均匀放在两个脚跟的中心，则两腿膝盖自然微

弯。两臂则顺势放在身体两侧稍靠前，手指合拢贴于腿侧。两眼平视远方，不可瞪眼，也不可眯眼，总之要自然而然。无极桩并没有任何规矩要求，六合九要是后天的，无极桩纯属先天，只要站好了就行了。人都是故意麻烦自己，以为繁杂的才高明，其实最高明的是最简单简易的。难道你连站好了都不会？坐、站、走、跑都是人的本能，何须再造作一个出来？此式顺行天地自然之道，是说无极起点，之后便是太极、两仪，但其本身要如如不动，把握好这个非常关键。为什么说起点非常重要呢？这个起点你顺行就是做人，逆行就是修行，所以无极下头是含一气，便是逆运先天之气了。《道德经》里有句话："专气致柔能如婴儿乎？"说出了道家修行的两大秘密，即专气和致柔。专气就是息，把后天呼吸转成了若有若无，这个就是先天之息，而无极桩就是专气的功夫。种种修行，如果不能第一步做到专气，其他都是白扯的。所谓呼吸一微妙生理就微妙，任何身心的改变，所谓明劲暗劲易骨易筋，都是从呼吸转变开始。多少人一辈子练拳不出功夫，在肌肉上浪费生命，就是不懂专气致柔的道理，或者说没得到真传。因此孙公把无极桩放在第一位，用心何其良苦！

初学无极桩会有一些不适应，比如脑子乱，陈芝麻烂谷子都翻出来；又比如浑身别扭，总想着这个规矩那个要求的。这些其实是正常的好现象，因为你一直在后天上自我琢磨，突然让你清清静静返先天了，生理心理上肯定会有反应和变化。所谓烦恼即菩提，此时的种种不耐，恰恰预示着你正走在正确的路上。所以把心放平，把自己忘掉，或者看着这些烦恼思绪，你的心不要动，慢慢就能入港了。没有人能够一天成佛，也没有人能够一个月就成为形意拳大师。无极桩的妙处在于足跟着地，身体是个不稳定平衡，如果你心思一乱就会站不住，所以这点是非常微妙的。还有一点要注意的，就是不要刻意地把体重压在脚跟上，这样时间一长脚跟会痛。所谓渡河用舟，到岸则弃，可以观想自己全身飘浮在空气中，也可以观想自己被一根大绳子轻轻垂钓在半空，这样可以让脚后跟减负，进入状态了就要马上扔掉这些观想，总之空空静静的才是唯一的根本。如果不能入静，有个窍门可以用：站桩最好是晚上，晚上阴气做主容易入静，然后站在窗户跟前往远看，看得越远越好。把自己的身心放空了，自然也就入静了。

"道本自然一气游，空空静静最难求"，无极桩就是这个空空静静的大原则，而且要贯彻到所有的拳乃至自己的生活之中。内家拳不入后天气血，先天有了后天就会有了。比如说明劲是小周天功夫，因为明劲练到极处是六阳纯全，就是婴儿刚出生的状态，而刚出生的婴儿周天是自然贯通的，又何须你后天刻意去练？所以谈气脉、穴位、经络这些，都不是内家之正道。无极桩就是典型的例子，只要你心一静气血马上发动，有病治病，无病强身。无极桩首先是入静，而后气血就会发动，景象则因人而异。有浑身发热的，有两手胀大的，还有轻轻晃动的，这些都不要去管。还有本来身体有暗疾或者明疾的，气血动了一定会去调理，就会有种种不适的状态出现，也都不要去管它，等气血过去病好了，现象自然也就没了。而真正完全健康的人站无极桩，只会有空空静静和体会到气血川流不息的景象，实际上如今的人们几乎没有完全健康的，所以要对这些有个心理准备。总之不要去管现象，只要空空静静不动心，真进入到无思无想空空静静的境界，身心内部不由自主会生起法喜，也叫内触，是无比的愉悦。释迦牟尼说寂灭为乐，寂灭这两字引用得不好，让常人以为涅槃没乐趣，太寂寞，其实那是真欢乐。世俗的快乐不能持久，只有无极涅槃处生出的法喜才是真正的快乐。这个不多说了，只管练去。

无极桩站到极处，心里头会越来越干净，最终达到心无思绪，空空静静，这个时候定就自己来了，而定的现象是思维停止，呼吸停止。但这个只是初步定，瞬间你能反应回来，知道自己刚才定住了，从形而下来讲，已经够用了，就可以去站混元桩了。如果想修学道艺，则继续深入，这个就要看自己的福德缘分有没有。无极桩真正进入空空静静，才能见到自己的本来面目，功夫不到就都是瞎想，所以老师给你引个路，关键要靠自己走。老师准备了一桌饭，能吃多少要看你肚子有多大。教是老师的，得可是自己的。想要这方面造化深，平时多读《金刚经》和《六祖坛经》启发智慧，同时要行善不作恶，给自己积攒福德。请记住，福德和智慧是连在一起的。聪明人不一定会做好事，但有智慧的一定是大善人。到达心无所住的地步，此时心不动便是无极，一动便是太极，我们练拳的是要研究是如何的"一动"，这个才是根本。如果能来去自由，那就是如来！到了这个地步，要把它运用到生活里头，比如工作很忙则抽时间静个一两分钟，也不一定非要采用无极桩的形式，随时随地安静一下，这样身心就会受益了。这里再公布一个秘密，其实心真的静下来，身体里头就会自动炼精化气，不一定非得练拳时才有。晚上睡觉如果不做梦也是一样的。小孩子成长的过程就是这样，思无邪，无梦，长得就快就好。但一定得是真静，无极桩站出来的这个，不是后天想的我要静，那个是假静，没用的。生活里随时静一下，你就受益了，这便是把无极桩生活化，把内家功夫生活化，随时随地行走坐卧都是练功。

最后再解说一下"阳极必阴、阴极必死"这句话。有人认为孙公这句话说错了，其实是不懂阴阳互易为用的道理。就好像有白天就有黑夜，身体里有阳气就有阴气，阴阳都为生命所用，也决定了生命的归宿。所谓孤阳不生，孤阴不长，不可能有单独阴阳的作用，它们只是主导作用的互易而已。比如男人的身体是8年一个转变周期，女人是7年，

那么男人到了48岁、女人到了42岁，从出生时的纯阳状态到阳气消耗殆尽的状态，就是阳极必阴。在过去的几十年里是阳气做主，阳气主生发，故生命呈现积极向上的态势。此后阴气开始做主，人就逐渐进入暮年。进入暮年之后，因为阴气做主的原因，阴气主收藏，故生命呈现安静内敛的状态。那么再过四十几年，阴气也消耗殆尽，就是阴极必死，生命也就到头了。从这个道理上说，男人的寿命应该是96岁，女人的寿命应该是84岁，但实际生活中男人的寿命普遍没有女人长，主要是男人酒色财气熏染得更深，而女人相对淡一些。同时个人禀赋有差异，体现在寿命上或长或短，但大体不出这个范围。因此想要健康，就是扶植阳气生发。想要长寿，就要远离习气欲望。

解密孙公禄堂《形意拳学》

—— 形意虚无含一气学

虚无者，〇是也；含一气者，☉是也。虚无生一气者，是逆运先天真一之气也。但此气不是死的，便是活的，其中有一点生机藏焉。此机名曰：先天真一之气，为人性命之根、造化之源、生死之本、形意拳之基础也。将动而未动之时，内心空空洞洞，一气浑然，其迹未露，其理已具，故其形象太极一气也。第一式：起点半边向右，两手下垂，左足在前，靠右足里胫骨，为四十五度之式。内舌顶上腭，谷道上提。此式是揽阴阳，夺造化，转乾坤，扭气机，逆运先天真阳，不为后天假阳所伤也。

这一章，就是讲内劲怎么来的。这一章懂了，就容易把内劲练出来。不经过这个阶段，直接到三体式或者五行拳里去揣摩，一是白瞎了孙公的良苦用心，二是穷尽一生之力，恐怕最终也会两手空空一无所获。

虚无，也即是上一节的无极学，空空静静，一无所有，道体的面目本来就是如此，若是有丝毫有形有相便是假的。比如有人修禅，拼命找那个空，入那个静，克己复礼，压制自己的神经和思维，最后修到大脑一片空白，虽然很用功，但却是大错特错。因为

你那个空和静是造作出来的，只是烦恼思绪的另一种表现而已。我们修行要见到本来面目，不是要你去压制或者强制自己的思想，只是要把自己放下就行了。比如一杯清水投入一把沙子，你是想方设法去把沙子捞出来，还是静静地看着它慢慢沉淀呢？沙子本来就不是水的一部分，不要管它，自己就慢慢沉淀下去，清者自清浊者自浊，本来无一物，何处惹尘埃？所以根本不需要你采取这样那样的方法，放下就足够。李存义跟着刘奇兰练了15年没成，16年上悟了。不是工夫下得不到，他练了15年工夫大不大？其实没功夫。形意拳说你有没有功夫，是指你对内劲掌握的程度。脑子没走到正地方，练再多也终归无用，突然有天开悟了，知道内劲是怎么回事了，拳法道法才真正上路。所以不要着急，慢慢来。平时工作忙事情多，感知不到自己心有多乱，一旦站桩打拳了，就会觉得怎么心这么烦乱，这是好现象。晚上站桩最好站在窗户跟前往远处看，把自己放空了，心也就静了。或者你就看着这些烦恼思绪，你的心不要跟着去动，那么一段时间以后也就静下来了。这个和沙子沉淀的道理是一样的。总之，别着急，慢慢来。

　　一气就是后面的太极，也就是内劲。含一气，它还不完全是一气，是含在当中，似有非有，若隐若现，似动非动，有那么一点意思。为什么要设计这么个半转身的动作，就要非常感谢孙公，真是用心良苦，因为他知道内劲这个东西无形无相，不好把握理解。因为他练形意拳时对于掌握内劲就走过很多弯路，在郭云深那里都没搞明白，还以为内劲就是小腹鼓劲，丹田发力，练得自己小腹如铁，这当然是不对的。在郭云深那里没开悟，就只好把他带到山西见宋世荣和车毅斋，结果在宋世荣那里悟了。也正是因为他有过这段经历，所以在这里专门设计了一套过程，从无极学到含一气再到太极学，这是整个内劲从无到有的过程，就是为了让后人有所凭借，不要再走他曾经走过的弯路。但实际上，孙公的著作读了的都会说深奥不好理解，绝大多数人一眼就看过去了，然后把重点放在三体式和五行拳乃至十二形里。其实整个重点在前面这三章，也就是无极学、含一气学和太极学，你把这三章搞明白了，后头学不学都无所谓，你去练拳击都能练出内家的真东西来。更为重要的，这三章就是拳道相合、以拳入道的根本，懂了这个就入道了，也知道怎么修行了，你说重要不重要？

关于内劲，后世有很多的说法，但都无法进行印证。好像你修禅宗说自己悟道了，你得找过来人印证才行。六祖就要去找五祖，五祖就要通过四祖。只有过来人说你这个对，比如达摩临走前验证自己的三个弟子，说第一个得了他的皮，第二个得了他的肉，第三个慧可才得了他的骨。关于形意拳，有人说内劲是丹田发力的，也有人说是腰胯使劲的，也有人说是内气迸发的，用孙公禄堂的话："此皆是抛砖弄瓦。""一气即太极，太极即一气；一气者，形意拳之内劲也。"这些都是孙公禄堂的原话。内劲是无形无相的，而且只有一个来路，就是从无极本源空空静静中来，所以孙氏入门就要站无极桩，无极桩上不成就，后头就要走很多弯路了。而且无极桩本身对身心的改造也是巨大的，无论是治病调病还是强壮体格，都只是小事而已，至于说大的功效，那得从悟道得道上去讲。而"含一气"，就是从无极本源上内劲要生发出来，中间这个过程不是刻意练出来的，也没法刻意去练，凡是起心动念就都是错的，它是自己出来的。你得了那个空空静静，才能有基础说下一步把内劲找出来。其他的形意门派没有这个，师徒间都是靠心心相印，好像禅宗打机锋，也像打哑谜，各种比喻，希望徒弟能开悟。到孙公这儿简单了，去站无极桩就行了。无极桩这个空空静静，必须是刹那能够入定，呼吸和思维都瞬间停止了，那个境界才是真静，除此而外都是假的。然后从无极桩一动变到含一气，就好像道体本来空空静静，也没有这个天

13

地宇宙，物质的东西什么都没有，但是道体无心一动，就产生了阴阳，衍化出世界，而含一气就是模拟这个过程。所以练含一气还是不要动心，还是空空静静，让它自己去衍化生发，我们不干预。

过去讲究入门先站三年桩，这个桩被后人附会成三体式。其实三年只是个笼统的说法，是为了强调站桩的重要性，长短要看个人悟性。因为形意拳所有的根本秘密都在站桩里头，基础不牢，地动山摇。当然也有从拳里练出来的，拳桩一体，都是一个道理，只是桩是静中动，拳是动中静，最后都要彻悟到本源，而先站桩其实是捷径。无极桩站到瞬间入定才能往下走。然后就是混元桩。为什么孙公没有把混元桩写到《形意拳学》里？因为混元桩历来都是门内秘传，老师要传你真东西，一定教你混元桩。混元桩和三体式站法都一样，但混元桩出东西快，三体式要熬腿子，一般人是做不到的。无极桩和混元桩是一先一后的功夫，无极桩主要是为了专气，就是转后天呼吸为先天之息。混元桩则是致柔功夫，随着无极桩做到专气，下一步站混元桩要把后天的气血都化了，周身内外会变得像婴儿一般柔软。两个合起来，就是专气致柔能如婴儿！所以说拳法合道，没有过来人和你说，任凭你想破大脑也无从知道。

再回到含一气学具体的动作，就是从无极桩半面向右，记得是整体转向，中间好像有个轴串在身体中间，一动齐动。原来两个脚之间是90°，现在你身体半面转到右面，就改成了45°，左脚脚后跟靠到右脚踝骨内侧的窝上。虽然身体半面右转了45°，但头始终不动，眼睛始终还是看向前方。这个动作你要是刻意去做就麻烦了，上下不和谐，拖泥带水，要不动心才行。你无极桩已经不动心了，到这里仍然是不动心，而且从今往后都不要动心，形意拳里头没有动心的拳法。你不动心，本心才会出来，内劲也就出来了，所谓不见本心修法无益，这个明白了佛法也明白了。一开始练的时候因为动作不熟，所以刻意一点没关系，等练熟了之后就不要动心了，好像吃饭不开灯你也不会吃到鼻子眼里去，就要熟到这种程度。没事就转一转，转多了就熟了。比如我们练八卦掌，一定要走过气喘吁吁的阶段，很多人就刻意压制呼吸，结果憋得脸通红，要命的是会把肺弄出毛病来，这个就是三弊之一的努气。一开始不要去管呼吸，喘就让它喘去，等到练熟了慢慢呼吸就平稳了，而后一样会转化呼吸。形意拳简单，没那么多动作，就这一个反复去把玩。记住不是刻意地苦练，内家拳没有苦练的事，我们练拳是飘飘欲仙，身心内外十分美好，不是咬牙切齿逼着自己去吃苦受累。都说内家拳养生，可天天练得十分痛苦，能养生吗？心能转物，只有精神世界先幸福起来，物质世界才能跟着美好幸福。所以你练含一气，就是那么一转就行了，该出来的它自己会出来，如果没出来，就回到无极桩里去继续体会。

　　不知道大家注意没有，孙氏门里没胖子。因为拳法合道了，身心会逆反回真，体能体质返回到十六七岁的状态，一定是细腰。十六七岁的年轻人胃口大，怎么吃也不会胖，而且吃饱了过两小时又饿了。人过了三十五六，特别是过了四十岁，不论男女肚子就都起来了，那是因为气血开始衰弱，脾胃功能下降，食物不能完全消化，就堆积在腹部周围，乃至慢慢变得肥头大耳。无极桩能美容，站几十分钟然后去照照镜子，发现自己年轻了很多，其实道理也很简单，就是逆反回真的事，从源头上接续生命了。混元桩快速转换身心，增强体能体质，特别是对肾的系统功能有突飞猛进的强健作用，身心就会变得越来越年轻了。脾胃不好的可以转转八卦掌，其实八卦掌就一个单换掌足够了。八卦掌转圈强化脾胃，不过得向明白人学，转得不对只是徒增辛苦。练过了一段时间劈拳，肺气强健了就可以适当跑跑步，跑步是对生理的验证，也是强上加强的一种方法。当然，跑步是有方法和窍门的，这个到了关节上老师一定会告诉你，早了也没什么用。

解密孙公禄堂《形意拳学》
——形意太极学

太极者，属土也。在人五脏属脾，在形意拳中之横拳。内含四德（四德者即劈崩钻炮之拳名也）。形者，形象也。意者，心意也。人为万物之灵，能感通诸事之应，是以心在内而理周乎物；物在外，而理具于心。意者，心之所发也。是故心意诚于中，而万物形于外，内外总是一气之流行也。

从无极，到含一气，再到太极，内劲已成。无极，是道体本源，空空静静；含一气，是道体功能初步显现，内劲若有若无；到太极，则内劲完成，全部显现。这里要重温孙公禄堂的原话："太极即一气，一气即太极。一气者，形意拳之内劲也。"这里我要说一段非常重要的话：内劲是从空空静静中自己来的，不是后天可以练出来的。所谓道本虚无生一气，便从一气产阴阳；又云道本自然一气游，空空静静最难求。多少人都在后天故意磨练，或以为内劲是丹田努劲，或以为内劲是丹田腹内积气，或以为内劲是腰胯结合，这些都是错的。有句话叫"切莫练排打，天然本能失"，是非常点睛的话。传统武术其实不分内外，都是练这个本能的，后世得法程度不同，渐渐有所区分，但根本上只有这个本能，而本能不在后天在先天，多少人都是在这里搞不清楚，所以穷极一生两眼茫茫。

上面这一段文字，是从道理上对太极学进行阐释。道理道理，就是合道之理。这里讲太极属土，主脾属横拳，即所谓先天之横与后天之横。先天之横，就是讲内劲，也就是一气。后天之横，就是五行拳里的具体横拳。横拳生劈拳，劈拳生钻拳，钻拳生崩拳，崩拳生炮拳，所以说横拳含四德。我们的天地宇宙都是这个规律，所谓土生土长，厚德载物，包括基督教说"尘归尘，土归土"，万物都是从土中来到土中去。脾胃为后天之本，小孩出生以后强壮与否，脾胃非常关键，能吃能睡，善消化更健康，脾胃壮的人一生少病少灾。在娘胎里脾胃就弱，生下来就是多灾多难了。那么通过练拳把脾胃强壮起来，不但把身体虚弱的病治了，还能把个人的命运也改了，所以拳法一道又岂止是舞刀弄枪？

　　这个心和意不是后天自己瞎琢磨的心意，而是有感而发的本能。比如你喜欢一个异性，那是从心里头自然流露。你喜欢一种景色，也是自然而然发自内心的美好，这种心意才是先天的功能。什么是后天造作的心意？就像演电影说我爱你，都是假的。看孙公这本书的人不少，真懂的不多，因为都是从后天故意里去理解，那永远也找不对门径的。比如哪块突然爆炸了，人一定会刹那间有反应，这就是孙公在这里讲的人心能够感通诸事之应。人在后天用脑子感觉，这些本能就迟钝了，除非遇到紧急情况才会不由自主地迸发出来，比如求生的应急本能，都是事过了才反应过来。孙公这段话的意思，就是告诉大家，天地万物和人类都是道体衍化，从根上讲都是相通的，而这个根就是先天精神。只要你返了先天，找到这个本来精神，就能和天地宇宙相往来，也就能够和天地万物互相感应。这并不是什么神话，而是我们这个宇宙最根本的道理，只是现代西方科学还没有涉及这个领域，但我们的老祖宗几千年前就已经知道了。

再来重温这段话："形者，形象也。意者，心意也。人为万物之灵，能感通诸事之应，是以心在内而理周乎物；物在外，而理具于心。意者，心之所发也。是故心意诚于中，而万物形于外，内外总是一气之流行也。"内外总是一气之流行，这个一气就是先天精神，天地宇宙万物自虚无衍生之后都具有的功能，从这个功能上讲大家都是一样的，所以孙公讲总是一气之流行，身内身外、天地宇宙，概莫能外，都是这个先天精神在做主。那么我们形意拳呢，就是体察到天地万物的这个本质才创立的一门拳术，而这个本源的精神，就是我们孜孜以求的内劲了。

第一势：起点身法由静而动，不可前俯，不可后仰，不可左斜，不可右歪，要和而不流，中立而不倚。左足在前，右足在后，左足后跟靠右足胫骨，为四十五度之式。如图是也。两肩松开，往下垂劲。两肘紧靠肋，两手抱心。左手在下，右手在上。左手食指向前伸，平直在下，右手中指亦向前平伸，平直在上，盖于左手食指之上，二指相合。头要往上顶，项要直竖，腰要

往下塌劲，两胯裹根，均平抽劲。两足后跟，均向外扭劲。两腿徐徐曲下，如图是也。两腿弯曲要圆满，不可有死弯子。身子仍不可有一毫之歪斜，心中不可有一毫之努气。起点之时，心意如同人在平地立杆，将立定之时，心气自然平稳沉静，亦无偏依，谓之心与意合，意与气合，气与力合，此之谓内三合也。不如是，则始有一毫之差，而终有千里之谬也。故求学者宜深索焉。

此式，为形意拳法动作之起点，极其重要。前面已经说明，太极就是内劲，太极式一成，则内劲圆满。除此而外，六合九要或者二十四法，亦皆具备。于此太极学不得真意，后面就全是错的。

从无极桩知道了两个大原则，一是中正，二是空空静静，从此以后，这两个大原则永不退位，无论是站桩还是打拳，首先要看看自己是不是中正，是不是空空静静。孙公用了四个排比句来强调中正的重要性，重要的话说三遍：中正，中正，中正！如果失了中正，左右阴阳即不协调，容易造成气血失衡，会带来各种身心上的问题。所以刚入门离不开师父，就是怕这方面出问题。如果师父不在身边，就以镜为师，对着镜子挑自己的毛病。那么怎么样才是中正呢？就是无极桩你站到位了，那个轻松自然的状态，这个状态来自先天，你不用考虑中正不中正，它自己自然就中正。所以就涉及第二个大原则，始终要空空静静。因为人在后天几乎没有中正，多多少少都有些偏斜，那是因为七情六欲造成气血不和，阴阳不调，反映在身体上就是歪斜。所以想找回中正，就要始终保持在无极桩空空静静的状态，这也是入门必须站无极桩的道理之一。比如你走马路牙子，自己心里头平平静静，就能多走一段，如果心里头一计较就完了，或者边上有人看你，走不了几步就得下来。这就是心动与心不动的区别，也即是空空静静的道理所在。

落实到具体动作上，两手先合，也即右手中指盖在左手食指上，两手平伸上抬，身体同时下降，这两个动作是同步的。两手上抬到胸口停住，身体下降到150° 左右两腿锁住，同时完成。到这里怎么验证你是否中正？就是身体的重心会自动放在大腿上部肌肉上，这个时候身体就是中正的，如果是膝盖吃劲就是往前歪了。大腿上部肌肉吃劲，是第三个大原则，到后面三体式及五行拳等都是如此，切记切记。很多人练拳伤膝盖，就是没有中正，体重压倒了膝盖上，用不了一个月膝盖就会出现损伤。此外，手不离心肘不离肋就不说了。肩膀要松开，不是往前去，而是平着拉开。也不是故意去拉，而是功夫到了一定程度开胯开肩，肩关节完全打开才能做到。入门阶段就只要放松，往两边松开就好

了。头往上顶，是脑后高骨上顶，有个意思就行了，不要使劲去顶。项要直竖，头往上顶后脖子自然就直了，然后就是塌腰坐胯，尾闾这一块往下、往前移动，肛门自然关闭。头顶，竖项，塌腰，坐胯，这个是一体的，不要分开。胯骨均匀抽劲刚入门做不到，记住中正平直均匀受力就好了。大腿上部肌肉承重，下降到150°左右必然锁住不能再下降。两个足跟向外扭，也是意思到，而不是使劲去扭，这样都做到了就是周身完备，所谓"外三合"。那么到后面三体式就很简单了，一伸胳膊腿二十四法就到了。

　　下面内容极其重要，说的是"内三合"。何为内三合？外三合与内三合是对应的。之前讲的都是外三合，外头合了内里才能合，反之也是如此，相辅相成。这里还要再重复一遍：中正，不能有丝毫的歪斜，同时心中不能有丝毫的努气，就是要始终空空静静。你从无极桩通过含一气变化到这里，这个空空静静始终不能有丝毫移动，而且以后也是如此。这个时候从起点开始，也就是从含一气开始变化到太极式，心意如平地立杆。这话后世都给传歪了，谣传成身法如平地立杆，而且还给用到无极桩里头去了。孙公在这里是打比方，告诉你内三合时心意是怎么样的状态。内外三合实际上是形意拳乃至内家拳的根本，有了这个才能把内劲体悟出来，才能在技击中使出效果。有句话叫"五行合一处，放胆即成功"，这里是从另外一个角度来说。其实五行也好，六合九要也好，都是身心内外相合，合到一处，这个"一"就是那个先天精神、人的自我本能，本质是虚无，却功能强大。好像一个男人自己在街上被人欺负能忍受，但如果这时候有人打你孩子，瞬间就会像变了一个人，蔫人出猛虎，保护幼崽的本能出来了，满面狰狞，力大无穷。满面狰狞，就是变脸；力大无穷，就是内劲出来了。是谁驱使你这样的？难道这时候就不是你了？还是同一个

人嘛。什么在做主？就是先天的那个精神。普通人都在后天故意上，体会不到，咱们练内家拳的就要把它找出来说用就用。

又云式立定之时，谓之鸡腿、龙身、熊膀、虎抱头，取名一气含四象也。易云：四象不离两仪，两仪不离一气，一气自虚无兆质，两仪因此一气开根也。鸡腿者，有独立之形也；龙身者，三折之式也；熊膀者，项直竖之劲也；虎抱头者，两手相抱有虎离穴之势也。

四象，是两仪的一种变化形式。所谓无极生太极，太极生两仪，两仪生四象，但是在这里不作此解。这里的四象不是两仪变化后的四象，而是形意拳取自动物的四种形态，和十二形异曲同工。在这里和太极拳一样，是借后天之形，来说这个先天之用，也就是借用。一般而言，五行拳以后才是十二形，实际上形意拳本身就是一部大十二形，象形取义嘛，处处都是法天地万物之象。那么在这里留取最实用的四个动物形态，而且是永不退位，这是又一个大原则，切记切记，从此以后的三体式、五行拳、十二形，中正、空空静静、四象都是时时刻刻存在着的，不能有任何一个缺失。比如你练到三体式或者练到劈拳，定式的时候就要找一找规矩，第一是不是空空静静没动心？第二是不是失去了中正？第三是四象都在不在，有没有退位的？有落下的赶紧找回来，缺一不可。

具体对四象的解释，除了孙公已经说的，其实还是有些未尽之意，因为书上都是原则，不可能把练法和打法都写进去。鸡腿有独立之能，并不是说形意拳是一条腿打拳，而是不管站桩动步，两条腿都要缩住了劲。鸡喜欢一条腿独立休息，另一条腿就缩起来藏住，走路的时候也是一缩一进，这样的好处就是一旦发作起来力量就非常大。当然，"拳无拳、意无意，无意之中是真意"，这个意是先天之意，不是后天故意，你要非得琢磨着缩起腿来踢人，保证你笨拙得要死，不动心才对。龙身

就是三折身。练形意拳身上永远都是含着劲，不是非得故意做出几个折段来，外形总是有变化的，关键是里头要有内涵，要身似弹簧，不是非得学得像弹簧一样，而是神意压缩如火药，一爆炸就惊天动地，这个才是龙身。熊膀，和爬行动物不同，熊喜欢站立起来打架，而且力能搏虎。熊在发怒的时候，肩背、脖颈这一块筋肉会高高隆起，迸发出巨大的力量。形意拳的身法基础是起落，这个起就是熊的直立之能。所以熊膀要把握熊升和肩颈背一体的筋膜作用。虎抱头，就是肘不离肋，手不离心，自然界猫科动物都是如此。拳击也是这样，那是千锤百炼出来的架势。其实形意拳过去也有基本架势，和拳击的差不多，只是略微大些。等你功夫入了先天架势就无所谓了，好像"拳王"阿里从来不摆架势，他手快根本用不着，咱们形意拳也是如此。但是初学入门，虎抱头时刻不离，那是能救命保命的招式。老虎离穴两臂抱头，因为不知道洞外是什么情形，所以一定要护住自己的头面。人是立着的，就要把头面和两肋都护住，这就是虎抱头的妙处。

这一节就结束了，到这里还在先天无形无相（四象只是借用），下一节两仪和三体就进入到后天有形有相。要反复提醒的是，我说过的这些大原则，是初学者极容易忽略的，但这些大原则不掌握，后面的拳法就很难掌握。所以刚入门的时候要跟紧师父，就是要对这些大原则反反复复地提醒和矫正，等熟悉到和吃饭睡觉一样才行。那么我写到这里，大家都回过头再重新审视一下自己，这些大原则自己是不是掌握得全面，有没有丢掉的，差一点都是不行的。还没练到这一步的，文章可以看，但不要去思考，知道就行了。不要总下意识地用脑子，会读书的都是不求甚解，求甚解的都是小聪明。知道就行了，等练到这一步自然会有体会。还有一点要强调的，就是切莫自以为是，自作聪明。人好琢磨、好耍聪明都是后天的情志，这些对于我们内家拳非但不是优点，反而会害了自己。我反复说别琢磨，别动心，宁可当傻子傻练，也别当聪明人，就是出于这一点。凡是爱琢磨、爱耍聪明的都练不出来。我们不需要动脑子，需要的是不思而得的智慧。有问题不要动脑子琢磨，而是要从身心上去体悟。仔细看我的文章，若有所悟了就去练功，不管是站桩还是练拳，或者是平常溜达散步，或者是静心的时候，智慧总是不思而得，答案会自己到来。总之就是要返先天，不要在后天故意里头浪费自己的生命。重要的话再说一遍，功夫是自己来的，用不着你动脑子。

解密孙公禄堂《形意拳学》
——形意两仪学

　　两仪者，拳中动静起落伸缩往来之理也。吾人具有四体百骸，伸之而为阳，缩之而为阴也。两手相抱，头往上顶，开步先进左腿，两手徐徐分开，左手往前推，右手往后拉，两手如同撕棉之意。左手直出，高不过口，伸到极处为度，大指要与心口平。胳膊似直非直，似曲非曲，惟手腕至肘总要四平为度。右手拉到心口为止，大指根裹陷坑，紧靠心口。左足与左手齐起齐落，后足仍不动。左右手五指具张开，不可并拢。左手大指要横平，食指往前伸。左右手大二指虎口皆半圆形。两眼看左手大指根食指梢。两肩松开均齐抽劲，两胯裹根亦均齐抽劲，是肩与胯合也。两肘往下垂劲，不可显露。后肘裹曲，不可有死弯，要圆满如半月形。两膝盖往里扣劲，不可显露，是肘与膝合也。两足后跟均往外扭劲，不可显露，是手与足合也，此之谓外三合也。肩要催肘，肘要催手。腰要催胯，胯要催膝，膝要催足。身子仍是直立，不可左右歪斜，心气稳定，看阳而有阴，看阴而有阳，阴阳相合，上下相连，内外如一，此谓之六合也。虽云六合，实则内外相合。虽云内外相合，实则阴阳相合也。阴阳相合，三体因此而生也。

　　"道本自然生一气，便从一气产阴阳。阴阳和合成三体，三体重生万物张"。后世之人表示孙公禄堂的著作难懂，其实是两个原因，一是

现代人没有传统文化的底子，四书五经基本都没读过，思想的出发点就迥然而异了；二是孙公是拳道相合，以道说拳，处处都合着道义，你不懂儒、释、道三家的根本，就和看天书一样。但开始这首诗很多人都知道，就是把道体从空空静静到衍生万物的过程进行了最简要的总结，而孙公的《形意拳学》也是这个路子。因为天地宇宙之间只有这一个道，并没有第二个道，自然也就只有这一条路，并没有第二条路可以走，如果有就都是假的。

我们从无极学开始，就是道本自然；而后含一气到太极学，就是生一气；那么走到这里，就到了两仪学。两仪，就是阴阳。什么意思？道体本身是不分阴阳的，阴阳是道体功能，也就是太极一气的产物。天地宇宙本身包括其中的万物，都是有阴有阳，有了阴阳才有了天地万物。比如男人女人在一起才能生育小孩，动物要雌雄合体，植物也是如此。这是有形有相我们能看见的，还有无形无相我们看不见的，比如天气和地气，怎么就下雨？怎么就刮风？四季是怎么回事？怎么夏天就热冬天就凉？台风是怎么回事？地震又是怎么回事？过去古人比我们聪明多了，他们把握了阴阳这个最基本的大原则，天上地下就没有不明白的，所以能观地脉，寻龙经，治理山河。记得有人曾经问过一个有趣的问题，说观音菩萨是男是女？自然各种答案。后来我回答观音菩萨非男非女，因为人家不在阴阳里嘛。你把观音菩萨搞明白了，这里你也明白了。

拳法合天地宇宙，骨子里都是一样的东面。从无极桩开始让你空空静静，就是让你回归本源，找到那个道体根本。有的人很快，有的人很慢，有的人是一下子入港，有的人是慢慢地入港。不管是快是慢，快的

不要骄傲，慢的也不要气馁，快慢都是你的道法缘分所致，是自己的历劫积攒，和旁人都无关系。如果不是遇见明白人指点，你这辈子顶多就是个爱好者。看见庙想进，看见出家人想亲近，看见佛经就想请一本回去，但这些都只是毛毛雨，距离真修实作还差得远了。那么你跟定了明白人，所谓善知识的指引一路做去，你这辈子的福德不是用金钱可以衡量的。

拳法合道，说的都是一个道理。只是中国的道家不像佛家十万八千法门说得那么繁复。因为释迦牟尼在世的时候，那个古印度的人民脑子很笨，所以要反反复复地讲，各种比喻，不然真不开窍。但你可不要瞧不起人家，虽然人家笨一点，但非常踏实，脑子一旦开了窍就不得了。咱们炎黄子孙从春秋战国就开始诸子百家，脑子好使得一塌糊涂，结果阴谋阳谋一块儿上，道德也就越来越薄了。你给脑子复杂的人搞这种上赶着的买卖是不行的，就得简要明了，直指人心。道家和禅宗都是这个路子，但是禅宗呢，其实还是各种比喻，让你自己去醒悟。道家是直接告诉你，然后有一套性命双修的法门让你去练，练了以后身心双运，慢慢就明白了。内家拳是法门之一。

从太极学衍化到两仪学，就是开了阴阳，之前是没有阴阳的，只有一气，也就是内劲，也就是太极。其实无论无极、含一气、太极还是两仪，都是无形无相的，你就是站着无极桩，里头一运化一样到两仪，并不在拳法架势。但内家是形而上道艺，形而下武艺，落实到武艺上就要从有形有相上落实，于是就有了拳法架势，乃至衍生出各种套路。这个两仪的架势，就是为了配合阴阳的衍化而设计的，包括后面的五行十二象也都是如此。尚云祥说过，把胳膊背到身后能把劈拳的拳意走出来，那算你是真明白了。尚云祥说的就是这个意思。希望大家明白这个根本道理，架势只是形式，它服务于内在本质，也就是无极、一气、阴阳这些最根本的核心，而不是反过来。那么架势就不重要吗？可以不练吗？如果你只是为了修行的道艺，那么一个无极桩也就行了。如果还想学得武艺，还是要落在后天功架上，因为你打人总要动拳头用身法吧。这些也并不矛盾，无非是先天与后天的区分。

讲到这里就涉及一个非常大的问题。凡是看过孙公这本《形意拳学》的都有一个疑问，为什么两仪学和三体学的架势是一样的？从太极学衍化到两仪学这个架势是从没有阴阳到分出了阴阳，那么后来的三体为什么和两仪一样？因为从两仪再衍化到三体外形是没变化的，只是里头的心意产生了变化。三体只是阴阳转化到后天五行的一个短暂的过程，本身也是无形无相的，无须另外造作出一个架势来。

两仪学就是分出阴阳。那么孙公禄堂接着就说了："人有四肢百骸，伸之为阳，缩之为阴。"紧接着后面就是具体姿势的要求。从太极学开始衍化，太极学是个半蹲的动作，我们练的是精气神，要有虎踞龙盘的气势才行。太极学一成，内劲圆满迸发，周身气质鼓荡膨胀，得让周围的人看着你就好像看着一个猛兽要出笼一样。当然，这个是不能造作的，你说我学个老虎那就错了，而是你那个本能出来就和老虎狮子一样不怒自威。从无极学开始有两个不动，就是空空静静和中正。到太极学，就再加上四象不动。中正不动，上半身不要动。空空静静不动，心不能有丝毫移动。那么左手左脚一块前出，右手往回收。上半身不动，右腿右脚不动，到了你左腿迈出的最大幅度，而后按照前三后七的重心稍微一调整，因为此时还是后腿承受体重，我们形意拳最标准的体重分配就是三七，所以要整体稍微往前调整一下。这个架势从此往后就是形意拳后天架势的根本，出手动步就是这个，没有别的，俗称为三体式，其实是从两仪来的。

关于体重的分配，有很多种说法，有四六、五五，另外还有讹传成

极限三体式的。传统以来就是三七，但不一定那么标准，就是后腿承受大部分体重，前腿承受一小部分，按照你自己身体来自然分配，前提是不影响快速移动。形意拳是战场上来的拳，一切都是从实战出发。这个三七的体重分配就是所谓的"单重"，也并没有什么神奇的，就是身法快。你要是换了五五或者什么极限，身法就笨拙了。形意拳是练法和用法都在这一套拳上。形意拳本身是个大原则，好像易经有简易和不易之分，从这个大原则里头变化出东西来。你看不管是擂台搏击还是街头打仗，人的自然生理都是一腿前一腿后，基本都是三七。形意拳就是对生理和物理的研究总结，越是生理自然的东西就越对，越是违背生理自然就越是离题万里，肯定不是形意拳。

"两手相抱，头往上顶，开步先进左腿，两手徐徐分开，左手往前推，右手往后拉，两手如同撕棉之意。"两手相抱，就是从太极学开始。首先是虚领顶劲，这里要重申一遍虚领顶劲与塌腰坐胯的重要。六合九要或者二十四法，最核心的就是这两个，但一定要先做到虚领顶劲。虚领顶劲，首先是领，而后是虚。领就是往上的意思，虚就是不要做实了，好像有，似有非有。顶劲，就是脑袋朝上微微顶起，但却不是百会穴或者整个脑瓜子往上顶，而是脑后高骨，也就是百会穴下头、枕骨上头一边有一块高出来的骨头，那里好像有两条虚拟的绳子从高空垂下来把人虚虚领起。这个一领起，下颌会自然回收，十二重楼，也就是上丹田通过喉骨自然与中丹田相连接，这里就通了。如果是百会穴上顶，下巴是翘起来的，就会把气血留在上丹田，那么时间久了是要出事的。虚领顶劲做到了，顺着脊椎骨往下一捋，就到了塌腰坐胯，把尾椎骨整体往下往前一走，二阴自动闭合，整个上半身放在胯骨上，是为塌腰坐胯。虚领顶劲与塌腰坐胯是一对劲。说是劲，也是虚的，别来真的，意识上要到。这一对劲对上了，脊椎骨才是真正的大龙。大龙一活起来，就好像搭弓射箭。尾椎骨那里就是手拽着的地方，虚领顶劲的地方就是张弓的地方，那么箭在哪儿呢？全身就是箭！

接下来这句非常重要，就是两手要徐徐分开。什么叫徐徐？就是越慢越好。为什么让你徐徐分开？就手头这句"两手如同撕棉之意"。左手往前是推，右手往后是拉，两个手的动作好像是在撕棉花。撕棉花是怎么撕的？你用大力、猛力是撕不开的，而是要沉住了劲一点一点慢慢撕开。这还不像撕布，撕布是一开始较劲，开了口子一下子就撕开了。撕棉花一直都得是那个劲，到最后完全开了才能放松。这个不懂的自己去实地试验就懂了，不要妄自揣测。只是告诉你，这两手分开之间一是要慢，二是要均匀，这个劲头好像是撕棉花一样要沉住劲。为什么要慢、要沉住劲，而不是轻轻松松两手一分开就完了？是为了配合一气，或者说这个动作完全是用内劲驱使，不是人为后天的拙意拙力，而内劲生发显现在这里就是这样的形态。这个靠后天琢磨永远是不成，一动脑子就是错的，非得看明白人给你一做就懂了。

"左手直出，高不过口，身到极处为度，大指要与心口平。胳膊似直非直，似曲非曲，惟手腕至肘总要四平为度。右手拉到心口为止，大指根裹陷坑，紧靠心口。左足与左手齐起齐落，后足仍不动。左右手五指具张开，不可并拢。左手大指要横平，食指往前伸。左右手大二指虎口皆半圆形。两眼看左手大指根食指梢。"经常在网上看到一些疑问，说劈拳既然是从上往下劈，为什么胳膊却是向前推出去？其实这是拳法只练在胳膊、腿上，不知道整体为何物。左手要直着推出去，肘尖要下垂，似直非直，似曲非曲，到极度，也就是伸不出去为止。坠肘一方面是为了劲透，另一方面也是自我保护。胳膊不能完全伸直，完全伸直一个是发力容易震伤关节，二是容易被人用拿法反关节。左胳膊伸到极处，这个时候整个前臂是水平的。什么叫四平？上下左右四维皆平，

四平八稳，把胳膊放对地方。右手拉回到肚脐，拇指根靠住了肚脐眼。指头要像水泡张力那样自然张开，这个到易筋的程度就知道好处了。虎口都要撑圆了，两个大拇指都要撑住劲，食指往前撑住劲，食指和大拇指是互相呼应的，其他几个指头依次自然舒展开。这里头有个四梢的讲究，指为筋梢，你撑开了自有好处。文中提到两次的与心口平，说的是中线，而不是具体的心窝。形意拳讲究"肘不离肋、手不离心"，心就是中心线，两个手要始终护住自己的中线，两个肘尖下垂保护住软肋，你说科学不科学？

"两肩松开均齐抽劲，两胯裹根亦均齐抽劲，是肩与胯合也。两肘往下垂劲，不可显露。后肘裹曲，不可有死弯，要圆满如半月形。两膝盖往里扣劲，不可显露，是肘与膝合也。两足后跟均往外扭劲，不可显露，是手与足合也，此之谓外三合也"。这里是讲外三合。肩与胯其实在太极学里已经有要求了，但这个均齐抽劲初学者无从体会，必须得练到开胯开肩之后才能摸索得到。其实孙氏门里对于初学者有另外的练法，比如告诉你含着点练，是一个意思。肩胯的抽劲是顺中用逆的具体练法，功夫不到确实不易得。坠肘是必需而且始终的，这个好像是准星，坠肘了劲才会透进去，肘尖一横劲就散了。这个膝盖往里扣劲与脚跟往外扭劲，其实就是骑马坐蹬的简化版。骑过马的人都知道，骑上马两个膝盖要夹住马肚子，两个脚跟要蹬住脚蹬子，咱们练拳人在地上没有马，两条腿加上腰胯就是马，所以塌腰坐胯某种程度上就是骑马，而膝盖和脚跟的里扣外扭和在马上是一个意思，这样外形上就正了，就好像你在马上坐得稳当一样。但所有这些动作都是意思上有，不能故意做出来。有意不对，无意之中才是真意。好像一堆人唠嗑你没参与，但突然有人提起你的名字，瞬间你的注意力就会过去，这个瞬间就是无意之中是真意。

"肩要催肘，肘要催手。腰要摧胯，胯要催膝，膝要催足。"这段话其实是内家拳统一的要求，不过这些年看过最多的几乎都是反过来做的。网上各种解释，也都是似是而非。为什么说几乎都是反过来的？现代人练拳大多是身体被胳膊腿牵着走了，那不就变成手带肘，肘带肩；足带膝，膝带胯，胯带腰了？内家拳不是这么练的，而是从根节起，一节催动一节。最大的根节就是腰，你也可以说是丹田。腰是有形的，丹田是无形的。任何动作在练法上，首先都是腰先动，而后催动肩胯，再传动到肘膝，最后才到手足。现代人很多都练反了，说白了，内家拳的练法几乎都失传了。现代人学练的大多数都是民国时公园里头或者拳社里头的大众拳法，是把用法和演法混合在一起的四不像，只要出出汗强身健体就行了，根本就不知道还有根节，还有丹田，还有腰胯，更不要说大龙了。

"身子仍是直立，不可左右歪斜，心气稳定，看阳而有阴，看阴而有阳，阴阳相合，上下相连，内外如一，此谓之六合也。虽云六合，实则内外相合。虽云内外相合，实则阴阳相合也。阴阳相合，三体因此而生也"。这个时候架势基本上就成了，要强调一点的是身子仍是直立。孙氏从无极学开始中正始终不失，从太极学开步身体往前走也是整体往前移动，所以孙氏的三体式是小跨步，就是因为中正的关系。讲六合，外三合有了，内三合呢？其实孙公是用心良苦，后面有说内三合的，这里就告诉你个诀窍，"心气稳定"就行了。平下心，也就是空空静静，不要动心，就是内三合！到这个时候，身心内外处处相合，归根结底无非阴阳相合。阴阳相合的结果是什么呢？就是本文已开始引用的那首诗：阴阳和合成三体，三体重生万物张。下面就是三体学了。

解密孙公禄堂《形意拳学》
—— 形意三体学

对于三体式是有很多争论的，因为一句"万法出于三体式"，所以相当一部分人认为练形意拳必须从站三体式开始，三体式不站一两个小时出不来功夫。到底是不是这样，我们就从孙公的文字开始具体分析。

三体者，天地人三才之象也，在拳中为头手足是也。三体又各分为三节，即腰为根节（在外为腰在内为丹田），脊背为中节（在外为脊背在内为心），头为梢节（在外为头在内为泥丸）。肩为根节，肘为中节，手为梢节。胯为根节，膝为中节，足为梢节。三节之中各有三节也，此理乃合于洛书之九数。丹书云：道自虚无生一气，便从一气产阴阳。阴阳再合成三体，三体重生万物张。此之谓也！所谓虚无一气者，乃天地之根，阴阳之宗，万物之祖，即金丹是也，意即形意拳中之内劲也。世人不知形意拳中内劲为何物，皆于一身有形有相处猜想，或以为心中努力，或以为腹内运气，如此等类，不可枚举。皆是抛砖弄瓦以假混真。故练拳者多如牛毛，成道者如麟角。学者不可不深察也。以后演习操练，万法皆出于三体式，此式乃入道之门，形意拳之总机关也。

三体这个词，来自于中国道家对我们这个天地自然系统的一个认知和定义。中国道家对宇宙的认识是非常透彻的——无极而始，也就是说天地宇宙创造出来之前是什么也没有的，无极也就是虚无到极点的

意思，一无所有。无极之后是太极，太极是无极自身所具有的能力，正因为有这个能力才能创造天地宇宙万物，而这个太极也就是内家拳讲的内劲。所以我们练拳为什么要返先天？为什么要空空静静？不就很清楚了嘛，你不回到无极的那个状态，内劲是无从体会的。所以才有孙公那句话，说后世之人都在有形有相处猜想，不是离题万里吗？永远都练不到的。

无极本源空空静静，太极一动就生出了阴阳，有了阴阳才有了天地宇宙万物，也就是无极而太极，太极而两仪。可能有的人觉得两仪之后就是四象，阴中有阳阳中有阴，其实就错过了三体这一步。为什么阴阳和合成三体，三体重生万物张？道体衍化万物并不是一变成二、二再变成四那么简单，阴阳一结合是要重新孕育一样，但在结合的一刹那的那个状态，叫作三体。三体是个绝对的静态，类似于无极的空空静静，其实是阴阳自身特性的回返现象，因为无极才能生出万物，阴阳只是无极的变化，没有三体这个绝对的静态，就没有后面的四象或者八卦了。

对于三体的绝对静态，在练功中是可以体会出来的。从太极发展到两仪是生出阴阳了，身心动作热闹得很，一旦两仪成式，自然而然地人就会安静下来，这个安静就是三体。然后从这个安安静静的状态里，自然而然地衍化出五行拳。所以说，三体式的奥秘在这里，你没有这一静就不是三体，还是在两仪上头，你后头的五行拳打出来虽然热热闹闹，但是没有合上道，没有返先天，就出不来真东西。三体是大自然自有的本质特征，只要有阴阳和合繁衍子孙的，就一定会有三体存在。三体和两仪外表是一样的，很多人纳闷，怎么这两个姿势没变化，变化在里头，两仪是阴阳既生，三体是阴阳和合后一静，变化是在神气上。

正因为三体是阴阳和合衍化万物的起点，所以才有"万法源于三体式，三体式是形意拳总机关"的说法，这话是从拳道合体、道体衍化的本质上来说的，但是后人把站三体式作为形意拳出功夫的必经之路，好像三体式不站个一两个小时就练不出来。其实书上写的都是原则，练法是写不到书上去的。练法和打法都是一门最核心的秘密，必须是师徒之间口耳秘授。从民国到现在，有哪部武学著作把练法和打法说出来了呢？又有谁依靠看书就练出来了呢？就是大智慧之人也会有最后一层窗户纸捅不破，必须要过来人给你点化。

关于站三体式的讹传，大约是两个出处。一是练法里头通过站三体式来较六合九要或者二十四法，你看他在那里摆个三体式站着不动，其实他里头在不断调整，不明白的就以为这是在站桩。还有就是老师不愿意传授真东西的，一般都是进门没多久就开拳，也符合大众好繁好秘的思想，大体都是从三体式开始，静态上练出个样子，然后进入五行拳。比如公园里或者武馆里大众化的教学，都是把一部分练法和演法、打法结合在一起，只求个强身健体，防身自卫。1949年以后国家推崇套路，这些大众功夫就逐渐占据了传统武术的舞台，几十年下来也就真的面目全非了。

那么站三体式到底有没有用处？一句话：拳桩一体！如果说桩，形意拳也好，太极拳也好，八卦掌也好，任何一个姿势拿出来都可以站桩。所谓桩在拳里，拳在桩里，关键是要得着真意，也就是明白练拳或者站桩的本质是调动一气，也就是内劲，不断地培育发扬之，才是真正的练功。不然只是在那里咬着后槽牙熬腿子，身心受苦不说，时间久了会造成心火上炎得心脑血管疾病。关于三体式我是下过功夫的，倒不是觉得它能有多大效果，就是为了验证三体式到底能得着什么，用一个月时间站过了30分钟，其实就是个空空静静而已。一开始熬腿子总归是痛苦的，呼吸心跳都急促，慢慢过了这个阶段人也就静下来了，腿部也没了痛苦的感觉，逐渐就会进入到呼吸若有若无的状态，其实也就是近似于先天的状态，转化了呼吸为息。

老辈人没有站三体式出功夫的，都是站混元桩。从桩法本质上讲，三体式的站法和混元桩一样，但三体式一般人熬不下去，多少人从这里就半途而废了，殊为可惜。真要是神经够粗够大扛得住，十几分钟过去也就没了痛苦的感觉，然后站法和混元桩相同，也是要返先天用一气，从桩里头感悟内劲。如果是得了真传，肯定是去站混元桩了，因为混元桩是最科学、最近于拳道本质的桩。我们练拳，站桩也好，打拳也好，有一个最根本的要求，就是别较劲，一较上劲身心上就刻意了，你就永远也返不了先天，那就没指望了。站三体式就是明显的较劲，因为后腿痛苦，要忍住苦熬，所以咬着牙瞪着眼干挺，说句不好听的，和神经病也差不了多少。所以说站三体式只是外行的练法，没得到真传。如果非要站，要循序渐进，千万不要苦熬苦挣，不要给自己排计划设目标，那样心里头就紧了。而是你感觉快受不了了，再坚持个八九秒钟就下来休息，然后溜达很重要，这时候心里头会上来一股劲还想站，就再回去站一站，不超过5轮大腿肌肉就木了，也就可以了。每天晚上都站一站，这里头还有反复，比如今天站了七八分钟觉得不错，明天四五分钟就不行了，那是肌肉还没恢复过来，要适当减量休息。拳法必须符合生理自然，不能违背它，你违背了，自己就要吃苦头。这样循序渐进顺其自然，有两个月就能站到二三十分钟，就能进入到我说的空空静静的状态，呼吸若有若无，凝神静气，在这个状态里头再体会什么是形意拳的本质。

刚才说的是三体在形而上，也就是道体衍化过程中的本质真相，那么在形而下有形有相这块，也就是所谓的三才。天、地、人是最根本的三体，人身上就是腰、脊、头，其实就是下、中、上三个丹田。再细分三节中还有三节，合成九九归一之数。人身体上的三节，秘密在于练法和打法。练法上是从根节催动中节，中节再催动梢节，而最大的根节是腰，也就是下丹田。我们拳法中的下丹田是横膈膜以下、耻骨以上的整个腹腔，不是脐下一寸三分的丹穴。所谓"时刻注意在腰间"，又所谓"命意源头在腰隙"，是讲我们练法里头都是腰或者下丹田先动，来催动身体各方。如今练拳大多数都是手脚带着躯体走，这是练反了的，体现不出丹田的催动作用，是出不来功夫的。在打法上是激发腰也就是激发下丹田的反应，瞬间本能迸发出巨大的冲击力，可以说是手脚出躯体追。但这个还比较刻意，高层次的技击就没有这些个形式上的东西了，瞬间激发已经打上，无论根节梢节，打人的时候还想着根节梢节就太慢了。现在多数练武者最大的问题，是根本不知道丹田或者根节是怎么回事，更不知道三催是如何做的。就是知道要丹田先动，但从身心上做不出来，这就是练法上没得真传。其实丹田的功用要从混元桩里头练出来，而且是自己出来的。所谓"专气致柔能如婴儿乎"，婴儿睡着的时候好像没有呼吸，但你把手放在他的小腹，就能感觉到微微的一起一伏，这个就是胎息，也就是丹田内呼吸，外在的只有息，若有若无，已经不在阴阳里头了。普通人在后天的腹式呼吸是一种对胎息的模仿，只是形似，但还是后天阴阳里头的呼吸，只是更加深长一点，还不是息，所以没什么用。形意拳必须通过站桩返了先天，把丹田呼吸练出来，知道了丹田的自发动功用，然后才能在后面的拳法里头一步步做到三催、六合、九要等。

孙公禄堂说三体的这一段文字，前半部分说的是天地人三才，后半部分说的是内劲一气，就是我前边解说的形而上和形而下两部分内容。还要特意嘱咐大家，别在有形有相里头去瞎琢磨，这东西无形无相，不在后天有形有相里头，你非要瞎琢磨刻意去造作，就是抛砖弄瓦的绝大多数。对三体学这一篇进行总结，第一要知道三体只是拳法衍化的一个过程；第二要知道三节、三催、丹田催动；第三要知道内劲无形无相，要从先天里头去体会，莫入后天。不管你站不站三体式，三体式本身从形式上作为形意拳的一个起点，一是不能有丝毫的较劲，二是要处处轻灵。形意拳得把自己的本我练没了才对，没有说自我意识越来越重的。形意拳最终要达到以意帅形，比如钻拳似闪，这个闪是哪里在闪？就是先天神意上一闪，人已经打上了，这个才是钻拳。所以练拳往空空静静里头去，莫往繁杂造作里头来，那个是永远没指望的。

解密孙公禄堂《形意拳学》
—— 形意拳演习之要义

　　这一章极其关键，是孙禄堂先生对形意拳规矩和关窍的根本性总结。这一章弄不明白，或者说没有得到类似的传授，后面五行拳和十二形就不能称其为形意拳，顶多只能被称作形意操。寻常人总希望老师给个窍门，说个秘密，要说窍门或者秘密，这一章所说的"要义"就是了。形意拳在练法和用法上有别于其他拳派的独到之处，尽在于此。按照孙公禄堂的话："知此，则形意拳之要道得矣！"那么反过来如果是不知此呢？基本就是练错了！

　　形意拳演习之要，一要塌腰，二要缩肩，三要扣胸，四要顶，五要提，六横顺要知清，七起钻落翻要分明。塌腰者，尾闾上提，阳气上升，督脉之理也。缩肩者，两肩向回抽劲也。扣胸者，开胸顺气，阴气下降任脉之理也。顶者，头顶舌顶手顶是也。提者，谷道内提也。横者，起也。顺者，落也。起者，钻也。落者，翻也。起为钻，落为翻。起为横，落为顺。起者，横之始，钻为横之终。落为顺之始，翻为顺之终。头顶而钻，头缩而翻。手起而钻，手落而翻。足起而钻，足落而翻。腰起而钻，腰落而翻。起横不见横，落顺不见顺。起是去，落是打，起亦打，落亦打，打起落，如水之翻浪，是起落也。无论如何，起落钻翻往来，总要肘不离肋，手不离心，此谓形意拳之要义是也。知

此，则形意拳之要道得矣。

一要塌腰。塌腰者，尾闾上提，阳气上升，督脉之理也。此处的腰，泛指腰胯。在传统武术领域，腰胯是一体的，不能分开说。塌，是整体下落，要从腰胯整体上去认识。孙公禄堂太极学的照片非常标准，大家看他的腰胯部位下塌后形成圆润的弧线，因为塌腰，所以腰胯连接成一个不可分割的运动整体，就会一动全动，而后才能谈"惊炸"！如果没有下塌，则腰是腰胯是胯，正常的生理状态臀部肌肉会往上走。有胯没有腰，腰不起作用。腰胯里头是什么？就是腹腔，也就是丹田。所以在外为腰胯，在内为丹田，这是孙公禄堂说三节时候的原话。拳谱云：时刻注意在腰间，命意源头在腰隙。不管是形意拳，还是太极拳、八卦掌都说腰关键，关键在于它是内劲生发的起点。

丹田，在拳法上是指横膈膜以下、耻骨以上、腰胯以里的整个腹腔，而不是脐下一寸三分的丹穴。怎么体会这个大丹田？李仲轩在《逝去的武林》里不是说内劲与拉屎撒尿有关吗？你坐在马桶上使劲，这个时候整个腹腔在做功，就是丹田内动。这个整体运动的腹腔，就是我们形意拳或者说内家拳的丹田。但是你拉屎的劲可不是内劲，内劲无形无相，来自于无极本源，是属于形而上的东西，但这个形而上的无形无相要在形而下有形有相上施展功能，要有个生发的媒介，好比子弹得用枪才能打得出去，火箭得用推进剂和发射塔才能上天。内劲生发出来的这个媒介，就是我说的横膈膜以下、耻骨以上、腰胯以内的整个腹腔。那么内劲一做功，腹腔鼓荡，全身膨胀，如天神下凡般声势骇人，有这个的才是形意拳。大家可以去庙里看四大金刚，那个塑像和内劲生发时的状态很像。

知道了丹田在哪儿和丹田的作用，接下来才能搞明白腰胯的重要性。那么腰在哪儿？想起有句很玩笑的话，说我们女足运动员的叉腰肌不行，梅西长得那么小叉腰肌未必行，但却经常在球场上一个戏耍四五个，因为人家身上带着横劲，脚法又灵活，关键是腰胯功能强大，能够瞬间速度突变横移身体，对方反应不过来，跟不上他的节奏。胯都知道在哪儿，腰在哪儿真不一定都知道。我们说腰，就是后头的七节腰椎，包括尾椎骨。腰和胯通过塌腰连接成一体，这七节腰椎就是发动机，而尾椎骨则是电门。或者把丹田做功比作大炮，则尾椎骨就是药捻子，而七节腰椎就是触发机构。塌腰，是含着这七节腰椎的后腰部位整体往下落，与下头的胯骨结合在一起，从外形看就是孙公这样的一个圆润的弧形。从生理上这些技术要求是必须做到的，不能有丝毫折扣，做不到位功夫就出不来。

什么叫"尾闾上提，阳气上升，督脉之理"呢？很多人在这里搞不清楚，塌腰不是往下走吗，怎么尾闾反而会上升？于是就有人把尾椎骨往后撅起来练拳，那样就把任督二脉分开了，而且把腰胯的结合也分开了，一个必然的结果就是既没有丹田也没有内功。事实是，人体腰椎加尾椎这个部分类似一个回形钩，当腰椎往下塌的时候，尾椎不是往下直着走，而是往里头奔着海底穴去了，带动了尾闾也就是长强穴、海底穴一同上升，也就自动连通了任督二脉，自动提肛了。任脉属阴，督脉属阳，也就是人体前面属阴，背面才属阳，不要搞错了。塌腰这个动作连通了任督二脉，任脉的气血通过尾闾进入到督脉，阴阳转化，也即是督脉之理了。

二要缩肩。缩肩者，两肩向回抽劲也。大家看孙公太极学这张照片，肩膀是往后走的，这就是缩肩。普通人成年以后肩膀是往前走的，造成的后果就是肺的大部分功能被锁住，平常呼吸用的都是肺的上半部

分，胸式呼吸，一呼一吸到了膻中穴就停住了。膻中穴部位也叫作中丹田，因为胸式呼吸的原因，中丹田和下丹田是隔离的，气血不能相互往来，就影响了下丹田做功和发力。我们要打破这个后天的生理，把中丹田和下丹田连成一片，胸式呼吸变成腹式呼吸，就要把肺部完全解放出来，缩肩就是为了这个。当你肩膀往回走的时候，肺部就完全解放出来了。但具体怎么做呢？一定要和扣胸结合起来。

三要扣胸。扣胸者，开胸顺气，阴气下降任脉之理也。我常把扣胸改叫作开肩，因为胸部解放与否只能通过肩部来进行，胸部本身只有开合的作用。后天约束胸部不能解放的原因是肩膀向前长死了，那么解放胸部就要把肩关节打开，打开了之后再通过缩肩把肩关节往后移动，整个胸部就完全打开了。这个时候，一呼吸自然到达下丹田，中丹田和下丹田连成一体，任脉也就彻底打通了，所以说是任脉之理也。有个关键的问题，如何开肩？人到了后天关节都长死了，想要把它们再次打开，唯有生命本质回到婴儿那个状态，婴儿的所有关节都是打开的，所以身体会非常柔软，一句话：返先天！那么具体的练法，无极桩也可以，混元桩也可以，五行拳也可以，特别是劈拳里头那个大撇拉步，其实就是为了开胯，胯开则肩开。我们后天通过形意拳的练习回返先天，使身心达到专气致柔如婴儿，身体就会再度地柔软下来，关节也就能逐步打开了。学佛要四禅八定，身体会越来越柔软，其实道理和形意拳一样，就是返先天则身心如婴儿。

关节打开了以后，肩关节不再束缚着胸部，也就达成了开胸，则肺部完全解放，很自然地胸式呼吸就会变成腹式呼吸。这个时候两片肺叶如同人嘴里含着糖块一样，被含在胸腔当中，也就是所谓的"含胸"，实则是开胸。含胸这两个字害了太多的人，以为含胸就是把肩膀往前去把胸口含住，这样非但不能解放胸部，反而把气血停滞在膻中穴一带，时间长了会得驼背和心脑血管病。肩关节打开了以后，不光是胸部解放了，肩膀也解放了，往前往后非常自由，这个时候就要像孙公照片里那样，把两个肩膀往后去，则气血自然从十二重楼，也就是喉部经过膻中穴进入到下丹田。真正做到了开肩开胸，会觉得心胸十分豁达畅快，就是因为气血通畅、任脉通畅的缘故。人在后天种种情绪，其实和气血凝结在中丹田有很大关系。心之官则思，中丹田这一块主要是心脏，如果是气血舒畅条达，这个人就非常健康快乐而且豁达大度。如果这一块老是堵着，气血不能下行到下丹田，任督二脉也不通畅，气血反而会逆反到上丹田，这就是心火上炎，日子长了就会造成心脑血管疾病。所以说纾解情志是养生的重要手段，可你要光靠克制是没希望的，必须要性命双修把气脉打通，才能谈得上健康养生。

四要顶，五要提。顶者，头顶、舌顶、手顶是也。提者，谷道上提也。这个顶其实就是四梢，在孙公这里省略了发顶，因为平常你也做不到，真正得到内劲发作一气鼓荡精神内炸，这时候头发自然就顶起来了，所以自己做不得主的事不谈也罢。头顶，不是百会穴上顶，而是脑后高骨上顶，所谓虚领顶劲。说百会穴上顶也害了不少人。百会穴一顶下巴就会仰起来，十二重楼，也就是喉骨部分与中丹田就脱开了，实际是把上丹田与中丹田、下丹田脱开，任督二脉也就分开。真正的是高骨上顶，就像孙公图片里那样，下巴则自然缩回，十二重楼与中丹田就连接了起来，气血自然由上丹田流入中丹田。这个顶，也不是使劲顶，而是虚顶，似有非有，不可做实。舌顶，是顶住齿龈穴的后面，也就是上牙床的后面，不是像修道的人要把舌头立起来顶住后头的窝。舌为肉梢，舌顶除了连通气血，更主要的是使全身肌肉听命于精神，好像千军万马都得听司令的，如果不顶肉就是松的。舌顶可以使点劲。而舌头一顶牙齿自然就咬紧了，所以孙公这里没有提咬牙的事。手顶是为了全筋，把全身的筋脉连成一体。手顶就是指顶，不是愣顶愣抻，而是要像水泡张力那样自然形成。又好像你觉得手指头麻，稍微关注一下那个状态，就是手顶。整个手要像绽放的花朵般处处张力，尤其是大拇指和食指之间更要带住劲，不能有丝毫松松垮垮的地方。手指头上带住了劲，对以后易筋很有好处。提肛就不多说了，之前塌腰已经说过。

后面这段对于现代的形意拳爱好者来说，是十分晦涩难懂的，其实落实到字面上很简单，就是横、顺、起、落、钻、翻这六个字。横者，起也。顺者，落也。起者，钻也。落者，翻也。起为钻，落为翻。起为横，落为顺。起者，横之始，钻为横之终。落为顺之始，翻为顺之终。

首先要搞清楚起落是什么？起落其实就是身法的一上一下，好像猛兽扑食，窜起来扑上去就是一个起落。武术来自于先民对猛兽捕食的模仿，而起落是动物界强者对弱者最基本的打击方式。为什么是起落？因为动物都是善于运用自己体重，也即是冲量来打击对手的。想用好体重和速度，起落就是最有效的方式，这是经过千万年动物自身生存挑战进化而来的。中华传统文化讲究天人合一，我们对自然界更多的是和谐共处，而不是破坏改造。相对而言，拳击搏击就没有起落这个概念，因为它们主要是依靠局部力量的抡击，用不上整体的冲量。传统武术讲究自然，讲究整体，讲究冲量，说白了就是体重加速度，离开这两条，打人就没法伸手了。

形意拳来源于心意拳，李洛能学自戴隆邦，后将心意拳改造为现在的形意拳。心意拳的架势起伏比较大，而形意拳的五行拳基本没有起伏，更加体现在拳意而不是外形上，强调先天精神的引领作用，所谓"拳无拳，意无意，无意之中是真意"。正因为拳势无起伏，所以起落钻翻不好懂，但是前辈给留了个后门，就是十二形的鹰熊斗志。鹰熊斗志是形意拳里唯一保持着的和心意拳架势相像的，就是心意拳各种把的

43

一个精粹集合。非常简单明了，一起一落，一钻一翻，从架势上完整做出来给你看，然后从这个有形再做到五行拳的无形里头去。起落一定要整起整落，才能用上体重，就好像老虎狮子扑食，一定是全身扑上去，体重加上速度作用于对方，把目标瞬间压倒放翻。那么重点就是：论整体就是起和落，论局部就是钻和翻，局部就是头手足腰等。

所谓横顺，起为横落为顺，这个横就是一气发动，所谓先天之横。形意拳里动手只是刹那间零点几秒的事，你要是想着我打你那就笨拙了，不能有丝毫的起心动念。从先天本能上启动，好像老虎、豹子捕猎食物，人家可不会想怎么启动，就是到了地方该扑就扑，这个无心之动，就是先天之横，所以起为横就是要在先天里头内劲激发本能启动，千万不要落到后天去。落为顺的顺，从先天上讲也是如此。或者说整个横顺起落的过程，都是在先天里头，零点几秒都打完了，不能有刻意的造作。横是我们先天本能的激发，或者说一气作功，而顺则是顺着你的生理本能把体重加速度自然地落下去，这个就叫作顺。横与顺的区别，在于起横要做功，而落顺则是很自然的生理状态，本能驱使你瞬间就打上，无需再发劲做功。"起者，横之始，钻为横之终。落为顺之始，翻为顺之终。"起动一刹那是内劲做功，内劲开始做功，即是横之始。做功就是往起钻，身体各部位用哪钻哪，往上一走内劲生发，一刹那就完成，所以钻为横之终。冲量起来了就开始下落，所以是顺之始终，随落随翻整个身体的形态翻转打击，所以翻为顺之终。

"头顶而钻，头缩而翻。手起而钻，手落而翻。足起而钻，足落而翻。腰起而钻，腰落而翻。"无论头手足，往上起都叫钻，往下落都叫翻。此处的钻，即是上钻之意，比如鹞形里头的鹞子钻天。此处的翻，即是鹰捉下扑之意，好像老鹰从天上瞬间扑下来，所谓把把鹰捉。 不是说"出手鹰捉是真传"吗？其实是起落钻翻。形意拳是扑着身子打人，就是用体重加速度，一个由上而下的扑击。这个在心意拳里架势明显，形意拳里看不出来，都是身子里头走拳意。比如说崩拳，看着是平着走，其实也是一个起落，从高处往低处打，但外形上的动作已经化掉了，起落在身子里头。所以一定要懂得形意拳这个技术特征。孙公这段话是告诉大家，头、手、足、腰的钻翻具体是怎么做的，头、手、足、腰都是一上一下，是为钻翻。

"起横不见横，落顺不见顺。起是去，落是打，起亦打，落亦打，打起落，如水之翻浪，是起落也。"起横不见横，落顺不见顺，就是告诉你别练到后天有形有相上头去，这个横顺在里不在外，"拳无拳，意无意，无意之中是真意"，你要是做出横顺来就错了。比如起手横拳，是说一气内劲在腹内团聚盘桓尚未做功，虽然外形上横拳有往横里走的意思，但炮拳也往横里走啊，其实是不在外形而在拳意。后面的话很直白了，起是发动冲过去要打对手，落为翻就是打上了。但形意拳有个独具一格的特征，就是只有一没有二。什么叫只有一没有二？别的拳派都是防守和攻击分开，先防后攻，或者先攻后防，而形意拳是攻防一体，粘上就把人打了，所以起也打落也打，只要是一动就打人。那么一起一落都打人，就好像浪头翻涌一上一下都含着力量，所以说如水之翻浪。如今有说翻浪劲的，孙公这个就是正解。所谓翻浪，就是打起落，而不是有股单独的什么劲。形意拳要说劲，骨子里只有一种叫内劲，外在表现形式多种多样，可以一发丈外，也可以一拳钉住，其实都在心意转换，过来人教一秒钟就能学会，非常简单。

"无论如何，起落钻翻往来，总要肘不离肋，手不离心，此谓形意拳之要义是也。知此，则形意拳之要道得矣。"肘不离肋，手不离心，是个大原则，一个是护住中线，一个是护住两肋。好像老虎出笼，两个爪子始终端在嘴底下胸口前。这个可以从十二形虎扑里去体会。拳击都

知道要护住头，护住肋，这个是必然的防守架势。同时从中线发出距离最短，也好打人。但拳击是抡起来用身体的半扇去打，我们是整体出去扑击，所以肘不离肋、手不离心就更加要紧。老虎狮子其实腿都很短，但却是万兽之王，是食物链的顶端，为什么？因为人家用的是整体，相对于体重加速度这个整体，胳膊太长了反而碍事。所以形意拳四象里的虎抱头，胳膊要弯曲着有一定角度，我们用不着放那么长，放长了力量就散了，攻击距离也会变长，从形意拳的技术角度讲毫无益处。最后一句话，孙公讲：把这段话都搞明白了，形意拳的关键和窍门也就都懂了。反之如果你不懂，或者没得传授，后头怎么练都是不上道的。

解密孙公禄堂《形意拳学》
—— 形意拳之劈拳学

从本章开始，就进入到五行拳。金木水火土，劈崩钻炮横。劈拳既为五行拳之首，就有着它独特的内涵和深意。可以说，形意拳的后天功夫一大半都出自劈拳，易骨、易筋几乎都是从劈拳开始。知乎劈拳，则五行拳亦通矣。五行拳既通，十二形自然也不在话下。"劈拳为形意拳之母拳"，尚云祥先生这话是非常正确的。

劈拳者（属金），是一气之起落也。前四节三体重生万物张，三体总是阴阳相合。阴阳相合，总是上下内外合成一气。故其形象太极，是三体合一，是气之静也。气以动而生物，其名为横，横属土，土生万物，故内包四德，按其五行循环之数是土生金也，故先练习劈拳。劈拳者，是气之起落，上下运用之，有劈物之意，故于五行之理属金。其形象斧，在腹内则属肺，在拳中即为劈拳。其劲顺则肺气和，其劲谬则肺气乖。夫人以气为主，气和则体壮，气乖则体弱，体弱即病必生，而拳亦必不通矣。故学者不可不先务也。

这一段总则非常关键，是讲劈拳的拳理。一气之起落，一气就是内劲，起落就是一上一下。对于劈拳很多人有迷惑，为什么掌是直着推出去的，又是如何能打出起落的劈劲来？于是衍生出很多劈拳的练法，最常见的就是胳膊上下抡着劈，真像用斧子劈柴那样。这些都是大错特

错。劈拳不是用胳膊去劈，而是用整个身体去劈，而且不光有往下劈，还有往上起，所谓一起一落，起亦打落亦打，如水之翻浪。整个身体先起后落，有劈物之意，形态上像斧子，这些都是意会，是为了加强后学者的理解，而不是说劈拳就是劈物，就是斧子。形意拳是扑着身子打人，也就是要带动体重加速度，形成巨大冲量去打击对手，而胳膊腿是挂在身体上就势灵活运用，这是打法。在练法上是配合躯体的运转，前面我重点讲过三催，也就是腰催胯，胯催膝，膝催足；腰催肩，肩催肘，肘催手。永动机就是丹田，也就是腰际。一动这里先动，带动其他几节顺序而动。如今看到最多的是用手足带着躯体去练，不说丹田根本没有，就是三节也都灰飞烟灭，一点影子都看不到。不知练法，不懂打法，这样的形意拳就是体操而已。太极操可能也就伤膝盖，形意操可是要伤五脏的。所以说自己不明白千万不要去教别人，害人害己。

后面孙公又把三体讲了一遍。首先要明白什么是气？气有先天有后天，先天之气就是一气，也就是内劲，也就是道体衍生天地宇宙万物的那个根本力量。所以天地人都是道体所生，从本源上是一母同胞，故道行高深就可以精神连通天地宇宙，所谓与天地精神相往来。后天之气或者是呼吸之气，或者是经络内气等。这里孙公说的气，是先天一气。否则看到这误以为是丹田内气，就会越看越糊涂。在孙氏的拳学体系中，无极而始，就是从道体本源开始衍化，道体永远是空空静静，所以入门要站无极桩，转含一气到太极，内劲就生发出来了。再到两仪就出了阴阳，阴阳的特性就是要和合，阴阳和合了就会产生天地万物，包括人类自身的繁衍，但是阴阳和合完全的那一刹那是气之静也，也就是一气归根，回到了无极那个空空静静的状态。这就好像男人和女人交媾，在达到高潮时瞬间大脑一片空白，有那么几秒钟的时间，那个状态其实就是三体。从两仪分阴阳，到阴阳和合成三体，外形不动，可里头一定是自然安静下来，也就是气之静，做到这点才是真三体。后人把三体当成桩去站，咬着后槽牙在那里忍受肌肉痛楚之苦，哪里会是气之静？不站出毛病来已经是好的了。

三体是气之静，这一静过后就是三体重生万物张，先天一气发动开始衍生天地万物，而天地万物有五个最基本的特性，就是金木水火土五行。先天一气别名太极，这是古人给定下来的，只是名称符号。孙公云：太极即一气，一气即太极，是一个东西。一气的本质仍然是空空静静，只是里头有个能生天地万物的功能，内家拳就是用它来打人，而修道的利用它来返璞归真。正因为太极化出阴阳衍生万物，所以太极或者一气也叫作先天之横，也就是先天之土，有孕育之意。落实到后天之横，就是五行拳中的横拳。为什么先练劈拳而不是先练横拳呢？其实先练哪一拳都出功夫，尚云祥就是先练崩拳入的门。但是劈拳有其独特的功用，就是通过先天之气强壮后天之气。劈拳属金属肺，肺强则气壮，气壮则血旺，血旺则筋骨内脏能够得到更多的滋养，身体才会愈加健壮起来。实际上易骨、易筋的功夫，多出在劈拳上，练形意拳的人一辈子多数时间都在打劈拳，也有那句话叫：欲作神仙先练劈拳！这话是极有道理的。人的身体起决定性作用的就是气血筋这三样，肺主气，肝主血，而筋全赖血养。所以五行拳劈拳为首，其次就是崩拳，把劈崩搞明白了基本上也就差不多了。

形意拳的功夫分先天和后天。先天就是要悟那个一气，也就是内劲。这个就比较难。内家与外家的区别，或者说传统武术最根本的，就是这个先天一气。功夫在后天，就是易骨、易筋、洗髓这些。内家拳是内壮，外家通过排打来刺激身体被迫生长强壮，其实这远不如内家拳来得直接和健康。人的身体不神秘，其实就是个工具或者器物，人类的神识驻于其中，指挥这个工具来做事。人的肉体与天地万物都是一样的，只要与道体本源对上，一气发挥了作用，它就会自己再次生长。试想天地宇宙是何等的宏大和强壮呢？你永远不知道这个世界上的高人有多少，因为这个道体运身的程度是几乎没有尽头的，只要你有足够的智慧福德来修炼，而内家拳只是道家修行路上的一种方法手段。尚云祥能够在青砖地面上走出一溜脚印，褚桂亭能够单手拗断铜门环，这些功夫够不够硬？这都是通过内炼内壮而来。所以从形意拳的角度，别人家有的功夫咱们也一样会有，而且比他们的要更高明，来得更快更安全更健康。而先天功夫，也就是内劲方面，主要是靠站桩，无极桩和混元桩；后天功夫，主要就是五行拳，五行拳里主要就是劈拳。每天1000个劈拳，三年下来易骨易筋，不仅弱能变强，强者更强，而且会超出常人的生理状态，变成超强人。这个世界永远都是强欺弱，永远没有弱欺强，有也只能是靠欺诈计谋。民国以来历次擂台赛，以及民间武林生死相搏，从来没有敢瞧不起形意拳的，就是因为形意拳先天后天一块练，身上出来的东西厉害。

劈拳是一气之起落，上下运用之，有劈物之意。就是说劈拳是用内劲驱动身体一上一下打人，往上这一下不太明显，往下这一下好像斧子劈东西，也就是劈物之意。要弄懂形意拳的道理，得从心意拳说起。李洛能学自戴龙邦，肯定学的是心意拳。心意拳的起伏比较大，就是现在看和形意拳差别也很明显。为什么到了李洛能这儿变成形意拳？而且五行拳几乎没有了起伏，身体都在一个水平线上？那是因为李洛能悟了先天，把后天身躯的起伏用精神，也就是一气的作用来代替了。拳从有形练到无形，身体动作就不重要了，主要是精神，也就是"拳无拳，意无意，无意之中是真意"。心意拳其实也是这个，按道理讲更接近先天精神的本质，但到了李洛能这里对其进行了改造，把动作进行了规范，使后学之人更容易从有形进入到无形。身形不动起落是怎么实现的？其实非常简单，不可以造作，不能动心不能想，完全是一种本能意识。发乎情而止乎礼，所谓喜怒哀乐之未谓之中，发而皆中节谓之和。孙公云内家拳无非中和，此意也。比如你在屋里坐着，门口突然过来一个熟人，你马上本能想站起来打招呼，这时候动作上虽然没起，但神意上已经起来了。但这人没搭理你走了，你势必重新回归原位，也是神意上的回归常态。这个起和落，就是劈拳里的起落了。让你打一个劈拳，身形没有起落，但精神上一样可以起落，那么到了动手的时候只是心一动就已经打上，何须再考虑如何起落，如何翻浪，如何劈打呢？练拳时有规矩，动手时没规矩。练拳时没起落，但心里头有起落，一旦动手则无所不用其极，自然而然身体就会把起落打出来。

劈拳的起落，可以从十二形的鹰熊斗志来体会，那个是有形的起落，到劈拳就进入到无形。一起一落就像老虎扑食，先起后落。老虎是用爪子和牙齿猎杀对象，我们或用掌或用拳或用前臂或用头，赶上哪儿用哪儿。实际上，起落是动物界最朴素原始的猎杀方式，动物都是先扑，然后咬，就完成了一个起落。后面大家就会知道，其实起落是贯穿于整个形意拳的，不只是在劈拳，崩拳、钻拳、横拳、炮拳一样是有起落的，只是功用和方式不同。那么在劈拳，起落比较明显，就是用起落来打人，同样也是身体扑上去先起后落，这个在上一节形意拳要义里说得很清楚，孙公专门把起落钻翻横顺拿出来作为大原则来讲，就是让后学者明白这个起落其实是最根本的技术特征，明白了这些原则，才不会走弯路。

后面讲到了劈拳与肺的关系。有一点要强调，就是身体内外是相互映照的。内三合与外三合只是最基本的，其实内外处处相合，里头不合外头的拳就难看，你自己练着就处处别扭，一般初学者都是这样。感觉到别扭其实是好事，说明里头气血动了。等到过了一段时间里头气血融合了，反映到动作就感觉越来越舒服，而且会生出一种美感。劈拳练对了肯定是肺力越来越强，肺力强气就强，这个气是指后天之气，气强了催动血液旺盛运行，给身体带来更多营养。如果练错了肺部就会受影响了，我见过打劈拳流鼻血的，因为肺开窍于鼻，还有炸肺的，总之练错了会出很多问题，甚至危及生命、寿命。孙公自己也说了，气和体壮，气乖体弱，就是这个道理。所以奉劝喜爱形意拳的，一个是不能自学，另一个要找准明师，你要看他自己是不是健康、显年轻，有没有逆生长，不然就是没练明白。

劈拳起点式。起点时，先将左手往下直落，到丹田气海处（俗称小腹），再由脐往上钻到口，手如同托下颌状，再与左足一起往前起钻，手心朝上握拳往前钻，与足相齐，高不过眼，低不过口。左足往前垫步时，远近随乎人之高矮，只要身体前走不费力为至善处。落时往外扭，扭至九十度为至善处。如图是也。此时裆要内开，右手从右边拉到右肋，手心朝上握拳靠住。

首先要知道什么是起点。孙公的著作里屡屡提及"起点"二字，一般可以理解为开始，但深入了讲是一气勃发，也就是内劲开始做功。关于劈拳的起点式有两种练法，孙公在书上公布的是单手式，相对而言动作更简单，身体更容易放松，气血也更融合顺畅。我们唐山孙氏继承了

孙公大弟子孙振川的练法，是双手起钻，更富于技击性。这两种都可以，建议初学者练单手的。左手要通过重力下落到肚脐处，而后直着往上慢慢顶到下颏，再与左脚一块往前递，动作要慢要柔缓，要有内在的节奏，不能轻飘飘的柔弱无骨，也不能又快又猛，形意拳不是那么练的。练时

要慢，只有极慢才能极快。练时要柔，只有极软才能极硬。动手时才快，打上人才硬，如果没有练与打的区分，动手时就使不出来了。而且刚猛的练法不符合人的生理自然，对身心是一种戕害。

为什么有个托下颏的动作？如果直接从肚脐就把左手递出去，就少了一份凝重，而且一气鼓荡也出不来。只有往上直着先送到下颏，然后慢慢再递出去，一气瞬间发起，周身鼓荡，这个手递出去虽然缓慢，却分量十足。古人定拳都是有道理的，后人不懂可以照做，等身体里头练通了智慧萌发了自然就懂了。左手和左脚一块往前去，要护住中线对齐三尖，形意拳永远都是这样，手不离心肘不离肋，这是跟老虎学的，是动物的本能。左脚往前递多远，这个完全看你开胯的程度，一般人初学没开胯几乎出不去，左脚基本都在原地往外扭，这个强求不得，得慢慢来。而劈拳这个扭前脚的动作，其实是有助于开胯的，只是记住要左右胯均衡着外掰，而不能只掰一边。《逝去的武林》中讲这个步子是开天辟地，其实就是开胯。开胯主要还是通过混元桩把身体练到致柔的程度，全身关节自然就打开了，再通过劈拳来引导一下。记住左脚往前去的时候上半身不能动，要始终保持三体式时的中正姿态，千万不能一个大跨步窜出去，身体也往前倾斜，这个不是练法，而是用法。

左手与左脚到位了，此时左手是手心朝上握拳，基本上高度在下颏，右手自然从肚脐拉到右肋握拳护着。平时练拳，拳头都是虚握，就是握住了但不使劲，握住就行。左脚落地时往外尽量扭，注意这里扭的实际上是胯，如果胯不动只是扭脚，膝盖就要受影响了。或者可以说是胯往外扭，带动了左脚的外扭。这里要说一点，就是很多人以为"筋长一寸，寿长十年"这句话的筋长就是要拉筋，其实是谬误。这句话的本意是打开关节，比如开胯开肩，关节处长死了的筋得到了松活，自然就显得筋长。如果是拉筋，体操运动员的筋比谁拉得都好，没见谁寿长十年。劈拳这个大撇啦步，是有益于或者说直接开胯的。大家注意孙公的图片，两腿之间的跨度就比较大，可孙公只有一米六几的个头。换做平常人是没有这么大跨度的，就是因为他的胯已经全开了，自然筋也就更长。

劈拳换掌式。再出时与右足齐去。右手出时，随出随翻，到前面手时，右手心朝下，右手中指于左手食指根上出手，徐徐拉开，右手往前推出，左手徐徐后拉，手足齐落，仍与三体合一之式相同。是展开四平前后梢也。再往前进，与左式相同，左右进退落起形式皆有行如槐虫、起如挑担之意。回身看地之远近勿拘，但无论远近，须出左手左足时再回身，取天左旋之义（身本右转，因劈拳属金，故取天左旋之意）。

有人说劈拳就是活动着的三体式，这种说法就把劈拳的真正意义给忽略了。从外形上看只是劈拳定式和三体式一样，而劈拳的关键并非定式，而是整个运动起落的全过程。同时，劈拳是一气之起落，三体式是一气之安静，一动一静怎么可能类比呢？

上一式左手、左脚到位，这时就是右手、右脚齐出齐落，右手奔着左手去，右脚奔着左脚去，手脚是同步的。当右脚到达左脚内侧时，右手恰好到达左手上面，两手重叠。右手原本是手心向上握拳在右肋旁，就直接从肋侧奔着左手上头去，重叠的时候左右手都是手心向上，而后左右手一起翻掌，同时变成手心向下，右手中指从左手食指上推出，注意三尖和中线不可丢失。两手徐徐拉开，右手往前推，左手往后拉，右手推到极处定势，左手拉到肚脐眼旁边，大拇指根靠着肚脐眼窝。在两手拉开的时候，右脚向前迈步，步子大小随自己功夫，只是不要刻意，此心不动，出去多少就出去多少。到这儿就有两个分别，一是活步，二是定步，活步就是践步，右脚出去左脚再跟上半步，定步是右脚出去左脚不动，最后的定势就是右侧位的三体式。那么右手往前推的极处是哪里？是在充分坠肘条件下的极处，可参考书上孙公的图片。千万不要把手臂推直，没有了坠肘容易被人拿住，且力无束展没用处。

这个动作看似简单，但是初学者基本都得练一年才能基本上把规矩做到位。一方面是因为规矩要求严格，不容易同时都照顾到；另一方面是内心造作，总想着姿势是这样那样，反而是离题万里越做越难看。练劈拳之前一定要多在三体式下功夫。这个功夫不是让你去熬三体式，而是通过三体式把六合九要这些规矩都练上身，再进入到劈拳就容易多了。没事摆个三体式，从头到脚把规矩多来几遍，腿累了就换另一条腿，来上四五轮半个多小时也就差不多了。要说熬腿子站桩，四平马和三体式我都站过30分钟以上，四平马过了8分钟腿就能熬过去没感觉，三体式得十几分钟才行，总之熬过了那个临界点之后就没什么感觉。这些我都练过，所以我有资格告诉大家，形意拳的功夫不是从熬腿子练肌肉里头来的，内劲本身无形无相，要从无极桩和混元桩里头出。三体式的意义，就在于可以方便地纠正六合九要，把规矩练上身。就好比飞行员都要先进模拟仓，直接上去容易出事，是一个道理！

刚才说完了规矩，要从三体式里多体会，还有一个更重要的就是不能造作，如果你非要想着这条腿怎么迈，这条胳膊怎么出，你一辈子也练不出来。"拳无拳，意无意，无意之中是真意"。形意拳要返先天，不要动心不要琢磨，一切都是天然本能，最后要练到身形似水流，就是身动而心不动，从佛家修行这叫形神分离，到这个地步才能把拳从形练到意。你若一开始做不到，就要多重复，形意拳没旁的，就这么五

个拳，一辈子要重复几百万次，多练而已！孙公云："人十我百，人百我千。"不管如何，都是要在重复里头悟出真谛。什么真谛？就是不动心！动作熟练到和吃饭喝水一样，闭着眼都不会错，这个时候你还用想怎么动手动脚吗？它自己就去了。这是练形意拳的一个最根本的原则。所以这一式右手右脚的起落，照着规矩做就是。平常走路不会想怎么走，一样走得好好的，还能走出不少花样来，什么快走慢走的；如果让你去演电影，进个门估计迈哪条腿都不知道了，这就是造作了。起手迈步谁都会，从本能里去走，不要刻意琢磨有什么与众不同。

下面要说一个重点，就是如何才是真正的起落。从起点式到右手式，是一个完整的起落。劈拳不是用手或者用胳膊劈，而是用整个身体去劈。要说是斧子，整个身体才是斧子，胳膊是斧子刃，这么说就明白了。练拳不要被胳膊把身体带走了，而是身体为主带着胳膊走。这个斧子是怎么劈下来的？这就是我让大家多看动物世界的道理，多看看猛兽捕食的瞬间，就知道劈拳是怎么劈的了。老虎豹子都是一跃而起，体重加上速度，从上往下把动物扑倒，然后一嘴咬到猎物的咽喉。这个一起一落就是劈拳的一起一落，要用身体的整个重量加上速度去扑击，便是自上而下一气之动作。人没有利爪钢牙，只有手和臂，那么就用手臂代替爪牙来打人。也就是说，身体起落扑击才是主要的，而手臂的劈击是顺带的，但这两者是不可分割的整体。那么练的时候要慢，用的时候才会快。

实际上劈拳这里身体的起伏并不大，几乎是看不到的，如果你练出起伏来就错了。劈拳的起落不在身形上，而是在神意里，这个上面已经说得很清楚。你右手往前推，看着好像是平着推出去，实际上整个身体是从上往下扑击，体现一气之起落。练的时候没有起伏，是怕有形上入得太深约束了无形，真练到拳意入骨，那么用的时候只是灵光一闪的事，何须思前想后？想了就会挨打。左手往后拉是什么意思？形意拳是打顾一体，也就是攻击和防守同时进行，一般人在后天是做不到的，只有返先天不动心的状态才能做到。左手后拉就是化解对手攻击，比如崩拳之类。这向后拉的一手是另一种鹰捉，老鹰捕食都是从天而降，两个爪子一抓然后嘴上去一叼，鹰捉就是取意老鹰这个动作。那么展开前后四平梢呢？就是劈拳定势要做到四平八稳松快活泼，周身有一种舒适平衡之感。劈拳最能看出一个人的功夫，做到位往那一定，是不是大家一眼就能看出来。毕竟架势可以学，精神可学不去。

　　下面有一句话很重要，就是"行如槐虫、起如挑担"。槐虫就是那种软体的毛毛虫，因为槐虫没骨头，是靠身体贴着地面后头推前头鼓涌着往前走，这就是告诉大家行拳走步不要飞跃、跨跃那样起大步，而是脚几乎贴着地一步步往前走，换一步就是一鼓涌。这个在崩拳里体现得最明显，其实哪一拳都是如此。形意拳也叫行意拳，拳意、拳性都在步子上体现，把步子搞错了拳也就练错了。"起如挑担"就是要心平气静平衡用力，所谓起为横，挑过担子的人都知道，开始这一起最重要，起来了就好办了，但必须一股劲平衡着用力，稳稳当当地往上起。这就是告诉大家起点不要急促，要稳稳地、慢慢地，四维上下均衡用力，心里要干净，不能胡思乱想，搁拳里就是要空空静静，只是走着劈拳的拳意。形意拳讲六面争力，上下前后左右都要平衡，有了这个才能做到起如挑担。天道左旋地道右旋，孙公是拳道合一，自然是按照道家的理论来指导练拳的，照做就是。

　　劈拳回身式。回身时，将左手左足一起扭回。左足在后如图形是也。左手挽回在左肋心口边靠住，右手与右足并身回向

后来，右手右足出式。仍如同三体合一之式，左手左足起式钻翻相同，左手左足出去，仍与往来练时左右出手起落相同，往来趟子多寡，须自己随便勿拘。

五行拳回身，从有形有相上讲就是打后头来犯之敌，要做到瞬间回身就打上。从练拳上讲，有去无回不行，必须有去有回，神气上才圆满无亏。咱们中国文化讲究的是曲则全、直则罔，无论天道地道都是个圆才对。所以练拳必然有回身，这是形意拳的特点。八卦掌也是如此，左右圈要互换。至于说太极拳，因为本身就是走圆，也就无所谓回身不回身了。

左手在前右转身，如果慢做就是左手左足同时回转90°，这样身体转向后侧正面，两手握拳抵在肚脐处，两脚尖相对如同八卦掌的回身步。然后，身体再向右转90°，此时身体面向出发点，右手右脚起钻，和之前的起点式一样，下面是左手左脚换掌，一个劈拳打过去，再走拳趟子，走到头再回身，仍然是左手左脚在前右转身。具体打多少看个人安排，我一般是一千个劈拳，自己找好地方，最好是僻静没有人，这样不容易分神，如果有鸟语花香的地方就更好了。咱们练拳不让人看，一个是为了定住神，另一个是练法不外传。来来回回打完，最后就是收式。

劈拳收式。收式时，走到原起点处，回身仍还于三体式为止，惟右足要往前跟步，不可离前足太近，心沉沉稳住，提顶合口，鼻孔纳息仍如前，片时休息。休息时，提顶出纳亦如前。先贤云，休息时眼不可低头下看，要微微仰头上看，只因眼上翻属阳，眼下视属阴故也。眼上翻能泄阴火，头目自清明也。下视属阴，阴火上撞，目红头晕，此

之谓也。又云：舌顶上腭，口内若生津液务将咽下腹内以免喉内干燥，后仿此，学者谨记！

收式非常重要，其实就是收功。练拳就是练功，五行拳就是功，练功必收功，不收功等于白练。如何收功？孙公这里说要把心沉沉稳住，鼻孔纳息，片刻休息。就是要放空，或者简单点说入静。你练拳总是在动的，此时让你回归清静，归返无极，放空了自己，那么无论有形还是无形的功夫，就都归于虚无本质，从虚无本质又作用于后天气血，身心就受益了。其实门内收功都是无极桩，道理是一个。这里有一个要注意的地方，就是鼻孔纳息，不是说呼吸。我们在先天里转化了后天呼吸为先天之息，呼吸是若有若无的，而不是呼哧带喘，转化呼吸的功夫是在无极桩里成就，所以没有无极桩的基础，到五行拳就练到后天去了。还有就是后脚往前多跟半步，是为了给打崩拳做准备，从践步随即变成寸步，这个是必须要做的。练拳的时候嘴也不是紧闭着，而是略微有些开，似开非开，这是为了内外气息通畅。练完了进入到收式，就把嘴重新闭上。

解密孙公禄堂《形意拳学》

——形意拳之崩拳学

崩拳者（属木），是一气之伸缩，两手往来之理也，式如连珠箭。在腹内则属肝，在拳中即为崩拳，似箭属木者是也。其拳顺则肝气舒，其拳谬则肝气伤，肝气伤则脾胃不和矣。其气不舒，则横拳亦必失和矣。此拳善能平气舒肝，长精神强筋骨壮脑力，故学者当细研究也。

崩拳是极富传奇性的一拳，前有"半步崩拳打天下"的郭云深，后有承其衣钵的尚云祥。孙门中有张玉书单拳透牛肋，举手碎猪头，可见其威力。崩拳历来都有出手见红的说法，如果用崩拳一般都是要见生死，或者是对付大奸大恶之徒。其实，崩拳是对一气之伸缩这种劲路的统称，在具体用法上则千变万化，比如鲐形、鸡形、燕形、鹞形甚至马形都是崩拳劲力的变化。如果你喜欢拳击，勾拳也可以参化崩拳的劲路。所谓运用之妙存乎一心，拳法是原则，变化才是应用。

何为"一气之伸缩"？劈拳是"一气之起落"，是身法一上一下，而崩拳就是身法的一前一后。但是崩拳要想练出来，必须是通过前面做到易骨易筋，把全身的筋络连接为一体，这时候才能把崩拳的劲体会出来。崩拳是筋劲，得抽着打，因此筋出不来崩拳就打在形式上了。操练时一前一后，用时一刹那就是往前那一下。劈拳也是如此，虽然说起也打落也打，打起落如水之翻浪，但真动手没那么复杂，就是刹那间一顺手的事，用薛颠的话讲是手放对地方就赢了。很多人看孙氏的太极学好像个猴子在那里蹲着，李仲轩在《逝去的武林》里也这么说，其实那是虎踞龙盘，是个老虎在那随时准备窜起来。所谓虎抱头，又称虎豹头，虽然是鸡腿龙身熊膀，但用处是跟老虎学的。练形意拳要把自己当猴子可能就学拐了，要把自己当老虎豹子才学得快、学得扎实。

首先要纠正的，就是理解崩拳，乃至理解形意拳，不能理解到胳膊上头去，以为崩拳就是挥挥胳膊出出拳头，拳击是那么打的，形意拳可不是。形意拳是身打，不是手打。崩拳所谓一气之伸缩，一气就是内劲，伸缩犹如弹簧，或者说扣响了扳机的子弹，也就是在内劲惊炸的带动下，整个身心如弹簧一个缩放，或者如子弹被高压燃气瞬间释放，还没看清就到了对手跟前，所谓打人如亲嘴。至于说怎么用拳头那是顺手的事，一般也就是一下，或者粘上他连续击打，所谓"势如连珠箭"。

一般双方力量悬殊可以一下见胜负，如果相差不多，就看谁身法快，粘上就是连续崩拳出击，一手拉一手打，也就是顾打一体，一手控制对方的手臂，一手打击对手，容不得对手有反应的时间。崩拳技术特征上的妙处，其实就是最简单的数学原理：两点之间直线最短。劈拳还有一个自上而下的起落过程，崩拳小寸步瞬间就打上。所以用崩拳就是杀招，而崩拳也就是形意拳的绝手，不到危急关头或者斩除大奸大恶，是轻易不能用崩拳的。

练崩拳不能"跟自己较劲"，努着气憋着劲打崩拳，形意拳三弊：努气、拙力、挺胸收腹。练拳时硬，自我摧残身心不说，会把筋肉、骨骼、神经都练迟钝了。看着好像威风凛凛吓人呼啦的，真遇见明白人连手都递不出去。这都是练拙了，速度灵动没有，尤其是还练排打硬功的，先贤早已经说过："切勿练排打，天然本能失。"这些年武术不敌散打搏击，上擂台一动手就挨打，练法、打法都不对是主要原因。

"两手往来之理，式如连珠箭"，是说崩拳永远都是一手去一手回，一手打一手顾，但二者是一可不是二，如果分开就入了后天，失却了天然本能的灵动。一往一来其实是个小连环，不一定非做出这个圆圈来，道理是这个道理。曲则全，直则罔。前手磨着对手的手臂往回往下挂，后手趁势就奔了对方的心口。而式如连珠箭，化打不停，就是这个连环要永远不停。练拳眼前似有人，拳意上不能有半点含糊，连顾带打，化打结合，连绵不绝，小寸步要逼着对手失去重心，瞬间打上你就赢了。这个逼字，才是重点。想逼上去，你得比对手快，想比对手快，就得返先天用本能。所谓一气，是先天里的本事。

在形意拳要义一篇中，孙公禄堂重点讲解了起落钻翻横顺这个大原则，崩拳里头有没有起落钻翻横顺呢？其实是一样有的，只是不像劈拳那么明显。崩拳一动就是横、就是起、就是钻；出去了就是落、就是翻、就是顺。之前说过，李洛能将心意拳从有形演化为无形，创造了形意拳。起落钻翻更多地表现在拳意上、精神上，而不是拳架子上，所谓"起不起何用再起，落不落何用再落"。形意拳主要是先天精神做主，后天形式不重要。站好了崩拳的架势心里头一起，虽然身形上变化别人看不出来，其实已经起了。打到对手身上，别人看着好像你是水平运动，其实从根上讲还是一个从高到低的下落。以后的钻拳、炮拳和横拳，无不是如此。

说崩拳似箭属木，这个大约是孙公沿袭前人的说法，在我个人看来，五行拳和金木水火土的具体表象没什么关系。拳法本身就是对应内部脏器，劈拳对应肺部系统，崩拳对应肝脏系统，钻拳对应肾脏系统，炮拳对应心脏系统，横拳对应脾胃系统。五脏自身对应五行，如此而已。崩拳打起来似箭，其实哪个拳打起来不似箭呢？你慢就挨打了。形意拳的设计讲究内外对应，所以才有内外相合，里头气血和了，外头动作就顺了，才能慢慢易骨易筋。崩拳的动作能够纾解肝气，如果脾胃不好的专打横拳意义不大，应该主要打崩拳，打着打着胃部就开始打嗝，说明里头的气血动了。反过来崩拳练错了，脾胃第一个受影响。

第一节　崩拳起点式　起点时，（左右）手同时将拳紧握好如螺丝形，将胳膊伸直前左肘暗含着往下垂劲。后右肘往后拉劲亦要往下垂劲。两肩松开，两眼往前看左手食指中节。出右手时，左足极力往前进步，右手同时往前靠着肋与前拳上边相离数寸出手，如箭直去，左手同时拉回，仅仅靠住左肋心口边。右足亦同时随后紧跟，到前足后边相离四五寸许为度。起落时（左右）手俱齐，无论（左右）手在前高低，总要与心口相齐。

接劈拳收式，后腿向前多跟一小步，就是为了崩拳做准备，如果单独打崩拳则不论。形意拳的握拳如卷饼，形如螺丝钻，不是握平拳，和拳击、散打的握拳方式不同，这种握拳方式起则可上钻，打可转变为点穴，变化很多。孙公禄堂在这里重点提示手臂要有垂劲，其实就是坠肘。坠肘，一是保持手臂的弯度不为敌人所制，更主要的是为了打出透劲。如果不坠肘劲力出去是发散的，而坠了肘劲力会如子弹走一条线，顷刻透入对手身体，造成极大的伤害。

下一个重点就是两肩松开，这点太关键了。为什么？如果你不懂得松肩，膀子一较劲就不是整体之功，而是局部之力，同时也落了后天，也就犯了三弊之一的拙力。松肩是非常重要的关窍。普通人膀子不较劲就不会使劲，这种膀子较劲就是后天拙力。内家拳要返先天，用的是精神激发的身心整力，根本用不上膀子，胳膊腿都是附带的工

具而已。那么松了肩还会不会使劲，这就是个问题。大家把手臂放到桌子上完全放松，膀子不准较劲去拿个东西试试看，是不是一动还是膀子使劲？所以这东西看似简单，真做到可不是那么容易。关键在于不能动心，因为后天之力都是心动肌肉才会动，要学会用不动心的劲。如何是不动心的劲？比如你吃饭拿筷子夹菜会想着怎么使劲吗？喝水会想着怎么使劲吗？这个出于本能的用力方式才是先天，才是形意拳真正的用劲方式。真传一句话，就是"别较劲"这三个字。想把真东西学到手，就得老老实实从无极桩开始返先天，然后从混元桩里悟到一气，再从五行拳里易骨易筋。形意拳的功夫分先天和后天，先天就是悟到一气，也就是内劲；后天就是易骨易筋，从身体功能上显现出来，所谓身强力大。先天主要是在桩里头，后天主要是在拳里头。其实形意拳里好东西太多了，稍微得一点就受益终身，因为形意拳会改了你的性命，最起码的是益寿延年，遑论悟道得道了，死生自己都能做主，像孙公禄堂那样，才是至人！

　　下面一个重点是"极力往前进步"。这个极力肯定就是迈步到极限，能迈多远迈多远。有人说孙禄堂一步三丈，又说孙存周一个虎扑两丈多，这个没有亲眼所见不敢妄议，但最起码的形意拳的步法里门道比较多。这里有两个问题，一是为什么要迈那么大步子？二是使劲往前迈步不是拙力吗？形意拳也叫行意拳，或者简单叫行拳，拳法致用一大半都是步子上，有步子有打法，没步子就是挨打的货。要理解这句话，就得知道形意拳的打法是什么？形意拳的打法就是充分使用冲量，也即是体重加速度，也就是唐维禄说的"把一百多斤挂在手上"，瞬间加速，转眼就到对手跟前，这个冲击的效果就不只是几个一百来斤了。那么身体是靠什么冲起来的？先天是靠神意，后天是靠腿，所以这里说的极力往前进步就是带起冲量的意思，但切不可造作，一入后天就拙了，缺乏

了灵动速度会打折扣，冲量就无从谈起。

第二节　崩拳换手式　再起时，左足仍极力进步，左足仍在前，右足仍在后，紧跟相离四五寸许。与左式相同，左手起往前如右手直去，右手仍往后拉如左手，亦拉至右肋心口边。此形有对待错综交互之意。手数多寡，看地形之远近，自便勿拘。然而无论地之远近，总要出去右手停住再回身。

从这张图片能够明显看出孙公的拳头是螺丝钻形状，而不是仅仅攥住的平拳。而且下颏微收，两肩松平，两肘下坠，塌腰坐胯，体重主要在后腿的大腿上部肌肉上。以我个人的观点，孙公的拳架应该就是最标准的。架子是否标准体现了内外相合，也就是说，你的内功程度与架子形态是一致的。

"交互错综"是来自《易经》的话，这是孙公自己练拳和修道的体悟。所谓错综交互就是阴阳不断地互相衍化产生各种新的形态，而崩拳手法上下前后左右连环交错，确乎显现着交互错综的道理。这里是告诉大家变化，拳法本身不打人，只有变化才能打人。天下之事无非阴阳，阴阳一动就已经变化了，谁把握变化的能力强谁就占先机，武艺上也是如此。在太极拳的打手里最能体现，就看谁神意占先能够提前知会对手变化，你提前变化对手就输了。打人也是这样，所以李仲轩说形意拳练的是这份敏感。什么是敏感？就是提前感知提前变化。

崩拳右手在前时回身，也是取天道左旋、地道右旋之意，身体向右转回。这里要多说一句的是，打崩拳要左右均衡，不能总是练右腿承重，左腿承重的也要练。这个看个人是左撇子还是右撇子，多多少少都要练一些，避免两条腿失中。还有就是很多人说打崩拳容易累，这是落在后天筋肉做功了，但凡筋肉做功一定会喘而且累，形意拳一定要返先天用本能，要是练拳时候喘或者累，尤其是腿累得不行，说明没练对。实际上练崩拳也是一样的"飘飘欲仙"，简单说一点就是"别动心"。

第三节　崩拳回身式　回身时，将左足勾回，亦同九十度之式，如图形是也。起时再将右手落下，手心朝里，顺着身由脐往上钻到口，亦如托下颌状，回身右腿与右手同时往上起，高矮膝与肘相离二寸许，右足尖朝外，斜着极力往上仰，勿伸脚面，此时右手仍如劈拳式钻出停住。右足极力往前进，落下亦如九十度之形式。

左手同时与右足齐起齐落，右手同时往回拉至心口为度。此时两手五指张开如劈拳相撕之意。左足同时跟随在后边，足尖相对右足外胫骨。足后跟欠起寸许，两腿如剪子股式，两眼仍看前手大拇指、食指梢。此形是狸猫倒上树之式也。

五行拳回身式大体相同，都是左足往回勾，与右足相对成90°，两拳在肚脐相对，然后再转身变式，则各有各的变法。崩拳的变法是狸猫倒上树，其实是个作大了的鹰熊斗志，或者说另一种形态的劈拳，说到底也无非一起落而已。话说到这，还是要提醒大家注意前面的《形意拳要义》一节，根本的东西都在那里。

从回身变式两拳两脚相对开始，身体右转90°，右拳右脚合着往上钻，其中右脚要亮鞋底，有踩踏之意。左拳跟随在右肘旁一起上钻，身体要合成一气。钻到不能再往上走了，基本上右拳与头相齐，然后右足下踩，左右手分开如鹰捉那样下扑。落地时左腿膝盖顶在右腿膝盖弯，两腿是剪子股形状，周身一气稳稳定住。此式上钻也有鹞子钻天的意思，下扑也有懒驴卧道之意。一定是手脚一起动作，而且要沿着身体中轴体现周身旋转。这个旋转不是身体转过去才旋转，而是从变式就开始旋转，一边转身一边旋转，一边旋转一边上钻，转到位也钻到位，然后就是身体下落。下落一定要有整体下砸和双手擒扑之意，另外还要带着马形的踩踏。

之前在劈拳部分讲过形意拳的回身，学自虎豹回身。虎豹因为不知道身后的情况，如果有危险需要回身，只要回身即见生死，形意拳的回身也是如此。回身从练法上是为了气势圆满，从打法上一定要有虎豹回身一口咬死对手的气势，绝不给对手任何的机会。崩拳这个回身最关键的是旋转。其实这种用法在各门各派中很常见，比如太极拳的云手，如果觉得只是手臂运来运去那就肤浅了，手臂是身体的附带，其实是身体在旋转运化，不然光靠手臂是化不动对方来力的。我曾经在一次与专业搏击运动员的较量中，用狸猫上树这一式化解对方的冲击，虽然大家是面对面，但用狸猫上树一侧身就把对方闪避在外侧，也就是瞬间就抢到了大边，而此时我的手臂控制着他的手臂，而狸猫上树提起来的这一腿正好可以踹到对方支撑腿的膝盖。这就是狸猫上树的巧妙之处。一转，就从正面转到了侧面。对手只有一招，而你却同时有两招。这种旋转用"滚转"来说可能更贴切一些，关键是四肢一定要贴近身体，用身体的滚转来化解对方的攻势，则变被动为主动。如果四肢放开，不光是化不动对手，还容易被人控制住。当然，狸猫上树也可以直接打，上边钻打下颏、面部，下边直接踹踏小腹、心口，必须是同时作用才见其功。因为人在后天一心不能二用，防得住上头防不住下头。往下扑这一下是续招，如果对手退得快，那么跟上去用践步一个擒扑，劈打对手于胯下。

第四节　崩拳　再往回走时，右足先往前垫步与劈拳垫步相同，两

手仍攥拳如前，右手与左足同时往前进仍如前，回身亦如前。

第五节 崩拳收式 收式时，回到原起点处，仍回身狸猫倒上树之式，再如前出去右手与左足停住。收时先将右足往后撤回，相离远近，再撤左足之时不费力为至善处。足落仍如九十度之形式，左足亦往后撤回，仍如剪子股式，左手与左足往后撤时往前直出，右手亦同时往后拉至心口靠住，两手皆拳。每逢剪子股式，左膝紧靠右腿里屈，裆内不可有缝，紧紧靠住用力，亦不可过而不及。此时两眼仍看前手食指中节，食指中节仍与心口相平直，两肩两胯里根，抽筋仍如前。顶提亦如前，沉沉稳住。片时随便休息。

崩拳收式，一如前面的崩拳回身加崩拳式，但加上了一个退步崩拳，也就是回身式加狸猫上树加崩拳式加退步崩拳，一共四个动作。退步崩是以退为进的打法，从正常崩拳式也就是右手式开始，在前面的左腿收回来成剪子股，膝盖抵在右腿后膝窝处，然后右拳收回放在心口，左拳打出，成定式后稳住，恢复无极式休息。

收式里头最值得一讲的是这个退步崩拳，它的妙处在于步法，看似退步，其实身体位置根本就没动，只是左腿一变化，让对手以为你后退了，就会产生一个错觉，打乱了他的空间距离感，一定会冲进来追击，正好迎在你的拳头上。这个用法不一定非用左拳，用右拳其实更隐蔽实用。之前我说过，拳法是原则，原则打不了人，只有变化才能打人。

举个例子，武林风的"死神"方便，我仔细观察过他的拳法路子，他打败马库斯以及他后来很多的战例，都是这个退步崩拳的活用。当

然，方便不一定懂形意拳，只是他的这个用法合上了退步崩而已。当对手气势汹汹追击他的时候，他都是在逐步后退的，然后突然一个前手摆拳迎击，就把对手打躺下了。打马库斯那场就是典型的战例。方便是练搏击的，他的退步是碎步灵活后退，用战术诱使对手进入他的打击范围，一般对手会防他的后手，但会忽视他的前手，而他恰恰就用前手，而对手追击也正好迎在他的前手上。还有个例子是民国时杭州国术擂台赛，孙公弟子胡凤山打老和尚那场，就是用这个退步崩拳。老和尚很凶猛，胡凤山略显颓势，和尚愈发精神。胡凤山一个退步，和尚自觉地就跟了进来，而此时胡凤山只是一条腿后退，身体还在原地，老和尚就正好迎在他的拳头上。结果胡凤山一个崩拳，把老和尚的头骨都打凹陷了，当场送进医院急救。通过这两个例子，就能深刻体会退步崩拳的妙用了。退，实为诱。看似退，其实没退，在原地等着你。你上来，正好迎在人家拳头上。

到这里崩拳就讲完了。如果用一句话来总结，崩拳就是事简而功大。虽然简简单单几式，但里头蕴藏的东西太深奥了。学会了劈崩，基本上形意拳的根底也就知道了大半。劈崩主要是成就后天功夫，也就是易骨易筋，包括筋骨膜这些。前面的站桩成就先天功夫，主要是返先天悟内劲。先后天要融合，要相交，光有先天是形而上道艺，但是没有先天，后天也没指望，先后天都有了才能形而下敌将。先天也要有个后天的模子来体现功用，就是通过五行拳，特别是劈崩来改变身心，转弱为强。一般半年劈崩就能进入明劲，筋骨的变化就很明显了，身体也愈加的健壮，浑身肌肉饱满充实，然而这些都是自己长出来的，与健身房里造作出来的肌肉块有天壤之别。

解密孙公禄堂《形意拳学》
—— 形意拳之钻拳学

　　本章讲钻拳。形意拳的功夫分先天与后天，先天是把内劲练出来，也就是孙公禄堂讲的"一气"，主要手段是无极桩和混元桩；后天是易骨、易筋、洗髓这些看得见摸得着的，主要是变弱为强，使人体功能更加强健，主要手段是五行拳。先天和后天不是割裂的，先天是后天的基础，后天是先天的产物。五行拳中，世人多谈论劈、崩而少谈论钻、炮、横，事实上五行拳是个不可分割的整体，虽然从易骨易筋上劈拳是为主的部分，但从身心整体走向强健的改造上，五脏功能是更核心的部分。五行拳联系五脏功能，五脏功能必须平衡发展进步，所以通过劈、崩进入到明刚的阶段，就要同时在五行拳中均衡用功，不能偏颇于哪一拳。有人一辈子只练劈、崩，或者只练劈拳，其他三拳练得少或者根本不练，这样出来的功夫是不完整的，同时对身心而言也谈不上整体的受益。故，五行拳者，必以五行齐备方为真学。

　　第三章　钻拳学　钻拳者（属水），是一气之曲曲流形，无微不至也。钻拳如水在地中忽然突出，亦如泉水之上翻似闪。在腹内则属肾，在拳中即为钻，所谓钻拳似闪属水者是也。其气和则肾足，其气乖则肾虚，肾虚则清气不能上升，浊气不能下降矣。其拳不顺，真劲即不能长，而拙劲亦不能化矣。学者当知之。

对于钻拳，最不容易让人懂的，就是这个"似闪"，我看很多人都意会到闪电中去了，意思是迅雷不及掩耳，要快！快是肯定的，哪一招不应该快呢？不快怎么能打人？但是大家都快，何必又单提出钻拳呢？这是说不通的。钻拳似闪，要和前面那句"一气之曲曲流形无微不至"结合起来。"一气"是内劲，钻拳就是在内劲激发下打出来，那么理解这个"似闪"就要到先天层面而不是后天故意上了。所谓后天，都是造作，非关内家！孙公在这里解释，说是好像一股水突破地表而出，又似泉水不断上翻在阳光映照下一闪一闪！其实已经说得很明白了，但这个闪是在先天神意里头，就是神意上一闪就已经打上。这个神意上的一闪，其实就是内劲也即是一气的瞬间发作。在《逝去的武林》中，李仲轩曾提到张鸿庆先生每日打牌，但在牌桌上就养住了神，闪一闪就练了功，说的就是这个内劲瞬间激发，而钻拳"似闪"就是闪在这里。其实劈、崩也无非是一气之激发，但和钻拳相比，钻拳的轻快敏捷，最能体现这"一闪"的灵迅，故这"似闪"非钻拳莫属。比如家里孩子调皮招你烦，你忍无可忍的时候一瞪眼，凶神恶煞般瞬间就把孩子个震慑住了，大家可以从中慢慢体会，就这一句话千金不易！

如水之突破地表，是指钻拳要打得突然，要打人冷不防，打人在其主观预料之外，那么这个突然加上一闪，基本上就没跑了。钻拳主要是打下巴，那么"一气之曲曲流形"呢？答案就是后头的"无微不至"。钻拳就是一个整体往上起的动作，并没有什么曲里拐弯的，这里是说钻拳要用在无形无相上，就好像水从山上流下来，并没有事先给安排个道，人家是顺势而下，哪里合适就去哪里，水势弥漫之下焉有完卵？所以"曲曲流形"是说钻拳不能有任何的刻意或者设计，一气激发神意一闪，说打哪儿就打哪儿，对手根本就无从反应，这就是曲曲流形无微不至。练拳的时候根本就不要考虑什么路径路数，只是神意上充沛的一钻而已。另外，钻拳的核心技术特征就是这个"钻"字，不是说手臂像钻头那样拧着打，任何拳都可以拧着打，钻的意思就好像婴儿吃奶用脑袋往母亲怀里钻来钻去一定奔着奶头去。钻，就不是打，打是崩拳。钻拳就是体现无微不至，无形无相，瞬间就粘上。

　　五行拳，并不是五种拳法，而是五种拳意，你懂了五行拳意，要会活学活用，各种拳法都可以掺杂着用。比如崩拳里头掺着钻拳的拳意，连钻带打。劈拳里头本来就带着钻拳。之前我解说薛颠的"象形拳"时说过，五法也就是五种精神本质，其实也就是五种拳意，拳意是身心内外一体。掌握了最根本的原则，落实到打法上则无所不至，用拳击一样打出形意拳的劲来。所谓"水无常形，兵无常势"，如果不懂这个最根本的道理，不管你练得多么辛苦，或者练多长时间，基本上是一伸手就挨打。练武术的不懂实战，或者加散打搏击的东西，都是不懂变化。

　　钻拳属水属肾，这些就不用多讲了，关键在后面这几句，如果钻拳练得不对，肾气必然不和。肾气不和，就会影响心肾相交，因为心气向下走，肾气往上走，心肾二气相交于丹穴，所谓水火既济，才有炼精化气的易骨功夫。所以拳练错了，肾气清浊不分，不光是没有水火既济，恐怕肾脏本身还会出问题。什么叫"真劲不能长，拙劲不能化"？因为从练法上而言，钻拳最是能体现先天一气特征的，打起来如"凌波微步飘飘欲仙"，周身不能有丝毫较劲，而且行拳时周身舒泰，满脸的笑容，好像婴儿般的微笑，这个才是六阳纯乾的先天状态，也就是所谓的"真劲"。如果是练到后天肌肉之力上，那就是硬邦邦的瞎咋呼了。如今很多人练形意拳都是这样，粗猛刚硬，自己和自己较着劲，一拳打出去恨不得地动天摇，其实这都是所谓的"拙劲未化"，劲都憋在自己身体里头。平常这么练不但伤害身心，而且越练越拙，一动手全无灵动，伸手必然挨打。孙公禄堂在《形意拳学》

自序中提到自己学拳的宗旨，就是找个不粗不猛、不刚不硬的文雅之拳，最后找到了形意拳，得偿所愿。

第一节　钻拳起点式　起点时两手握拳，先将前足如劈拳式，往前垫步，远近亦相同。出手时，前手心朝下，后手心朝上，左手往回来至心口下脐上，大指里根紧靠腹。右手出时从左手背上出去，钻出之手高不过眉，手心仍朝里对着自己眼睛，手离眼尺余停住。右足进步，与右手同时齐去极力向前，两足相离远近亦与劈拳式相同。手足齐落仍要齐，两肩两胯抽劲，仍与前三体式相同，腰塌劲亦然，惟眼上翻看食指中节。

钻拳的步子与劈拳相同，都是践步，也即前脚垫步，后脚跃过一大步，然后前脚跟步，除了手势不同，定势与三体式相同。

一定要记得周身是整体运动，齐出齐进。周身规矩不能散乱，一散乱整体就没有了。这个整还只是有形有相上的，最根本的是"一气激发，丹田催动"。这个就需要从混元桩里练出丹田鼓荡，知道一气、鼓荡是怎么回事，然后才能做到"三催"，才有节节贯穿，由根节而梢节。这是内在的，外在的就是六合九要规矩不乱，整体运动。里头有了，外头的才有价值。里头没有，先从整体开始。里外都没有，那就只是出汗而已。

左脚先垫步，同时两手攒拳做好准备，这是预备式。预备式里头要把规矩都到位，特别是六面争力稳稳当当。肩胯抽劲一般人是做不到

的，那就要含蓄着行拳。准备工作做好了，就开始起钻。左手往回拉，右手往前上，两手在中途交会。同时右足跨过左足向前进步，手足同时到位，左足自然跟一小步。劈拳和钻拳是典型的"顺撇"，右手右足和左手左足各是一对，左右分开就错了。但实际上手、足都是身体的附带，一定要注重整体。劈拳就是整体下落，钻拳就是整体上钻，就是把手背到身后，也要用身体打出拳意来，如此才得真味。

形意拳"只有一没有二"，我看有人意会成打人只有一下没有第二下，这是错误的。这句话的本意是说形意拳"打顾一体，攻防一致"，既打又防，攻防是不分开的。一般的打斗攻是攻防是防，二人对垒也都是你攻我防一来一往，而形意拳的攻防是在一块的，完成了防守也就完成了进攻，进攻的同时也把对手的攻势化解了。其实只要看五行拳的拳式就能明白这一点，基本都是一手攻一手防，而且两手是同步进行的。在五行拳相生相克的对练套路里能体会这一点。但说是说做是做，很多人一动手仍然是分开的。为什么练拳时有，动手就没有？因为没有返先天用本能，这个一心二用只有在先天状态才出得来。所以形意拳的核心就是返先天，本质就是内劲，舍此无他。钻拳的攻防就是一手下拉防守一手上钻攻击，两手互换，攻防不停。形意拳的打法有一条，就是粘上不撒手，不打倒绝不停。所谓霹雳手段显菩萨心肠，二人对垒性命相

关，绝不会心慈手软，故除非二人差距太大，否则形意拳动手一定会像泰森那样粘上就连续进击不停。

第二节　钻拳换手式　再起，右拳手腕向外扭劲，手心朝下。左拳手腕往里扭劲，手心朝上。右足垫步，两手两足起落进步仍与左式相同，勿差分毫。手数多寡，仍看地形远近自

74

便，然无论远近，亦总须出左手时再回身。

右式换左式。钻拳是比较简单的，就没什么多说的了。换式时身体左右互换，规矩不能有丝毫散乱。练时有规矩，动手时没规矩。练时规矩对了，动手时瞬间就打上。也就是薛颠说的："手脚放对地方，一动手就赢了。"为什么？规矩就是制胜法宝，千万遍重复形成本能，动手瞬间大脑的后天思维是空白的，唯有本能不变，所以谁的规矩做得好，谁的赢面就大。

第三节　钻拳回身式　回身时左足勾回（逢足往里勾足跟极力往外扭为要），左手同时将拳扣回至心口处，手心朝下，手腕往外扭劲停住。右拳手腕往里扭劲，扭至手心朝上，如劈拳钻出。两手仍如前法起落。右足同时与右手齐起齐落，仍如左右阴阳相摩之形式。

孙氏的回身都是左手在前回身，取天道左旋、地道右旋之意。其实左右回身皆可，只是入了道的则取拳道相合，以拳映道。钻拳回身也特别简单，假设后方有敌来袭，瞬间回身左右手交叉防住胸面，同时左手下拉对方来手，右手进击对方咽喉、面部，转身、护身、打顾一气呵成。回身可以多练练，会有意想不到的收获。回身一式完成，

接着就是钻拳起手式，与上面所说相同。足跟极力往外扭劲，或者说极力往前迈步，不是让你用拙力使劲去做，这个极力在先天上，好像婴儿吸奶是不会考虑怎么用劲的，饿了有多大劲使多大劲，都是本能上自发出来的。所以在这里的极力就是由着拳法真意，也就是你自己在空空静静里头觉得最合适的那个状态。

第四节　钻拳收式　收式时，走到原起点处，左手左足在前停住，

回身手足齐落与右式相同，头顶塌腰之劲亦然。收时左足极力进步，与前无异，惟右足紧跟在后，如劈拳收式跟步相同。稳住片刻休息如前。

收式时先回身，和回身一节相同，唯独须再向前一步打出左钻拳，同时右足往前多跟一小步，和劈拳收式后脚跟步相同。稳住片刻，是为了空空静静，这里就直接无极桩，片刻即歇。用无极桩收式，是为了把气血归宁，散于无形无相，返回先天，这样才能为我所用。说白了，内家拳的根本还是无极，也就是虚无本质。内劲来自于这个虚无本质，所以日日所用工夫，无非在空空静静。内家拳说有功夫，不是胳膊粗拳头大能劈砖，而是空空静静上返先天的程度有多大，返先天愈深则内劲愈宏伟。从气质上就看这人是不是深沉随和，平平淡淡？往人堆里一站你找不出来才是大家？鹤立鸡群、风采照人还在明刚阶段。这些东西，不是过来人就不明白了。

解密孙公禄堂《形意拳学》

—— 形意拳之炮拳学

炮拳者（属火），是一气之开合。如炮忽然炸裂，其弹突出。其性最烈，其形最猛。在腹内则属心，在拳中即为炮，所谓炮拳属火者是也。其气和则心中虚灵，其气乖则心中蒙昧，其人必愚矣。其拳和则身体舒畅，其拳谬则四体失和矣。学者务深究此拳也。

劈崩钻炮横，金木水火土。炮拳属火，是一气之开合。一气，即内劲。开合，可以从过去的老窗户去体会。过去的老窗户都是两扇，是对开对合的。拳法比喻都来自物理或生理，都是取材大自然的各种现象，所谓象形取义，这也是十二形和薛颠象形拳的道理所在。比如说猴形，孙公说要深体其意，而不是学其形，如果仅是学其形就变成小丑了。因为天地万物生灵在生命的最本质上的精神是相通的，也正因为如此，拳法能够取象天地万物。此处讲开合，也是大自然中最朴素的一种现象，落实到人的生理上，是内在精神的一收一放，犹如自然的一开一合，绝不仅仅是动作上一收一放那么简单。如何体会这精神上一开一合或者说一收一放呢？比如有个心爱的人突然走过来，你不由自主地站起来想迎上前去，但突然发现她身后有人跟着，暂时收了这个狂心，这个就是精神上的收；她身边人走了，屋里只剩下你们两人，虽然你还没站起来，但心已经飞到她身边，这个就是放。这一收一放全在本能自主，没有丝毫后天刻意，如果刻意就假了。

在孙公的著作中，还有一处提到"一气之开合"的，就是《太极拳学》。孙公说太极拳就是一气之开合，这和炮拳的一气之开合有区别吗？精神本质上没区别，有区别的只是动作，拳法形式各有不同，用法上也就各异。故此孙公能将形意、太极、八卦三拳合一，就是合在这个精神本质上，其实也就是无极、太极。孙公讲一气即太极，太极即一气。又说一气者，形意拳之内劲也。古云：先天一气自虚无中来。前人已经说得这么明白了，后人不懂是因为落在了后天思想刻意中，没有返先天用本能运智慧，而是没完没了地耍弄自己的小聪明。孙公用心良苦，专门设计了无极、含一气、太极，就是让后学通过身心体验来彻悟本源，掌握先天和一气这两个内家拳根本。

后面这句"如炮忽然炸裂，其弹突出。其性最烈，其形最猛"，是讲炮拳之性。既然是性，就是精神层面上的，而不是物质层面上。但是后世学人误会了此类解说，以为练拳也要刚猛爆裂，体现出这个如炮炸裂的意思，于是拿自己的身体作炮筒炮架子，用自己的精神当炮弹，每日里反反复复地发炮猛击，此便是烈火干锅徒自消耗，非但练不出炮拳的真正功夫，反而伤害了自己的身心，特别是心脏系统的疾患由此而来，最后无非是伤身殒命而已。这个"性"如何理解？就好像你手里有把装满了子弹的枪，你拎在手里可用可不用，但枪的威力始终存在，这个才是真正的拳理、拳性。性之所存所在，都是在精神层面蓄藏，自己知道有就行了，而不是时时刻刻拿出来试验，你老是拿出来，用一会儿不就没子弹了么？而且用得久了就是钢铁也要损坏了。譬如崩拳似箭，就意会成快打猛打，这都是一样的错误，没得拳法真传啊！

五行中炮拳属火，五脏中心脏系统属火，故炮拳炼心，在腹内属心。那么炮拳练得对，心气舒畅，人自然是健康愉悦。如果练错了，心

气扭转，心火上炎，容易引发心脑血管疾病。因为五行拳联系五脏，所以练错了对身心的伤害也是巨大的。我们知道许多前辈大师们的事迹，人家是练对了的，如果是练错了以至于短寿殒命，是不大可能拿出来给社会大众知道的。其实如今这样的人非常多，比如打劈拳过于刚猛结果出鼻血，这就是震伤了肺部，因为肺开窍于鼻，身体示警了。打崩拳过于刚猛，早早的头发就白了。一般容易在劈拳、崩拳和炮拳上出问题，因为好使劲所以频频发力，练得又刚又猛，而钻拳和横拳因不易掌握劲路，相对还不大自害。孙公在《形意拳学》自序中早已言明，形意拳不粗不猛，刚柔相济，实武学中文雅之事耳。平时练得硬，用时就没了灵动。平时练得快，用时绝无先机。只有极慢才能极快，只有极软才能极硬。这样的内家真理，如今是少有人知了。

第一节　炮拳起点式　起点时，身子勿移动。右手靠着身子先推出，与左手合成一气，再与左足以并极力往前出，惟左右手徐徐往下斜着伸去。右足随后起，与左胫骨高相齐，进至足左里胫骨时勿落，两手一气一起握拳，拉回提至小腹左右靠住，两手心皆朝上。左足与两手同时提起，右足亦同时落地。左足提起时，紧紧靠住右足里胫骨，身子仍如阴阳相合之式，腰要极力塌劲稳住。

起点式，从三体式开始，但这个三体式和劈拳收式一样，后脚要多跟半步，是为了下一个拳做准备。所谓炮拳是一气之开合，这个起点式就是一气之合，下面是一气之开。内在与外在是统一的。上面我说过，开合主要是精神层面上的，但拳架上也一定会有配合，这个起点式就是配合精神上的内合，是个两手往里回收的动作。李存义一系两手回收是丁字式，孙

氏的则无此要求，只要两手收回腹部在肚脐两侧即可。内在有了外在一定有，而外在架势服务于内在精神，所以种种手法只要体现出真意就行。

从左三体式起始，右手要先上去与左手并齐，然后再合成一势往下拉回。孙禄堂传给孙振川的劈拳起手起始也是如此，两手要先并齐，然后再一起回拉，然后顺序上钻，下手掩在上手肘弯处一并上钻，这种手法更加体现形意拳的战术意义。俗话说形意拳小手多，处处藏着用法，因为形意拳极简，但只有简单的原则才能蕴藏更多的变化，此不易之理。此处两手相并然后左足极力前去，这个"极力"是体现身法，在用法上瞬间即到对手跟前。但练时不能刻意造作，完全凭着本能，也就是郭云深讲的真意去走。左足向前落地，两手拉回到腹部，右足随着停在左足内胫骨窝处。然后右足落左足起，原地不动换脚也行，右足向前一小步也可，左右脚起落互换。

形意拳这个步法是很普遍通用的，也就是鸡步。落地时一足起一足落，起足停靠在落足内胫骨处，离地寸许，脚心要内含，其实是永远藏着一个暗腿，合适了就是一脚直奔对方小腿，或踩踏对方脚面。鸡形四把的金鸡独立也就是这个，所谓鸡腿龙身熊膀虎抱头，是形意拳最根本的一个步法，不可不察。这个鸡腿练到一定程度，可单足屹立稳如泰山。文中提到双手一气，就是内劲身法催动着身形，此时一气是合，周身鼓荡二目神光闪烁，身法规矩不能乱。说到身法规矩，此处特别提到塌腰，是怕学者撅屁股。拳道合一，道者如何？很多人看过那个道家的行气图，就是半个人身坐在那儿，画着各种气脉穴位的。咱们形意拳没那么复杂，虚灵顶劲和塌腰坐胯其实就把上中下三个丹田连接成一体，就好像那个行气图一样，后天气血自会行走任督二脉，无须人为造作。

第二节　炮拳进步式　进步时，左手顺着身子往上钻，肘往下垂劲。拳钻至头正额处，右手同时起至心口边处。此时左手拳极力往外扭劲至手心朝外，手背紧靠正额。右手同左手翻时由心口直出，与崩拳步相同（左足在前，右足在后，右手在前，左手在上额处），亦是错综之意。两眼看着前手食指中节，前拳高低仍与心口平。手足起落，钻翻进步，总要齐整为佳。两肩均松开抽劲，取其虚中之意也。

　　此处双手起钻，类似我刚才说的劈拳的前后两手顺序起钻，一个到额头，一个到心口，后手还在前手肘弯处护着。这是孙氏不易的原则，出手必然是一手前一手后，后手护在肘弯处，非常类似拳击的姿势。然后前手一翻，后手一崩，是一架一打，非常清楚。炮拳是左右横着进步，这里就是左脚往左前边去，右脚跟步，整体成寸步。到了这里炮拳进身是不是就完事了？没有，刚完成了一半，还有另一半。书中没有详细介绍，只是点了一句："手足起落，钻翻进步，总要齐整为佳。"

　　"起落钻翻"在炮拳里头又体现在哪里呢？刚才的进步可以说是起和钻，那落和翻在哪儿？之前我说过，形意拳的身法无非横顺起落钻翻，哪个拳式中都有，炮拳这里横走滚转架打完事了，就是起钻完成，接下来就是落翻，身体整体有一个下落，带着上手有一个下砸的意念，这就是落翻。也就是说，炮拳除了架打还有砸打，二者结合才是一个完整的炮拳。所以，不懂起落钻翻，这个拳就练得肤浅了。

　　第三节　炮拳换手式　换式。先将两手腕均朝里扭劲往小腹处落下，手心朝上，紧紧靠住。两肋亦靠住两肋，左足亦同时往前垫步，足要直出停住，再起右足靠着左足胫骨往右边斜着进步，与左式相同。右手顺着身子钻上去到头正额处，手腕向外扭劲，手心朝外，手背靠着正额，肘要垂着劲翻手。左手同时到心口边出去，与右足齐出，左足跟步，亦与左式相同。肩抽劲仍如前式，手数多寡自便。勿论手数多少，出去左手右足再回式。

左右换式没什么可多说的，只是中间的回拉是直着向前去，往外开才是横着走。这里特别讲一下两肩抽劲。前面的形意拳要义一章，孙公已经明确强调，两肩两胯根要均匀抽劲，这个抽劲其实就是所谓的"形意拳就是将人身散乱之神气，顺中用逆，缩回丹田"，也就是道法中的顺中用逆了。但顺中用逆与逆中行顺要结合才行，故一般人知道顺中用逆，却不知道逆中行顺，这里松开两肩缩劲，取其虚中之意，就是逆中行顺，此时心中一片虚灵。这些都是道法真传秘诀，孙公在书谱中一笔带过。而今我详细解释清楚，只是希望学者不要刻意造作，而且不得明师亦不要盲目模仿，只记得练拳时含蓄，到这里心中一片宁静即可。

第四节　炮拳回身式　回式时，两手仍如前落在小腹处，右足极力回勾，与手同时起，身子向左转，左足提起靠住右足里胫骨，仍然如前。左足极力斜着进步，右足随后跟步如前。右手出去仍如前，左手上钻翻扭劲亦如前。

这个回身与前三拳不同，前三拳都是右转，即所谓左旋，取天道。此处是左转，即所谓右旋，取地道。左手与右足在前时转身。前脚回勾，两手下落小腹握拳相对，转身左脚停在右脚胫骨内侧，然后向左前方进步打炮拳。转身，在练法里是气势圆满的意思，在用法里是打后方之敌的意思。因为炮拳是左足右拳、右足左拳交互着出击，所以

孙公讲有错综之意。错综复杂是成语，来自易经。错综复杂分别是四种变卦。

第五节　炮拳收式　收式时，到原起点处，仍然左手与右足在前，身子仍左转，手足仍如前法回身相同，右手左足出去稳住，不可慌，少停片刻时休息。

收式就是收功。练功不易，收功也不易，收功不好一大半就白练了。如何收功？李存义一系是练完拳溜达，而且要到自己喜欢的地方去溜达。比如唐维禄喜欢去有山有水的地方，尚云祥喜欢去大市场大集市，说白了就是找个自己心生喜悦之处，这样就把功夫化了，为自己所用。孙公这里讲是稳住，不可慌，少停片刻，其实就是这少停片刻把功收了。为什么？就是将实化虚，此时身心中一片宁静，自然返归无极，就把功夫化了。门里是以无极桩收式，站几分钟瞬间入定，化虚的效果就更好。

到这里炮拳就讲完了，接下来是横拳。都说横拳神秘，其实是不懂横拳真旨。孙公云，横拳是一气之团聚，关键在这团聚上。而横拳又分先天之横与后天之横，这个搞不清楚，横拳是练不明白的。横拳又是五行拳真正的母拳，劈、崩、钻、炮皆根于横拳，故五行拳以横拳结束，是百川终归大海之意。形意拳里桩法侧重返先天出内劲，五行拳侧重易骨易筋，但实际上拳桩的功用都有重叠的地方，所谓拳在桩里桩在拳里。唯一需要大家知道的就是，只要练法对了身心自会变化，易骨易筋这些也都是自己来的，所以老辈人都讲功夫是捡来的，功夫是碰上的，所以有心用功无心成功，功夫全在诗外啊。

解密孙公禄堂《形意拳学》
——形意拳之横拳学

横拳者（属土），是一气之团聚也。在腹内则属脾，在拳中即为横。其形圆，是以性实。其气顺，则脾胃和缓。其气乖，则脾胃虚弱，而五脏必失和矣。其拳顺，则内五行和而百物生。其拳谬，则内气必努力矣。努气则失中，失中则四体百骸无所措施亦无形式矣。其气要圆，其劲要和，万物土中生，所谓横拳似弹属土者是也。先哲云，在理则为信，在人则为脾，在拳则属横。人而无信，百事不成。人伤其脾，则五脏失调。横拳不和，百式无形，此言形名虽殊其理则一也。横拳者乃形意拳之要著也，学者不可不甚详之。

横拳分先天之横与后天之横，这个分别孙公在《八卦拳学》中有所阐述，《形意拳学》中只是一笔带过。此处讲的是后天之横，但后天之横根于先天之横，一个是先天，一个是后天。先天之横即"一气"或者说"太极"是也。太极分阴阳而产万物，即是先天之母。后天之横就是五行中的土，土生万物，故为后天之母。在人身则为脾胃，所谓"脾胃为后天之本"。这个本要是坏了，身体各方面都要完蛋，故明白的大夫治病都是先看脾胃，或者同时调着点脾胃，就是不能失去这个生命最大的本钱。如果一个老人或者一个病人，看着日渐消瘦，最后皮包骨头，皮下无肉，就是脾胃功能基本丧失，距离生命的尽头也就不远了。从这

个角度而言，横拳于生命健康是极其重要的。五行对照心肝脾肺肾，仁义礼智信，劈崩钻炮横，宫商角徵羽等。

横拳是"一气之团聚"，一气都知道是内劲，也就是说打拳要在内劲激发的状态下，如果里头没有内劲内功，就是个空架子，打来打去只是出汗。关键是团聚这两个字。如何是团聚？从文字上讲，是金木水火都归结于土的意思，好像游子归家都回到土这个根本上来，是所谓团聚。道理好懂，但如何在拳法中体现出来？劈、崩、钻、炮好歹还有个基本的架势可以去想象，但横拳确乎难哉。后世之人多把横拳意会成横着走拳乃至横着使劲，其实横拳的步子与炮拳都是三角步，身法上也大同小异，只是手法上不同。走三角步必然身带横劲，在身法上是以横破直之意，也并非横拳根本。那么到底这个"团聚"如何体现？其实特别简单，就是"引而不发"四个字。它在作用，但还没有生发出金、木、水、火，好像烧水马上要开，已经冒泡了，但还没沸腾，就是这个状态。当身心内外真能体现出"一气之团聚"，才真正把横拳的拳意充分体现出来，相对于身体的脾胃系统才会有反应。否则只是拧来拧去的打拳，也只是活动活动腰。横拳不仅仅从五行分野上是母拳，其实就是拳架子也是根本，横拳可以随意演变成劈、崩、钻、炮四拳。故拳法都是身心一体，心意为主宰。内为心意，外映拳架，一体两面，不可或缺。

还有几个名词要交代一下。横拳似弹，是指横拳的架势好像拉弓射弹。过去的弹弓和弓箭类似，相对小一点。崩拳似箭，是用整个身体当弓，横拳似弹，是指姿势上身体左右部分拧来拧去像拉弹弓。中和，所谓"喜怒哀乐之未发为中，发而皆中节谓之和"，中即是无极和太极。也就是说，中就是空空静静先天原始的状态，包含了道体最根本的那个能量，也就是一气；和就是顺中用逆，也就是孙公屡屡提到的肩胯根要抽住劲。

第一节　横拳起点式　起点时，两手一起握拳，左拳手心朝上，右拳手心朝下。出手时，将右手背往左肘下出去向左手背，此时左手停住劲，不可移动。伺出左足时，右手与左足相错综着斜出，右足随后跟步在后。两足相聚远近与炮拳跟步相同。进步时两手拧住劲，右手腕向里翻转，翻至手心朝上，连翻带拧，直往前钻到极处为度，不可有曲劲。左手腕向外拧劲，至手心朝下，手背向上，同时向后拉至右肘旁停住。两手分开时，如同两手撕棉不开之意。两肩均合住抽劲，如同扣胸之状，暗含着抽，可莫显露着抽。心不可使努力，要自然为妙。此时两眼看右手心，两胳膊如同太极图阴阳鱼半面之形，前手高低与前胸平。

横拳的步子与炮拳基本相同，也就是三角步，横着来回走，这里就不多讲了。起手从三体式，右臂要从左臂底下钻过去，钻不动的时候左右手开始翻，左臂翻到右臂下头，右胳膊保持坠肘状态走到不能走了停住，同时左胳膊停在右臂肘弯处。这里要特别强调，横拳是后手从前手下头钻过去，而不是上头。如果从上头钻出去就体现不出

拧翻如撕棉的拳意了。拳无拳，意无意，无意之中是真意，切记只是拳意，简单说只是个意思，不是让你作着劲真打出个撕棉的劲来，那就叫努劲了，是形意拳三弊之一。周身要浑然一体整出整进，心里头要宁静不可有杂念，一气激发丹田鼓荡精神圆满无亏，此即内外三合。肩膀抽住劲，所谓抽就是往回使劲的意思，但又不是真使劲，也只是个意思，孙公的话就是不能显着抽劲。本来你是往外使劲，但又要你抽住劲，意思是要含蓄，不能直愣愣打出去，而是手臂往前头去但又有个回来的意思，就恰到好处了，此即顺中用逆。

　　第二节　横拳换手式　换手时先将左足往前垫步，再往右边斜着进步，仍与炮拳步相同，惟两手如左式将右手停住劲，左手再从右肘下边，手背朝上往前奔右手背，左手腕朝里拧劲，直往前钻，连钻带拧，直钻到极处，手心朝上停住。右手腕朝外拧劲，连拧带往后拉，拉至右手背朝上停住。两手分开时，亦如同左式撕棉之意，两胳膊仍如太极图阴阳鱼半面之形，手足仍错综着，抽劲仍如前，眼看亦仍如前式。手数多寡仍自便，无论远近出去左手右足再回式。

　　左右换式如炮拳左右换式，三角步左右互换，手上换成左胳膊从右胳膊底下钻出去，两臂连钻带拧，左手向前右手向后，其他与上式一样。此处肩膀抽劲不像炮拳要松开，而是抽住劲连续左右变换一气不能停。虽然是一气着出去，但心中仍是空空静静，所谓身形应当似水流。

　　第三节　横拳回身式　回式时，将右足极力往里勾回，足后跟极力往外扭劲，左手停住劲，回身向左转。右手背朝上，仍从左肘下往前，左手背处出手。左足与右手同时进步斜着出去，两手分开之劲仍如前式勿更易。

　　回身与炮拳基本类同，都是右足回勾向左转身，然后在转身之中边转边打右手横拳，转身后斜着往左前方去。这个转身要做到圆研相合，也就是磨转心不转，身体中间好似有个立轴，身体瞬间回转不可有丝毫牵掣。运用之妙存乎一心，首在不动心，动心就刻意了，所谓无意之中是真意。另外，这个步子在八卦掌中

也是常见的转身步，里头带着"消息全凭脚后蹬"的意思。脚后从身形上讲是脚后跟，从拳意上讲是一抖擞，不能练到肌肉筋骨上头去。就好像你前面突然有辆自行车过来要撞着你，瞬间你想都没想就跳一边去，这个才是真意。如果非要想着怎么跳，就已经被撞上了。

第四节　横拳收式　收式时，走到原起点处。左手右足在前，回身仍与前回身式相同。回过身时，右手左足在前，进步跟步仍如前式，停住。

收式与回身式相同，回过身来停住，此时要放开肩膀缩劲，心神沉稳片刻，练到了会刹那定住，而后缓缓起立，以无极桩收功。

解密孙公禄堂《形意拳学》
——形意拳之五拳合一进退连环学

连环者，是五行合一之式也。五行分演而为五行拳（五纲之谓也），合演而为七曜连珠（连环之谓也）。分合总是起钻落翻阴阳动静之作为，勿论如何起钻落翻，总是一气之流行也。起落钻翻亦是一气流行之节也。中庸曰：喜怒哀乐之未发谓之中，发而皆中节谓之和。拳技亦云，起钻落翻之未发谓之中，发而皆中节谓之和。中也者，形意拳之大本也。和也者，形意拳之达道也。五行合一致其中和，则天地位，万物育矣。若知五行归一和顺，则天地之事无不可推矣。

天为一大天，人为一小天，天地阴阳相合能下雨，拳脚阴阳相合能成其一体，皆为阴阳之气也。内五行要动，外五行要随。静为本体，动为功用。若言其静，未露其机。若言其动，未见其迹。动静正发而未发之间，谓之动静之机也。先哲云：知机者其神乎，故学者当深研究此三体相连二五合一之机也。

五行连环拳历来都被认为是一个简单的套子，凡是练形意拳没有不会的，但是练来练去却不知其所练为何物，根本看不出其功用若何。孙公禄堂在这里进行了完整的揭秘，把最核心的东西说出来了。所谓五行连环合一，根骨不是所谓连环，而是在动静合一。若懂了什么是拳法中的动静合一，不光是形意拳练明白了，连天地宇宙的大道理也都懂了，

也就是孙公在文中说的："则天地之事无不可推矣！"那么什么样的人才能够直接推算出天地宇宙的运行规律及变化种种？无非是得道之人。我们练形意拳的也能做到这一点，也就是所谓的"拳道相合"了。

说到拳道相合和以拳入道，孙公本人的事迹即是最好的例子。孙公晚年时逢日寇入侵，生民涂炭，先生自江南回北平后，曾联络军队中任职的弟子奋起抗日，又散布家财，赈济家乡水患灾民，了却俗事后每日打坐闭关盈月不出，后携全家老小回到河北故宅。一日忽向家人云，欲向西方一游。遂三日后盘坐一笑而逝，留遗言云："生死于我如游戏耳！"人生有三大难做主的题目，一是生做不了主，二是活做不了主，三是死做不了主。于此破题，修道乃至得道之人，无非了透此中玄机而能自主其命而已。然于平常之人，能身体健康、终其年命、无疾而终，已经是了不得的事情了。一如苏轼有诗云："人生到处知何似，应似飞鸿踏雪泥。泥上偶然留指爪，鸿飞那复计东西。老僧已死成新塔，坏壁无由见旧题。往日崎岖还记否，路长人困蹇驴嘶。"

开篇孙公即点题：连环者，五行合一之式也。分而为五行拳，合而为连环。那么这个合到最后的一是什么？孙公随后解答，无非一气之流行。所以这个一就是一气，也就是内劲。当我们分着练五行拳时，所谓劈拳是一气之起落，崩拳是一气之伸缩，钻拳是一气之曲曲流形，炮拳是一气之开合，横拳是一气之团聚，所谓分而有一。这里把五行拳合起来练，依然是一气之催动，无论连环里是哪一行，大家都汇聚在一气这个最根本上头，即所谓五行合一。孙公在《太极拳学》里常常说一气着这样或者一气着那样，其实都是一个意思，就是用内劲催动躯体动作，没有这个一气或者内劲，练来练去的就只是个空架子而已。

后面的文字则阐明何为"中和"。孙公曾云："形意拳于中和之外无元妙也！"这是用儒家的根本理论来解释形意拳。如果是用道家理论

就是无极而太极，顺中用逆与逆中行顺。中，就是那个空空静静的无极本体。和，就是有所节制收敛。用在拳法的练法里，就是所谓的含蓄，也即是顺中用逆。人从本体上是空空静静不着一尘的，但于世间种种机缘与自身习气因果互为反应，就有了喜怒哀乐这些情绪或者思维。圣人设教，告诉你凡事要有节制，否则物极必反。比如说人遇见悲痛伤心嚎啕大哭，最后哭到晕厥过去，必然对身心造成伤害。所谓和，就是要学会调整和控制，这样才能自持适当。在拳法里头，凡是练拳用尽力气精神的，都和号啕大哭、不知收敛节制一样，练得太硬伤害自身，频频发力消耗精神，最后都是得不偿失的事。所以练拳要学会含蓄，也就是顺中用逆，发而皆中节谓之和了。至于说具体的练法，其实特别简单，因为孙公禄堂在《形意拳学》之要义中已经说得非常明白，就是肩膀根和胯骨根要缩住，而这也就是"将人身散乱之神气顺中用逆缩回丹田"的根底。而要能做到肩根与胯根缩住，必须通过无极桩转回先天，通过混元桩达到致柔而打开周身关节，否则就会刻意造作到后天肌肉去了。

　　这部分文字的最后一个重点，就是关于动静之机。动与静之间的关系，从内家拳的角度，或者从道家的角度，就好像阴阳鱼的组成，阴中有阳，阳中有阴。阳发展到极点就会衍化为阴，阴发展到极点就会衍化为阳，阴阳互易，恒久不变。动与静是阴阳的一种，静极生动，动极生静，衍生到拳法里，就是桩在拳里，拳在桩里。何意？桩是静止状态的，但至虚极而守静笃，静到极点了，回归到空空静静的无极本源，则先天一气自会发动，也就是先天一气从虚无中来，这也是老人们常说的功夫是碰上的，功夫是捡来的，功夫是自己来的，唯独没人说功夫是能练出来的。这个关键点不明白，几十年挥汗如雨最后也是两手空空。桩是静极生动，拳就是动极生静，所谓身形应当似水流。打五行拳，最后练到刹那入定，连呼吸思维都没有了，这个就是动极生静了。不管是静极生动，还是动极生静，身形在阴阳，心意不在阴阳，而一直在无极、太极之间盘桓。所谓呼吸一微妙生理就微妙，转化了后天呼吸为息，若有若无，这个时候生理才会发生改变，才会有之后的三层道理、三步功夫，易骨、易筋、洗髓。所谓内家外家，只在此处分野。孙公禄堂云：善养气者为内家，不善养气者为外家。这个气就是先天一气，也就是孟子所谓"浩然之正气"，而非后天呼吸，也非后天经络气血。

天地为一大宇宙，人身为一小宇宙。天地分阴阳，人身自带阴阳。天地阴阳相交，就有了雷雨风火电，人身阴阳相交，就有了生老病死。阴阳是道体功能在后天的运用，才有了天地宇宙，山川河流，有情无情，各种生命。人因为有了思维才有了情欲，所以从无极本体一变而有了如此的生命，结果阴阳不断衍化，习气因果不断加深，就在阴阳之中不断流转，也就是六道轮回而不可回头了。除非到了天地宇宙毁灭，一切后天有形无形都刹那消灭归于沉寂，才能又从头开始轮回。那么修佛修道，也不过是明白了这个道理，削去了种种欲望习气思想，此心空空静静只在无极本源处眷属，便是涅槃究竟。或怀着大慈悲心如释迦牟尼救世济人，虽然种种形状，但此心如如不动，定力如金刚不移分毫，则此身或有或无则无关紧要。所以释迦牟尼并不留虚幻之躯在世，一火烧尽给世人上了最后一课，色即是空，空即是色，色不异空，空不异色，只在一自在清静耳！

五行连环拳即是实践阴阳相合、五行合一。内五行要动，是指五脏功能合于一气内在催动；外五行要随，是指身体各部不要散乱，而是跟随着内劲的驱动，虚化了这个肉身，只是精神本质在作用，也就是所谓"化了脑子"。此时身心内外全无拖累，心到身即到，如闪似电。外在有形有相无非阴阳、五行；内在合一，则是一气内劲，合在了先天本源处。静为本体，动为功用。本体即是无极，空空静静，不起波澜。功用即是太极一气，内劲发作，催生阴阳五行，才有种种拳法动作。孙公在这里特别点出一气该如何把握，就是这动静之机。一气便在这动静之间，欲动未动之时，里头那个自己出来能做主的便是动静之机，也即那一点子应用，太极一气了。如果明白了这个动静之机，或者说太极一气，用孙公的话讲，就是"知机者神乎"，拳法便进入到"神变"的阶段。最后一句所谓三体、二五，是告诉学者要在后天有形有相的拳法中体现其核心内涵，总不过是三才合一、阴阳相合而已。

第一节 连环拳起点崩拳式 起点时，两手攥上拳进步与崩拳式同，如行军直阵形之理。

第二节 连环拳青龙出水 退步与崩拳收式时剪子股式同，如行军出左翼，谓之青龙出水。

第三节 连环拳黑虎出洞 再换式为黑虎出洞时出右手右足，右足出去要直，左足斜着随后跟步，后左足里胫骨须相对前右足脚后跟，右手从右肋与心口平着直出，拳仍与崩拳相同。两眼看右手食指中节，左手腕朝里扭劲，手心朝上，与右手同时往后拉，拉至左肋停住。两手出拉之时，总是两肩里根均匀往回抽劲。进步之时，两胯里根亦均往回抽劲。此式名黑虎出洞，与行军出右翼同理。

崩拳式与青龙出水、黑虎出洞三招式一气呵成，也可以叫作"连环三拳"，而且都是崩拳的劲，或者说是崩拳的三个表现形式。第一个是右崩拳，第二个是退步左崩

拳，第三个是顺步崩拳。从拳意上可以理解为，我方主动进攻打崩拳，如果失手了对方紧逼，则我用退步崩拳反败为胜。注意，退步崩拳的要义在于步退而身不退，会给对方一个错觉，以为你退了一个身位，其实你并没有退，则对方放胆进来就会正好碰在你的拳头上。从崩拳式到退步崩拳要多练，因为在技击实践中会出现很多这样的情况，就是你一击不中要收劲而对方趁机进攻的情况，一般人就会不由自主连续后退，乃至失了身位，想再扳回来就难了。形意拳的巧妙就在此处，用一个退步似退非退，一个错身就把对方给打了。接下来就是顺步崩拳的乘胜追击，这个就不用多讲了。

练拳讲究架势规矩，但动起手来是没规矩没架势的，所以要懂得灵活运用。不要以为平常拳架子练得纯熟，怎么练就怎么用。人家冲过来你还拿一个三体式的架子手足无措，那是一定要挨打的。真正的实战技击与练拳是两码事，一定要多参与实战，自己多总结，打得多了就有了自己的体会。就像尚云祥说的，一定要有个自己的独门。孙公在这里套用军队的术语，崩拳式是行军直阵，意思是整体前击；青龙出水如行军出左翼，是指中军收回左手崩拳出击，如同出左翼；黑虎出洞如行军出右翼，是指右手崩拳出击。此皆是会意之语，真实意图是要学者懂得整体出击及攻击的气势。

第四节　连环拳白鹤亮翅　先将右手屈回在心口下边，与左拳相对，两手心紧靠腹。再将两拳手腕向外扭劲至两手背向里，一起徐徐往上起。至头正额上边再往前后，如同一条线分开到极处，两拳如同画成上半圆形，伸至两拳前后相对，均与肩平停住，然后左足极力往后退

步，两拳一起往下落，如同下半圆形落至小腹处，两肘靠肋，左手张开，右手仍是拳，手背落至左手掌中。手起时两眼看着两拳，手落时两眼看着右手随着下落，右足与两手同时往回撤，至左足处直着，足后跟紧靠左足里胫骨。身体要三曲折形，惟腰极力塌下劲。两肩两胯均如前抽劲，头仍顶住劲，身要稳住，两眼再往前看，此谓如行军阵图两翼翕张之式，故名白鹤亮翅。

此式之所以命名为白鹤亮翅，是因为有个两膀画圆的动作，形似白鹤扇动翅膀。双手画圆是一化加一带，往上起的半圆是化解对方来力，往下落的半圆是顺势搂带对方两臂。练的时候动作要标准，半圆都要出来，用的时候只是一划拉，就不管圆不圆了。练时有形有相，动手无形无相。而且不能用膀子劲，一定要用上腰胯下沉的劲，用自己身体突然下沉的加速度来带动对方。白鹤亮翅是为后面的炮拳做准备，就只是双手合击于小腹部做准备，但这一合不是静止的，而是拳意不停，全身的力合在一处马上就要爆发，也有点引进落空合即出的意思。说到这儿，想到我的师爷张玉书的一件往事。某年弟子们去他家看望，有人买了一个猪头，收拾干净了放在案板上，张玉书走到跟前就用白鹤亮翅这一招打了一下猪头。当时没人在意，因为声音也不大，结果等做菜时发现猪头骨已经被打碎了。引用这段往事，就是为了让大家知道，形意拳的功夫到底有多大！

白鹤亮翅是从黑虎出洞开始演变，右拳收回与左拳相对于肚脐左右，然后两拳手背冲里手心冲外，直着一起往额头上走，到了额头均匀往两边画圆分开，同时左足退一大步。接下来两拳继续画圆往小腹

落，右手砸在左手心，右足随着左足退回，停靠在左足踝骨处，手、足、身动作充分体现合力于腹部这一点。刚才说过，白鹤亮翅是侧面画圆，这里的战术意识就比较强烈了。白鹤亮翅考虑正常距离的交战，对方进来，就一侧身一划拉往下连搂带拽，一定是趁着对方的势借用对方的力，所以才会有左足的退步。按理说形意拳动手基本是不后退的，所谓"宁思一寸进不思一寸退"，形意拳是勇往直前的拳，但并不是说形意拳的拳法体系中没有这样的东西。整个五行连环拳里充分展现了借人之力顺人之势，这都是不费劲的打法，所以尚云祥说过，"不知进退枉学艺"。很多人知道进却不知道退，把五行连环拳练通了就懂了。而两翼翕张是指两臂画圆，如同军队布阵两翼像海潮那样去回不断。

第五节　连环拳炮拳式　再变为炮拳。将右手往上钻至头正额，手腕向外扭劲，手背仍靠正额处，左手亦同时钻至心口直往前出，右足亦同时往前进步，左足亦随后跟步。停住，与单习炮拳相同，惟此式直往前进步，不斜着进步，此为两翼合一直进，名为锐形，故名曰炮拳。

刚才的白鹤亮翅是合劲，到这里的炮拳就是开劲，两式连在一起就是一气之开合。或者说白鹤亮翅是炮拳合手的衍化，只是把合手做大了，如此就不难理解这两式的真实用意，就是一化一合一开一打。两式合一，是个完整的炮拳。刚才的白鹤亮翅是借对方前进之势合住，则对方力穷必然后退，那么接下来的炮拳就是直进，顺势爆裂一击，其意尽然！这一击就如同布阵时左右两翼合在一起奋勇突击，攻击锐利。

第六节　连环拳劈拳式　再变为劈拳。左手往下落似半圆形，如劈拳劈物形式，落至小腹处。左足极力往后，退步要直着。左手心朝里，顺着身子往上直钻至心口。右手再直往前往下劈去，伸到极处。左手从嘴往前劈去，此时右手从左手下边拉回，两手仍似劈拳撕法撕开，右手拉至右肋旁停住，右足亦同时退至左足后边，相离远近与劈拳式相同。两眼看左手大指根食指梢，两肩两胯均松开抽住劲，此时身子阴阳相合之式，腹内如同空洞相似为妙。此式取金方之义，故名为劈拳。

　　这一式可以叫作退步连环劈。首先是左手下劈，紧接着右手下劈，最后左手再下劈，连续三劈。而身法是连续退两步，右手下劈左足退一步，左手下劈右足再退一大步，到左足后面。五行连环拳的全名是"进退五行连环拳"，很直白地告诉大家，连环拳的重点之一就是搞明白进退，所以拳式中无不是进退的组合。其实进退

也不都是绝对的，退步也可以改成进步，进步也可以改成退步，运用之妙存乎一心，不要把拳学死了。这个退步连环劈拳，首先是左手下劈，是搂打对方手臂的意思。对方往前进，你退步搂打，同时右手劈拳就打上了对方的头部。如果打击效果不理想，对方仍在前进，则再退一步，右手变劈为搂带，左手再劈打对方头面部。退步一般都是消化对方攻势，以退为进的意思。虽然连续退步，实则为马上进攻做准备。孙公在这里的手型不是劈拳手型，而是类似万字手，这是孙公做完连环劈拳定势后，把手型变为鼍形手，为下面的连环包裹做准备，并不是说这里的劈拳换了手型。

第七节　连环包裹式　变为包裹式，亦名为横拳。两手皆先将中指无名指小指极力一齐卷回，两手大拇指食指均伸直，两手心均暗含与两肩相合着抽劲，不可显露。再将左手往下落至小腹处，手腕向里裹着，左肘紧靠左肋，手往上钻至口处，手腕再向外扭劲斜往前拧着劲出手，到极处手心朝下。虽然胳膊斜出，总是与心口出去之意相同。左手朝里裹时，左足同时回至右足胫骨前边，足尖着地，足后跟欠起，再一起同左手出去仍回原处。左足似落未落之时，右手从右肋手腕朝里裹劲，从心口至嘴往前钻出，到极处手心朝上，食指伸着与嘴相对又平着。左手俟右手出时，即往回拉，拉至左肋仍手心朝下停住。右足同时随后跟步，此式亦错综着身子三折形式，小腹放在左腿根上为度。此式名为包裹之式，亦名圆形属土。

　　五行连环合一，这里是横拳的变化。为何叫包裹式？因为此式透出的是"里裹"的劲。左右手分别往里裹劲，有包裹东西的意思，所以命名。形意拳一般不单独拿出来谈接手，因为形意拳只有一没有二，打顾一体，接上就打上，不似其他拳派接是接、打是打，顾打是分开的。但在接的具体手法上，基本就是里裹和外翻这

两种。这里专门设立一个包裹式，主要是通过横拳的拳劲体现里裹，而外翻则是在前面的炮拳体现。形意拳论到根骨，无非是一气，是起落、伸缩、开合，里裹外翻正好是一对开合的劲，里裹是往里合，外翻是往外开，但是里裹带着横拳以横破直、以曲破直的劲，外开则带着往外画圆的劲，其实也是以横破直。也就是说外形是里裹，内核里是横拳，内外一结合就成了。手势是罿形的手势，也就是大拇指和食指挺起，其余

三指收拢虚握。而采用鼍形的手势，里头存着点穴和扎眼两个暗手。孙存周曾经在北平某次太极拳家年会上说过，他只用里裹外翻就够了，这话是很见根骨的话。要练出包裹劲，就要在横拳上练明白。要练出外翻的劲，炮拳上就要练明白。其实就是一开合而已。

上一式的连环劈拳要松开肩胯，心中空空洞洞；这一式的包裹，则要从两手就抽上劲，而且要把小腹搁在左大腿根上，一个是放松，一个是身法严整。孙公凡是在文中提到抽紧肩胯里根的，就是顺中用逆的练法；凡是松开肩胯里根空空静静的，就是逆中行顺的练法。如今的学人对此不大了解乃至理解，只要照做即可，其实这都是道家不传之秘，除了孙公禄堂没有这么直白说出来的。

第八节　连环拳狸猫上树式　换为狸猫上树式。先将左足往前垫步，再起左手右足一起极力向前进，右手同时拉回至心口右边，左足亦同时随后紧跟步。两腿仍剪子股式。两手皆张开，两肩两胯均齐抽劲，不可有一舛错不齐，使内气不得中和，丑态百出，拙气尽生。人虽有勇敢之心，亦不能有所得也。学者慎之。此谓狸猫上树之式，如阵图爪牙之形。又剪子股式，如擒拿是也。

崩拳的回身是狸猫倒上树，有个翻身；此处是狸猫上树，正面直接一个起落。从包裹式左脚垫步，右手在上左手在下往上起钻，然后右脚往前迈大步，左脚随后成剪子股，同时左右手成左劈拳式，左手下劈右手回拉至小腹。狸猫上树是个主动进攻的招式，手上劈抓，肘膝连攻，最后是脚上连蹬带踹，可谓上下齐动，一下能把对手打个手忙脚乱。这一式体现传统武术整体进攻的战术特点。比如搏击都是单一

的，要么是拳要么是腿，因为他们是把一侧身体当轴，另一侧身体抡起来打，所以不可能有整体。传统武术的进攻一定是手脚齐到、上中下三盘齐动，随着整个身体的一个冲击，让对手顾得了上头顾不了下头。

第九节　连环拳崩拳式　变崩拳式。先垫右足，再极力进左足出右手，左手拉回至心口左边，右足随后紧跟步，手足用劲与两足相离远近，仍与崩拳相同，不可相差分毫。停住再回身，此谓直形，亦追风赶月不放松之谓也。

这一式就不用多说了，就是一个崩拳式。需要特别说明的，是所谓"追风赶月不放松"，意思是从刚才的狸猫上树把对手打退，就要趁势追上去连续用崩拳攻击。形意拳的打法里，只要粘上对手，不把对手打躺下绝不松手，即所谓不放松！

第十节　连环拳回身式　回身为狸猫倒上树之式，仍与崩拳回身剪子股式相同停住，此式如同行军败中取胜之式，故名为狸猫倒上树。

狸猫倒上树就是狸猫上树的翻身法，之所以孙公说是败中取胜之意，有点像关公的拖刀计，诈败突然翻身，对方就正好撞到你的拳脚上。其他就不用多说了。

第十一节　连环拳回演　回演仍垫右足进左足出右手，左手拉回，右足随后跟步，形式与用劲，仍与第一节至第十节各式相同。

第十二节　连环拳收式　收式，与崩拳收式相同。

解密孙公禄堂《形意拳学》
——形意拳之五拳生克五行炮学

前七曜连珠者，是五纲合一演习而成连环，是阴阳五行演成合一之体也。此谓五行生克变化分布之用也，又谓之五行炮拳。

前者五行单习，是谓格物修身。而后者五行拳合一演习，是谓连环，为齐家，有克明德之理，此谓家齐，是五行拳各得其当然理之所用。而又谓明德之至善也。先哲云，为金形，止于劈。为木形，止于崩。为水形，止于钻。为火形，止于炮。为土形，止于横。五行各用其所当，于是乃有明德之至善之谓也，故名五行拳生克变化之道也。

五行拳到这里进入到一个新阶段，也就是模拟实战的应用。通过两人接手顾打的实践，熟悉五行拳的实际用法。武术各个门派几乎都有这样的对练套路，都是为了从单式固定练习逐步过渡到实战应用，从静态转移到动态，从单一转化到复杂，同时在接手处理的过程中体会、检验、总结五行拳的身法、手法和用法。

今人看孙公禄堂的著作比较吃力，甚而是掩卷茫然无所得，是因为不懂得拳道合一之理。拳与道合，有道必有其理，所以理通则道明，道明则拳亦通达矣。就好像我们学会任何一门技艺，一开始都是跟着师傅模仿，虽然经过一定时日也能做得八九不离十，但总是到达不了师傅的水平，就是因为理上还未通透。经过大量实践及自己的总结，终于有了

自己的一套，其实无非几条简易的道理而已，此后便能厚积而薄发，举一而反三了。道理道理，道与理是分不开的。我们练拳表面上是身体功夫，其实骨子里是摩道寻理，道理明白拳法也就明白，不然只是照猫画虎不明究竟，练一辈子也就是架子上的成就。人家夸你和老师练得像，其实是骂你没真功夫。过去讲"给句话"，其实就是身上有功夫，但道理上未明，就始终上不了层次，见到了高人一点拨，道理一通，则瞬间身心内外的功夫就合在一处，便有功夫上身的感受。

第一节　五行生克拳　预备甲乙二人，合演对舞。起点时二人分上下手，均站三体式，甲上手，乙下手。乙先进步，用右手打崩拳，甲用左手扣乙的右拳，两足亦同时向后撤步，左足仍在前，右手仍在右肋。

左为乙方，右为甲方。为什么叫合舞？这套拳主要是为了熟悉五行拳应用，所以一开始的时候力求动作姿势准确，身法进退完整，两个人要如同一个人那样配合默契，要有合二为一的意思，才能逐渐在对练中把五行拳的攻防本意都体现出来。这里乙方一个进步右手崩拳，甲方是整体后退，同时用左手向下叩击对方右手腕，此时甲方贵在后退时身法不能紊乱。五行拳单练的时候只有进步没有退步，所以在五行连环中设计了很多退步应用，就是为这里埋下的伏笔，学者不可不仔细揣摩。形意拳的一个身法特征就是整进整出，周身三节如同一个整体，不能有丝毫散乱，所以欲求身法合一，就要多练五行连环拳。

第二节　五行生克拳　乙再进步用左手，仍打崩拳，甲再将左足尖向外斜横着垫步，左手起钻仍与劈拳相同，钻至乙的左手外边手心向里停住，右手急速从右肋向着自己的左手出去，再向乙的头、肩劈下去，右足亦与右手同时进至乙的左足外后边落下，是劈拳能破崩拳，谓之金克木也。

既然是五行生克，就是按照金克木、木克土、土克水、水克火、火克金的次序来的。五行生克是我们这个宇宙最根本的自然规律，就好像人活着要吃饭、睡觉、喝水，是本来就存在的规律，无须研究或者质疑。崩拳是直出，劈拳自上而下劈打，故劈拳能

克崩拳。这一式中，乙方右手崩拳不中，随即再进步打左手崩拳，此即崩拳的连续进攻，但一定要配合身法冲击，只是手臂上的击打就小儿科了。崩拳左右手是同时顾与打，上手攻击，下手就控制住对方的来手，双手上下运动如同连环，所谓一摩一打，对手是来不及反应的，顾得了上头顾不了下头，这就是形意拳的妙处。上一式中甲方是后退扣手化解对方攻击，其实在真正的实战中化对方的崩拳是非常之难，扣手不是主要，退步才是主要，以退为进身法化解，避过了对方的锐气。当乙方第二个崩拳再来时，甲方就不再后退了，而是欺身而上。但是你直着冲人家去那是找挨打，而是从侧面走大边，也就是偏门，同时化打。形意拳讲究"宁思一寸进、不思一寸退"，这个环节就是很好的体现。如果你挡不过对方的进攻而连续后退，很容易失去了身位，所以形意拳宁可前进险中取胜，所谓打人如亲嘴，要到对方怀里。这里一个侧边，左脚先向外横垫一步，整个身体如螺丝钻一样，通过左手的上钻，身体就滚转到对方的外侧。钻化到对方外侧，趁势右手劈打对方上臂部位，左手捋带对方左前臂部位，右脚同时控制住对方的左后脚跟。从图中可以看出，这里劈打用的是拳而不是掌，这就是要活学活用。劈拳练的时候是

掌，用的时候是拳，一定要分清楚。门里有句话叫"人身如柱"，这个柱子是旋转不停的，才能把任何来力化解掉。比如高速旋转的齿轮，你从任何角度扔一个东西，都会被打飞出来，就是这个道理。形意拳身法中所谓的起钻落翻，起钻不是单一身体部位的起钻，而是身体整个的起钻，才能起到化打的作用。平时宜多练多体会，用的时候就能使出来，瞬间就到了对方侧身位，对方还不知道怎么回事。

第三节　五行生克拳　乙再将左拳往上钻翻（是手腕向外翻也），右手速向甲的心口打去，两足不动，是谓炮拳。所以崩拳属木，炮拳似炮属火，木能生火，崩拳能变炮拳，炮拳属火，火克金，所以炮拳能破劈拳也。

这里用炮拳克劈拳，所谓火克金。劈拳是从上向下劈打，炮拳则是身体一个滚转化了劈打，右手一个崩拳打击对方胸、腹。可以看出，炮拳是应急避险的招式。甲方捋住乙方手腕，另一手向下劈打，等于是两个动作。如果换做一般人，防守肯定是两只手都要上去，但在形意拳里就没这个必要了，因

为形意拳打顾合一，用炮拳的滚转外翻就把甲方的两手动作全部化解，而乙方的另一只手解放出来攻击甲方，是不是很巧妙？炮拳的滚转和劈拳的起钻其实异曲同工，都是通过身体整个的纵向加横向滚转化解对方的攻势，而化解对方来力处也都是走切线。不要以为形意拳就是硬打硬撞，那就把形意拳小瞧了。形意拳一样是不丢不顶，不要求硬顶硬抗，到处都是旋转和弧线。乙方手腕外翻是反擒拿的动作，外翻处恰恰是甲方小指头部位，一翻即开。不动步是因为临时激变，刹那一个反应。特别强调，炮拳这里的化和打是同时发生，而不是前后发生。所谓木生

火，崩拳能生炮拳，就是崩拳定势可以直接变成炮拳。其实五行拳都可以随意互换，按照五行相生来得更容易。

第四节 五行生克拳 甲再将右足提起抽回，至左足前面，足尖向外斜横着垫步，左拳往下落向里裹劲，肘靠肋压住乙的右手，即速将自己的右手抽回右肋，再靠着肋与左足同时向着乙的左手里边下颌钻去，两眼看着乙的眼，俟其变动。此为钻拳能破炮拳。劈拳属金，钻拳属水，是金生水，劈拳能变钻拳。水克火，所以钻拳能破炮拳也。

乙方炮拳应变，但是没进步，甲方便趁势退步，用左手捋带乙方右拳，右手从乙方左手外抽回，顺势一个钻拳打击乙方下颌。这是以退为进的打法，身法是主要的，通过身法后退化解对方的冲击，否则光靠一条胳膊是不行的。这里甲方左手的下压要靠着肋部，所谓手不离心肘不离肋，形意拳的这个原则千金不易。练拳时要舒展可以离开些，但动起手来时时刻刻护住两肋和中线，这方面拳击就做得非常好，可以参照。另外，胳膊伸长了化对方就很难，一定要靠近自己身体才好使上身力。比如家里有小磨盘的都知道，用一条胳膊转磨必须要用上全身的劲，胳膊要靠着自己的身体。这个动作后来被传统武术吸收，在心意把里很常见，还有陈家的掩手肱捶等，说到底就是肘不离肋。武术不是靠手臂去打人，要用上全身的劲力功能。

第五节 五行生克拳 乙再将右拳抽回，左手同时斜着劲向着甲方的右肋上胳膊推去，谓之取甲的斜劲，两足不动，是

为横拳能破钻拳。炮拳属火，横拳属土，火生土，是炮拳能变横拳。土克水，所以横拳能破钻拳也。

这一式讲了横拳的用法。横拳为五行拳之母，历来被认为绝不轻传，其实无非是横破直而已。这里甲方用钻拳回应，钻拳似闪，极其快速，后退的速度肯定赶不上拳头的速度，所以用横拳破之，可谓巧妙。甲方右拳上钻击打乙方下颌，乙方趁势将左手横着推向甲方右上臂处，注意，是右上臂处，而不是右肘部或者右前臂处。这里就有个非常关键的用法：控制根节！当你越是控制到对手的根节，就越是能约束其动作，但又不是直接控制其肩膀，关节因为能够旋转，是没法有效控制的。还有这个横向一推，不能仅仅是手臂动作，而是身体整个横向动作，连带着旋转。所以说，形意拳处处都有滚转、旋转、横转，又岂是简单的硬打硬进那么简单。

第六节　五行生克拳　甲再将右手抽回，左手同时对乙的心口打去，两足不动，是谓崩拳。钻拳属水，崩拳属木，水生木是钻拳能生崩拳。木克土，所以崩拳能克横拳也。

这一式就很简单了。乙方横着攻过来，甲方顺势滚转身形，右手粘住乙方左手，左手正好就探到了乙方的胸腹，用崩拳攻击。

第七节　五行生克拳　乙即将右手扣甲的左拳。乙再将左手左足撤回至右足后边，如劈拳形式。

第八节　五行生克拳　甲再进步打右手崩拳。

第九节　五行生克拳　乙再将左手扣甲的右拳，乙的右拳右足如前式撤回。

第十节　五行生克拳　甲再进步打左手崩拳。

第十一节　五行生克拳　乙即将左手如单打劈拳式，从小腹处钻出在甲的左手外边，手心朝上，再出右手进右足，劈法进法，各项的劲，与甲第一式相同，此处亦劈拳破崩拳，谓之金克木也。

后四节要合在一起说，因为有个三连崩。从乙方横拳破甲方钻拳开始，甲方一个左崩拳，乙方后退右扣手。甲方进身一个右崩拳，乙方后退左扣手。甲方又一个左崩拳。这个三连崩是形意拳经典中的经典，杀手中的杀手。要连续冲击不断出崩拳，而且进身要猛，扎到对方怀里去崩打，正因为连续打崩拳，对手应对将非常困难。这个三连崩关键就是要先对方一步，打乱对方的节奏，始终在先手上占着。乙方对此只能通过不断后退扣手来阻碍和化解甲方的冲击势头，到第三个崩拳为什么转劈拳？因为过去人认为三鼓而衰，如果看到对方气势稍弱，则趁势反击。

第十二节　五行生克拳　再演甲为乙的前式，乙为甲的前式，来往循环，直如一气之伸缩往来之理。若得此拳之意味，真有妙不可言处。先哲云：太极之真，二五之精，亦是此拳之意义也。

最后这段话是孙公的一个总结。五行连环与五行生克都是可以循环往复不断打下去的。那么二人你来我往不断循环，整体上如同崩拳的伸缩往来之理。首先是打熟，熟了之后得心应手才会有变化，孙公讲妙不可言指的是里头蕴含的无穷之变化。不管如何之变化，总脱不出无极本源、太极功能、阴阳五行之孕育变化！

解密孙公禄堂《形意拳学》

——形意拳之天地化生十二形拳之龙形学

天以阴阳五行，化生万物。气以成形，而理即数焉。乾道成男，坤道成女，而人道生焉。气无二气，理无二理，然物得气之偏，故其理亦偏。人得气之全，故其理亦全。物得其偏，然皆能率夫天之所赋之性，而能一生随时而起止，止于完成之地。至于人，则全受天地之气，全得天地之理。今守一理，而不能格致万物之理，以自全其性命，岂非人之罪哉？况物能跳舞，效法于人，人为万物之灵，反不能格致万物之理，以全其生，是则人而不如物矣。岂不愧哉？今人若能于十二形拳中，潜心玩索，以思其理，身体力行，知行合一，不惟能进于德，且身体之生发，亦可以日强矣。学者胡不于十二形勉力而行之哉？

十二形者，是天地所生之物也，为龙虎猴马鼍鸡鹞燕蛇鼍鹰熊也。诸物皆受天地之气而成形，具有天理存焉。此十二形者，可以概括万形之理，故十二形为形意拳之目，又为万形之纲也。所以习十二形拳者，可以求天地万物之理也。

从本节开始，我们就进入了十二形拳的解说。开始的这一篇小文，是孙公禄堂对十二形拳定义的阐述。这里有一个核心的道理一定要搞明白，就是十二形拳到底为何物？用白话讲，这东西怎么来的？干什么用？什么道理？孙公开篇即讲，"阴阳五行化生万物，气以成形"！之

前的无极学、含一气、太极学都是宇宙产生前的状态，本体寂静虚无，也就是无极，但内含巨大能力，便是一气，所谓先天一气自虚无中来，就是说本体的这个功能。一气的功能动作，便产生了阴阳，天地宇宙万物无不是阴阳化生，自身也背负阴阳。阴阳和合成一极静状态，便是三体。三体再一衍化，所谓三体重生万物张，五行便应运而生。所谓一气成形，形即象。易云：理、象、数三者具备。就是说只要存在于这个天地宇宙的成物，皆同时具备理、象、数三种特质。那么我们研究象，也就能够通达理和数，因为理象数三者为一根同生，一荣俱荣一损俱损，知一而能达三。十二形拳，就是研究十二种代表性动物的理，能得其象，也就是这十二种动物独具的功能，把它练到人的身上，对于我们个体的生命而言是一种自我的壮大。用于拳，普通人没有的功能你有了，便能克敌制胜；用于道，通过对十二形拳的研究最终能格物致知，明白了动物和人一样，也是一气化化生，便能通达先天后天，直接追索生命的本源了。

孙公云，人是得天独厚的万物之灵。一气发动创造天地宇宙万物时，其功能最全的衍化便是人，所以人或者如人的生命独有思维和创造力，所谓得其全；除了人之外的山川河流、飞禽走兽、风雨雷电，这些都是一气化生万物时部分功能的衍化，所以得其偏。也就是说，一气衍化天地万物，是一个逐渐而漫长的过程。在这个过程中，随着其功能发挥程度的不同，其衍化生成的生命或者物体各种各样，有的得到一气禀赋多些，有的得到其禀赋少些，于是有情无情、有形无形，各种各样。而实际上，自有时间以前（无极太极的状态无时间概念，即无生灭；有阴阳之后，也即有了生灭才有时间）皆是虚无，有时间以后一气的功能从未停止过，也就是现在西方科学发现宇宙仍在不断扩展的原因。因为一气衍化万物的过程远未停止，只要人类的智慧足够用，一定会不断发

现新的物质和物种，以及宇宙更新的形态。但除了人类（并非单指地球人，包括宇宙中所有的人类）之外，其他的成物都不够全面，但却有着自己独到的一面。比如动物不会思考不会说话，但是能飞能跳能扑能咬。山川河流虽然没有生命，却蕴藏巨大的矿产或者能量。花草树木虽然连移动都做不到，却能开花结果养育众生。这就是偏而有其特，那么十二形拳就是研究这个特。

随后孙公禄堂提出了一个问题，虽然人得气之全，是万物之灵，却不能通达天地宇宙万物的道理。比如猴子瞬间就学会人的动作，但是要让人瞬间学会猴子的动作就难了，所以人要借助工具，通过工具的发明才不断发展了人类社会的文明。也正因于此，科学的发展是永无止境的。而科学的概念，也是有限度的。不是一说科学就意味着通达一切，科学永远在路上。孙公在这里的意思是说，人得了天地宇宙最全的禀赋，按理说应该是天上地下没有不明白的，可实际上却连自己的生命都搞不清楚，更不要说自己身体以外的客观世界了，岂不是白瞎了这个功能吗？故圣人提出要格物致知，这个格物就是要搞明白身内身外这所有的道理。那么人为什么怀着巨大的先天禀赋却不会运用，在生命功能上还不如动物呢？就是因为动物始终在先天的状态，而人时刻都在后天造作之中，蒙蔽了先天所含的禀赋功能，因此孙公从《形意拳学》开篇就不断提到要返先天、用一气。

练习十二形拳，是圣人设教给天下苍生一个自我反省的机会。所谓形而下武艺，形而上道艺，虽然十二形本身是拳，但拳道合一，拳明白了道也就通了，这就是中华传统武术最核心的、最高级的方面。那么如何才能通过十二形拳的练习达到孙公所提到的格物致知、以全其生呢？孙公给出了答案：潜心玩索，以思其理，身体力行，知行合一！要专注，全身心投入，说白了就是要当回事，不能有一搭没一搭

的，半信半疑。但又不是一本正经的如私塾上课，而是要玩，在玩中去求索。为什么这样说？人要是一认真，就又进入到后天有形有相、自我造作的境界里头了，那就是与圣人设教的本意背道而驰。把研究学问的心放下，一说到玩就能身心两忘拳拳乎一心了。所以练十二形和练五行拳是不同的，五行拳要练，十二形要玩。五行拳本身是后天功能的体现，所以要在练中不断体悟进步。而十二形是逆反回真的学问，就要把所有的后天刻意都放下。所以学练十二形，对个人而言，怎么合适、怎么得劲就怎么玩。你真的玩进去了，孙公讲：不惟能进于德，且身体之生发，亦可以日强矣。不光是能悟道解脱，身心还能愈发健壮，也就是性命双修了。

第一章 龙形学 龙形者，有降龙之式，有伏龙登天之形，而又有搜骨之法，真阴物也（龙本属阳，在拳则属阴）。在腹内谓心火下降，丹书云：龙向火中出是也。又为云，云从龙。在拳中而谓龙形。此形式之劲，起于承浆之穴（即唇下陷坑处又名任脉起处），与虎形之气轮回相接，二形一前一后、一升一降是也。其拳顺则心火下降，其拳谬则身必被阴火焚烧矣。身体必无活泼之理，而心窍亦必不开矣，故学者深心格致，久则身体活泼之理，自然明矣。

孙氏的龙形，与其他派系的明显不同。其他派系的龙形，都是一个大跨步往前去，然后一个伏地擒扑的动作。孙氏的龙形是整体的直上直下，有原地飞升之意。实际上郭云深传下来的东西很多都独具一格，或许是李洛能因徒设教，也或者郭云深真是带艺投师，已经没办法考证了。个人因为受教或者禀赋不同，最后练出来的拳架子也都各不相同。我们唐山孙氏拳张玉书这一脉，因张玉书本人的特殊机遇，后来又受教于尚云祥和薛颠，就吸收了这两门的东西。比如尚云祥的架子磅礴大气，出拳好似抬大枪。龙形其实就三个技术特征，一是升龙，二是降

龙，三是搜骨。升龙就是起，降龙就是落，搜骨是长筋腾膜。

这里有句不太好懂的话，既然龙形是纯阳之物，为何在拳中又为阴物，而且是真阴物？这就需要把龙形与虎形放在一起说了。龙、虎二形虽为两形，实则是一形。这两形在练习时也应该都练到。因为在拳法中，龙形气血走任脉，为阴主降，虎形气血走督脉，为阳主升。任脉属阴，督脉属阳。一阴一阳，一降一升。所以说龙形属阴，是从性命双修的角度、从气脉上来讲的。那么心火为离火，离卦为阴中藏阳，故云龙外为阳而内实为阴，主离火下降。虎形则相反，为肾中水，也就是坎卦。坎卦是阴中藏阳，故虎外为阴而实为阳，主肾水上升。五行拳为什么不讲气脉？因为五行拳本身是一气生发，到阴阳、三体，是顺着来的，故练拳中要时刻掌握其一气本质。而十二形是格物致知，从后天成物的特性逆回探索其理，是倒着来的，所以要把后天特性都讲明白。十二形中与龙形、虎形这种安排一致的，还有最后的鹰熊斗志，同样也是一阴一阳、一降一升，龙形、虎形开头，鹰熊斗志结尾，整个的十二形拳，是一部完整的性命双修之学。

任脉主气降，从承浆一直到海底。注意，内家拳法中的气脉与中医的气脉说法，是有很多不同的。此处讲任脉主心火下降，涉及心肾相交、水火既济这两个内功修炼中的大问题。心火就是心气，普通人心气是上行的，因为思维繁杂，心之官则思，但具体功用是在大脑，所以心气被引着往上走。人一个是好思，另一个是好色，所以肾气往下走。心、肾二气每晚须相交，人才能有好的睡眠。但随着人的衰老，心气、肾气都开始衰竭，二气相交的程度越来越差，所以岁数稍大，睡眠就越来越不好。反过来睡眠不好，阴阳不和，就会引起内脏的病变。还有就是脑子里头事多的，或者一时着急上火的，整晚整晚睡不着觉的，也是因为心火消耗过大的缘故，造成失眠、多梦、睡眠质量不高。我们练拳或者修道之人，要反其道而行之，所谓道者反之动，要让心气往下走，肾气往上走，那么心、肾二气相交于丹田炉鼎，则水火既济，阴阳融合，这才是性命双修第一步。

之前在讲五行拳的时候，已经说过顺中用逆的练法，以及松肩含胸顺气的道理，在龙形主要是要明白这个道理。所谓龙向火中出，就是说龙形降气，让心火下行去与肾气相交。这个过程是个自然而然的过程，不需要人去造作，因为任脉督脉本来就是一降一升，只是人类在后天自我造作太甚，逆反了其本来面目而已。那么我们按照拳法中的规矩要求，在先天一气的状态里行拳走架，则心气自然就会下降，任脉自然接通，无须任何后天的借助。这里还要重点说明的是，内家拳有了先天也就有了后天，但凡刻意到后天气血、气脉上的，身心上一定会出问题。比如讲究丹田气的，讲究经络穴位的，讲究气脉运行的，这些都是舍本求末之作，背离大道远矣。孙公文中说劲，是说内劲，内劲即一气，是无形无相的，如果非要造作出个什么劲，最后无非病及自身而已。

孙公在后面明言，龙形练错了，则身心必会被阴火焚烧。所谓阴火焚烧，就是心火上炎，如今得这些病的人最多，比如心脑血管疾病，都是心火上炎引起的。所以练拳练得性烈如火，这都是练反了的，心气本来应该下行，结果他练反了，下行才为气，上行则为火，从心脏一路到大脑，出来各种疾病也就不难理解了。出了这些问题人的身体会有什么反应呢？一是身躯呆滞不灵活，二是脑筋愚笨，三是心脑血管疾病。关于身体呆滞，其实都在于心是否灵敏，心灵则身灵。现在中风的人比较多，也属于心脑血管疾病之一，非但不灵活，就连走路都困难了。

第一节　龙形起点式　起点三体式，先将左足尖向外扭，斜横着朝前垫步，足心欠起。右足扭直，足尖着地，足后跟欠起。两手如劈拳，右手出去，左手抽回。两胯里根松开劲，身子伏下，小腹全放在左腿上，如龙下潜之意。两眼仍看着前手食指，手仍与心口平。腰仍塌住劲，两肩松开抽劲仍如前法式，稳住再换。

孙氏的龙形难度极大。这个伏龙下潜，对于筋骨的强度和柔韧度有着非同一般的考验。初学者可以从高位开始，不一定像孙公伏得这样低。事实上，唐山孙氏拳张玉书一脉，对于十二形中龙形和猴形是知而不练，因为这两形对筋骨的要求非常高，特别是在柔韧程度上，一般成年人的筋骨已经发育得比较硬了，练不得法，
会对自身造成损伤。但是可以采用高位，能达到什么程度就达到什么程度，不用刻意强求身法的惟妙惟肖。我们练龙形，主要是把龙形的三个特征练出来，即飞龙、降龙和搜骨。

这一式的动作叫伏龙，后面接着就是飞龙，这里的伏龙是为了下一节的飞龙做准备。实际是一个身体下作的擒扑过程，与鹰熊斗志的鹰击很相似。我这里说下作，而不是下落，因为到十二形就不是打拳也不是练拳，而是作拳了。所谓作，就是做大做强的意思，有多大功能使多大功能。伏龙、鹰击和劈拳，本质上是一个，都是一气之起落，只是用意和姿势幅度不同。龙形的盘腿是为了给搜骨做准备。之前说过，十二形是为了把动物身上具备的行动特征练到人的身上来，而龙的特征就是身体多变，所谓神龙见首不见尾，这个特征体现在拳法里就是身法的快速转换。还有就是龙的上下飞腾，在拳法中就体现为丹田内作的功能了。故宫里的金龙都是五个爪子，所谓五爪金龙是代表皇上的，龙爪的功用

就体现为降龙。龙形和虎形，虎形主要是扑，龙形则是抓，飞龙升天随后接着下降，就有个龙爪撕拿的意思。现实生活中是很难看到龙的，自然也不知道龙是怎么捕食，可以从老鹰捕食上去意会。俗话说老鹰抓小鸡，都是从高空盘旋而后一个俯冲下来，用爪子一把抓住，金雕要是抓狼瞬间头骨就裂了，遑论龙乎？龙形这个下降也是如此。因为人的生理上并没有这种运动特征，就是身体整个瞬间的一个下降，利用重力加速度体现冲击，展现落意，同时充分展开四肢，不光是十个手指，还要包括十个脚趾，都要充分展现伸展和抓意，也就是指为筋梢，把功能完全展现出来。

在具体动作上，从三体式开始，左脚如同劈拳一样，撇开了向前进步，这一下就拉开了大胯，随即身体整体一个下落，如同天上掉下来一块重物，充分利用体重和速度的结合。下落的同时，右脚前脚掌着地、脚跟翘起，左脚斜冲外，右手前探，左手拉回，类似右劈拳，但这里要体现落与抓的意思。动作开始的时候，两肩根与两胯根都要均匀抽住劲，到位了则一起松开，此即顺中用逆与逆中行顺。把小腹部轻轻松松放置在左大腿上，则腹内松静，心气自然下降到丹田与肾气交会。这一式十分考验裆劲，以及胯骨、膝盖部位筋骨的强壮程度，一般人能下去且撑住劲做到孙公的要求就已经不容易了，再做到后面的飞龙就更是难上加难。所以一开始可以采用高架，一点一点逐渐下降，前提是能轻松做到飞龙，否则一定会塌架子。

第二节　龙形换式　换式。将右手如劈拳搂回钻出，左手出去，两手仍如劈拳，为两腿要调换。左腿抽至后边，如右足式。右腿进至前边，如左腿式。两腿抽换之时，与两手同时起，如飞龙在天之意。落下时四梢俱要齐，抽换之时身子不可往上起，头要暗含着顶劲，身子总有上起之形，乃随着意而起也。稳住再换式。

这一式就是飞龙。所谓飞龙，也即飞龙在天，合着乾卦上的爻动。在龙形中，就是身体整体向上飞升。其他门派是往前一个大跨步，表现一个飞腾的意思即可。而孙氏则是完完整整地做出飞升。孙公禄堂曾经在某次武术界赈灾义演中表演过龙形，平地飞升一米多高，而后缓缓下降似克服了地球引力，这个就是飞龙的完整演绎了。这一式的关键，是往上起时不能用两腿朝下蹬劲，而是要靠丹田内炸产生的升力，是身体整体上升，而上升的幅度完全看内功深浅或者大小，是绝对检验个人功力的。如孙公禄堂文中所言：抽换之时身子不可往上起。因为你只要是腿使劲，身子一定往上起。这里的龙形飞升是整体往上走，如同直升飞机的起飞一样。孙公后面讲身子上起之形是随着意而起，这个意是拳中真意，所谓无意之中是真意，全靠内劲勃发丹田内作，否则是做不到整体飞升的。

关于丹田内炸，或者丹田内作，如今多数人都不明就里，就是我们孙氏门里我所看到的，能练龙形的基本都是两条腿蹬着使劲。这个必须是按孙公禄堂所言返了先天，出了一气，有了丹田鼓荡，之后才能体会到丹田内炸或者丹田内作。记得某年我去唐山看望师伯程秉钧，他当场做了一个平地飞升，两条胳膊往下一落，身体平地飞起将近一尺高，这个就是龙形丹田内炸的劲，除此以外任何刻意造作到筋肉上去的，都是肌肉功夫，不值一提。把这个劲引申开去，加上一些方法手段，就是沾身即跌的功夫。某年孙存周来唐山做客，席间有晚辈讨教拳法，孙让其随意攻击，结果那人只要一沾身就飞出去，百试不爽。后来谈到当晚场景，还不禁慨叹孙存周的技击功力可谓独步一时。

这一式里的另一个重点就是搜骨。这个搜骨，后世被人演绎成扭关节，意思是全身骨头拧上劲，像上了发条一样，从而产生一种如弹簧松开之后的爆发力。首先说，我们练拳要强调自然，一个生理一个物理，绝对不能悖其道而行之。如今那么多练拳伤了膝盖的，还有换骨头坐轮椅的，都是练拳扭着关节造成的。其次，人身体的关节及关节周围的筋肉，并不像弹簧那样有着超强的韧性，如果把周身关节拧得像麻绳那样，非但不会产生如弹簧释放的力量，反而会把自己束缚得失去了灵活和韧性。龙形搜骨，其实是全身的长筋腾膜，主要作用在左右身形的快速转换及身体的上下飞腾。

文中最后有一句，落下时四梢要齐，就是落下时体现降龙之意，四梢要同时具备。四梢就是舌顶、牙顶、指顶、发顶。可以注意孙公在图片中的五个手指，都是张开撑住劲的，一如我前面说的龙爪之意。腮帮子也是鼓鼓的，那里牙咬住了劲，舌头自然也是顶住了劲的。顶项竖直，人就有精神。至于发顶，一般人是做不到的，孙公这张图片头发短也没法看到，可以从怒发冲冠去理解。所谓发为血轮，人只有气血昂扬的时候头发才会顶起。这就需要真的能够做到一气发作、丹田鼓荡、内劲勃发，自然做到发顶。四梢其实是练功的秘诀，如今很多人都不重视，功夫就会大打折扣。四梢齐备，则功夫自然会入骨、入筋、入肉、入血。四梢放松，功夫就只流于表面了。我们练拳，应该是一气发作，五营四梢要齐全，都合在一起催化身体的转变，这个才是真正的内外三合。

第三节　龙形再换式　再换式。两手起落，两腿抽换，两肩胯松开抽劲，仍然如前，惟换式钻手之时，眼跟着手往上看，下颌往前伸，又往上兜劲，取任脉起于承浆之意。数之多寡自便。

再换就是右式。孙公提醒学者有两点，一是全程松开肩胯，此逆中

118

行顺，身体空灵松静，完全是一气激发身体本能去动作。二是起钻时下颏往上略兜起，眼睛往上看，对飞腾有引领作用。

第四节　龙形收式　收式。仍还于左式，右手左足在前，再将右手抽回，左手出去，仍还三体式休息。

龙形并没有转身，一般也只在原地起落升降，身法回到初起姿势，右手回收，左手伸出，身体起立成三体式转无极式休息。

解密孙公禄堂《形意拳学》

—— 形意拳之天地化生十二形拳之虎形学

虎形者，有伏虎离穴之式，而又有扑食之勇也。在腹内为肾水，清气上升。丹书云，虎向水中升是也。又为风。风从虎。在拳中而为虎形，臀尾（名督脉，又名长强）起落不见形，猛虎坐卧出洞中是也。其拳顺，则清气上升，而脑筋足矣。其拳逆，则浊气不降，而诸脉亦不贯通矣。医书云，督脉为百脉之源，督脉一通，诸脉皆通，即此意也。学者务格其虎形之至理，而得之于身心，以通诸窍。

虎形，是个很容易掌握的式子，但同时也是异常凶猛的招式。从本质上讲，虎形基本就是一个起落，所谓一气之起落，和劈拳从拳理上是相同的。理解虎形，可以从老虎扑食的动作上去揣摩。老虎攻击猎物，都是隐蔽接近，从侧面一扑一落，咬住猎物的脖子，这一扑一落就是所谓的"虎扑"了，也即孙公讲的扑食之勇。如果认真观察老虎的生理，老虎的体躯比较庞大，但前肢比较粗短，说明人家在扑食的时候用的是冲量，也就是体重加速度，而不是仅仅靠爪子。相反，猩猩、猴子的前臂长，主要是通过前臂动作。老虎有四五百斤，加上瞬间加速度，一起一落就可以扑倒比它体重大得多的猎物，比如一千斤以上的水牛。所以我们练习和使用虎扑，一定要把身体冲起来，好似大卡车高速撞向中吉普，瞬间撞翻了它，这个才叫扑食之勇。

120

话说到这儿，咱们仔细回想一下生活中的例子。比如现在养狗的多，自然遛狗的也多，人遛狗很常见，狗遛人也不少。什么是狗遛人？就是狗稍微大一些，人牵不住，而被狗拽着到处跑的场景。其实正常人的体重都在一百斤以上，却拉不住一条二三十斤重的狗，这是为什么？就是因为人是直立动物，用胳膊牵着绳子，只能用上一条或者两条臂膀的劲。而狗是爬行动物，能够充分运用腰胯力量，当它往前挣时，瞬间就把冲量带了出来，可见腰胯与冲量结合起来的力量会有多么大！那么所谓腰胯，就是孙公讲的伏虎离穴，臀尾起落。什么是伏虎离穴？可以从狗遛人去理解。狗主人使劲拽绳子想控制狗，狗是不想让主人控制，屁股高高耸起，两条后腿死死撑住劲，这就是把腰胯的功能运用到极致了。老虎离穴，也是腰胯做功，一下就从洞里窜出去。在咱们的拳法应用里，就是临机突发时瞬间发动。

孙公这里讲得很明白，虎形主要是两个技术特征，一是离穴之式，二是扑食之勇。离穴之式就是腰胯做功，扑食之勇就是带起冲量。人没有老虎去咬人脖子那一下，就是运用双掌的合力攻击，既可以是撞击，也可以是扑击，还可以变掌为爪，抓对方个稀巴烂。从头、面部到胸腹都是打击对象，若从打击效果讲可以用"穿胸透腹"来形容，这句话一说就应该了解虎扑之勇及其巨大威力了。

以上是虎扑的技术特征、原理和用法。虎形作为形意拳十二大形中的一形，从拳道相合的角度，还有很多值得研究的地方。之前解说龙形时，我说过龙虎二形须放在一起体会，因为龙形主气降，虎形主气升，一升一降，任督之理也。龙形是心气顺着任脉下降到海底，虎形则是肾气顺着督脉上升到脑部，也即清气上升浊气乃能下降。如果练错了，浊气就下不来了，对身体毫无疑问是巨大损害。如今有些大病、怪病，西医是一点办法都没有，下了药之后人的身体快速衰退，这都是不了解人

身本来生理所致。气血经络自有其路，人的身体健康全在气血循环，送进养料，带走垃圾，如果任何地方堵塞，就会引起相应病变。但人的身体是个完整的系统，这个地方堵了可能串到很远的地方发病，西医就无能为力了。要从整体上找到病根，疏通经络，气血循环恢复，病也才能好起来。

为什么虎形练对了能够健脑？因为督脉连通大脑，而肾脏直接和大脑联系。精卵结合开始发育，首先是产生两个肾，而后从肾生出两条支脉往上延伸，再发育成大脑，所以肾强的人脑子也厉害。而虎形属水，属肾，虎形练好了清气自然上升到脑部，时时为大脑补充养分，所以虎形能健脑。张学良有首诗说"自古英雄皆好色"，大英雄都是智谋厉害行为果断，连带着就是肾功能强大，说大英雄好色也是人的生理使然。没听说病歪歪的人还能打江山匡社稷的。从人的一般生理而言，性生活过度的人都会感觉脑子迟钝，这就是肾系统损耗过大，直接影响了大脑的功能。我们平常多练练虎形，对于补肾补脑是十分有益的。同理，平时多练练龙形，对心脏系统是非常有好处的。不过前提是，你得练对了。

孙公在这里还讲了一句很重要的话，就是督脉为百脉之源，督脉通则百脉通。对比这三十年来甚嚣尘上的所谓大小周天论，可谓清浊自分。人身体里的血脉本来就是通的，何须你再去打通？气血经络自有归属，该怎么走怎么走，如果脉都不通的话人就死掉了。所谓大小周天是道家对日月运行周期的说法，而非对于人身经络血脉的说法。只要督脉的功能是正常的，全身百脉的功能也是正常的，就都是通畅的。对于后天气脉，只能从先天本质上去改造，如果非要从后天故意上去造作，比如强调内气运行，它本身并不是人的生理自然，是后天故意造作出来的感觉假象，那怎么可能有利于人的健康呢？所以天地宇宙万物都是自然而然，作为人类在后天要顺从和依附，通过先天做大后天，让气血更加旺盛，气脉更加畅通，这个才是正确的道路。

第一节　虎形起点式　起点仍是三体式。先将左手右手俱往前稍往下斜着伸直，身子仍是阴阳相合着抽住劲，不可有移动。左足先垫步，再将右足极力前进，过去左足一二尺，不等落地即提起，紧靠右足胫骨，两手与左足亦同时搂回提至小腹处，手心向上握拳，两肘紧靠肋。腰要往下塌劲，搂提起落总以腰塌劲为主，不然则身体不能轻矣。顶提身体相合，仍如前法稳住。此式无论远近，束身一跃而去，并非纵跳也。

这个起点式，就是孙公所说的离穴之式。一定要腰胯做功，所谓臀尾起落。形意拳的六合九要，特别是虚灵顶劲与塌腰坐胯是极为重要和关键的规矩。虚灵顶劲与塌腰坐胯是一对相反的劲，一个向上一个向下，就把大龙凸显了出来。大龙的动力在哪？就是从尾椎及往上的七节腰椎上。练拳一段时间开胯之后，腰椎变得愈发灵活，就能够指挥大龙去带动全身运动，这个才是人体实现像猫科、犬科动物那样腰胯驱动的关键。这里为什么孙公重点提到腰往下塌劲？腰往下塌劲就是激活尾椎和七节腰椎，同时也激发了丹田鼓荡，人的整个身心像一具压缩了的弹簧瞬间激发，在虎形这个起点，也就是离穴上，嗖一下人就已经出去老远了。

这一式从三体式开始，左脚先垫步，右足就窜出去，趁右足还没落地左脚就起，右足落地了左脚离地半寸，附在右脚内踝骨处。右足起的同时，两手搂回来放在小腹两侧。两个手的动作可以理解为老虎收爪子，要蓄势而发，下面就是扑。有人对右足不落地就起左足不理解，因为右足起时重心在左足，所以当重心就要转换时趁势起左足，是非常符合生理的。这一式仍要求肩胯均匀抽住劲，做不到的就含蓄一点，不要把劲都放出去。从起点到式成，始终是塌腰坐势，不是说右足落了腰就松了，束身始终还在，为下面的扑食之勇做准备。如果松了垮了，扑也就松了。从这个角度，如果是往起蹦的，落地后架势一定是松垮的，只有平着往前窜，才能保证架势不松，塌腰不垮。要格外注意自己的精神状态，起点时内在精神一竖，这个精神始终是旺盛的，所谓神光炯炯，意气贯顶，身心内外合而为一，只当中一点子作用，也就是一气！

第二节　虎形进步式　再出左足，斜着往前进步，右足随后跟步与练炮拳相同。两手顺着身子钻上至下颌处，往前连钻带翻，两手腕均向外扭劲，向前扑出，两手虎口与心口平，两肩向外开劲，又向后抽劲，左足直着，与手同时前进，右足跟步与练炮拳相同，两眼看着两手当中，稳住。

虎形的步法和炮拳类似，都是直着进斜着打，一左一右来回换式。刚才是直着跃出，右足落地，左足悬提在右足内踝骨处，两手回搂放在小腹两侧。到这里左足往左前方进步，右足随势跟上，和炮拳步子相同。这一步也是平着出去，能走多远走多远。关键是两手，和劈拳类似，同时往上钻，钻到下颏双手同时外翻往前扑，意注对方胸膛。那么左脚的进步与两手的扑击结合起来，整个身体带着冲量直接撞击对方中线中位，所谓"脚踏中门抢他位，就是神仙也难防"。

这一式的身法、手法要特别注意。双手外翻时除了向前的扑劲，还有向外的扭劲，这样才能力到筋梢。之前的起点式，肩膀都是均匀抽住，此时肩膀要有放开之意，才能把这一扑之勇淋漓尽致地释放出来。而从起点式到进步式，中间不能有一点停顿，如果有停顿，这一扑之勇就打折扣了。形意拳对于脚底板是有特殊要求的，孙氏门里讲是一粘即离，不准踏实。李仲轩讲过脚底板十分敏感，要学会脸红，意思是一样的。从起点式发动，右足落之一沾地，马上就出左足扑击，这才是整体的虎形。回头再去看一开始的起点式，孙公所谓的"臀尾起落不见形"，主要是尾椎及之上的七节腰椎做功，在一对劲的基础上这部分往下一兜，好像弓拉开了劲蓄势待发，因为是内在筋骨的蓄劲，所谓外形上看不出来，也就是臀尾起落不见形了。当然也少不了胯骨的作用，但主要是腰椎和尾椎。精神一竖人就出去，如弹簧压紧后瞬间放开。

第三节　虎形换式　再换右式。先将左足直着往前垫步，与炮拳垫步相同，两手一起与左足垫步之时，同时落至小腹处，与劈拳单手落法相同，此不过两手齐落，与足如一。两眼同时看右边，远近将眼正住，不仰不俯，譬如算学，身为股，地上为勾，眼看处为弦，是为目的。此看法眼能不生浮火也。

此处孙公说得明白，与炮拳垫步相同。垫步远近视自己生理状态而定，不要刻意做作。这里就没有臀尾起落不见形了，或者说不是老虎离穴，只是简单一个垫步，主要是为了换右式虎扑做准备。左脚往前垫步，两手下落收至小腹两侧，始终护住两肋和中线。这里孙公解密了形意拳一个至关重要的身法原则，就是"勾股定律"。

孙公这里借用的是三角数学，把大地作为勾，人身体直立作为股，眼光所注之处作为弦。此处特意讲眼睛的用法，其实就是

把眼神含住，不要外放。虎形换式到这里，从之前的虎扑之勇到这里正好需要精神含蓄进行调整，所以不光是眼神含蓄，瞬间连呼吸都是没有的，转化为息，若有若无，瞬间身心内外极静而返回先天，则一气再次勃发，为下一个虎扑做好准备。勾股定律大约是孙氏独有，在身法上有独特的借势之功。通过勾股定律，就把人的身体与天、地联系在一起，通过独特的精神作用，比如支点作用，在技击中发挥巨大的作用。

第四节　虎形换式　再进，步法与炮拳相同，两手如左式扑出皆相同，数之多寡随便。无论多少，总以出去右式（右足在前）停住再回身。

虎形手法相对简单，这里就不用多讲了。记住再练习虎形的时候，动作要尽量慢一些，劲力要尽量含蓄，包括精气神、眼神都要含住。而且这一扑也要缓缓而出，由内而外发挥丹田的原始根节作用，通过丹田做功而后一节节地腰催胯、胯催膝、膝催足；腰催肩、肩催肘、肘催手，一点一点把动作打完。

第五节　虎形回身式　回身时，向左转，勾右足进步与炮拳相同，两手与扣足一起落在小腹处，两手仍与左足同时扑出，再进仍与前式相同。

一定是右式，也就是右足在前回身。扣足与八卦掌单双换掌回身一样。手足上下同动，转过来左式虎扑，由此连绵不绝而去。

第六节　虎形收式　收式出去右式（右足在前）停住，回转进步，两手扑出，亦仍与回身之式相同。回过身稳住片刻休息。

与转身式相同。回过身左式虎扑，停驻片刻，待心神安定，内外无喘，左腿收回成无极式，入定片刻，然后休息。

解密孙公禄堂《形意拳学》

—— 形意拳之天地化生十二形拳之猴形学

　　猴形者，物之最精巧者也。有缩力之法，又有纵山之能。在腹内则为心源，在拳中谓之猴形。其拳顺，则心神定静，而形色亦能纯正。其拳谬，则心神摇乱，而形色亦即不和，手足亦必失宜矣。孟子云，根心生色现于面，盎于背，施于四体，亦此气之谓也。此形之技能，人固有所不能及，然格致此技于理，而身体力行之，不惟能收其放心，且能轻便身躯也。学者于此形切不可忽焉。

　　唐山孙氏拳门，过去于十二形中的龙形和猴形有知而不练的说法。因为龙形对周身骨节的柔韧程度有较高要求，而猴形则是对大龙（也就是脊椎骨）的柔韧程度要求较高。人成年以后关节都长死，筋脉被关节封闭其中，很难达到这两形的技术要求，故有知而不练的说法。但是如果确实能够返先天用本能，还是能够使身心达到专气致柔的程度，所谓关节长死的问题也是可以部分乃至全部地克服。孙氏门内主要是通过无极桩和混元桩，达到专气致柔的程度，也就是孙公讲的转乾坤、扭气机。身体会恢复到如婴儿一般的柔软，对于此类拳法的技术要求也就迎刃而解了。

　　孙公开篇即点出猴形的要义。猴是物中最精巧者，一是有缩力之法，二是有纵山之能。所以猴形要体会其精灵古怪的特性，说白了就是

不按常理出牌。所谓缩力之法，是指练猴形一蹲身，身体能瞬间缩成一小团。而纵山之能，是指身体放开后能够瞬间延展数倍，好像弹簧能伸能缩。猴形的功能完全取决于大龙的柔韧程度。脊椎骨的骨节都要打开，脊柱两旁的大筋能够自由舒展，才能做到身体伸缩自如。

随后孙公讲道，猴形是心源，主神色。所谓心源，或者根心，是说人的精神本质，简单说就是精气神。猴类精巧，是因其精气旺盛，所以猴形练得对，自然精神健旺，如果精气神衰弱，这人会是面带晦暗。寻常人一见面说你气色好，其实是精气神旺盛，心里头有股劲跃跃欲试，咱们练内家拳其实就是练这个。如果这人病了或者心里头崩溃，别人一看就知道，因为气色太差。所以猴形练精，对于培养精气神有好处。练猴形要心平气静，不能浮皮潦草。虽然是猴形，却不能练得像个猴子，那就是画虎不成反类犬了。格物致知，我们学的是猴的精巧之性，是内在而不是外在。

第一节　猴形挂印式　预备起点三体式。稳住，再将左足抬起，走往右边，垫步极力往外扭劲。左手落至小腹处，与劈拳相同钻出。身子随着左足向左转，右足极力进步，至左足前边，足尖向里扣劲落下。此时身子面向西南或东北，总看从何方起点。若是从北方起点，此时面向东北矣。再将左足与左手同时撤至右足后边，右手再与左手上边出去，此式与劈拳相同。

猴挂印，顾名思义，就是把一方印挂上去。挂到哪儿？挂到对方脸上。印是什么？就是巴掌。这一式其实就是一个转身劈拳，与鹰捉类似。鹰捉是五指擒抓，这里是用巴掌拍，而且有个转身。要特别注意方向，如果背北面南而立，左脚先向西南垫步，而

128

后转身面向东北。左脚向西南方向垫步，是对方从侧后方（东北方向）来袭，一时不知其底细，则顺其势向西南进步，是化解其攻势的意思。所以这个左脚垫步十分巧妙，对方进攻也不过一步，你顺势迈了一步，对方就打不上你了。孙氏崩拳的狸猫倒上树也是如此，要先向前迈半步再回身，与此拳意相同。当我方往西南方向垫了一步，对方的攻击落了空，不管对方是回手还是继续攻击，都有一个换劲的空当，但我左脚向西南的这一步只是垫步，主体劲力是在右脚上，所以从垫步到转身要一气呵成，不能出现劲力的隔断。因为我的左足垫步同时是迈大步往左拧的，其实就已经为转身做好了准备，则身体顺势左转，圜研相合，整体滚转，左手连挂带化，右足极力向前，右手巴掌就打到了对方脸上，是为挂印！

第二节　猴形倒绳式　再将左足极力往后垫步，右足踏着地，拉至左足处，足尖着地，足跟欠起，足后跟对着左足胫骨，身子三折形，如图是也。右手拉至小腹处，肘紧靠住肋。左手出至口前二三寸许，手背朝上，两手如鹰捉形式，五指具张开，肘靠着肋。两胯里根与臀尾极力往后缩，头可往前又往上，顶住劲稳住。

猴倒绳即体现"缩力之法"，从"猴挂印"瞬间回退，身形缩成一团，脊椎骨的关节好像能折叠一般，整个身形都小了。李仲轩在《逝去的武林》中说薛颠猴形缩身，一米八几的大个儿能缩成一小团，从对方的视线里头瞬间消失了，就是说这个猴倒绳的练法。猴倒绳是以退为进的用法，对方势大力沉来得强猛，我觉得无法正面力敌的时候，就用猴倒绳后撤一步，身形瞬间缩小，从对方的视野里头消失，给对手造成突然的思维混乱。比如

两个人在擂台上互相游斗相持，很难找出对方破绽的时候，你突然 一个撤步下潜，对方基本都会愣住，就这愣住的不到1秒钟，就是获胜的良机。这一个下潜，原意是摘打肾囊，其实也可以打对方小肚子，什么到跟前打什么。摘肾囊这样的招太毒，十二形里的燕形也有这样的用法。猴形是直接摘打，燕形要从对方胯下过去，同时摘打对方肾囊，方法不一样。再起来，就是后头的猴爬杆。

动作上，从猴挂印开始，左足领全身突然后撤，全身边撤边向下紧缩，右足要拖着地面随着往后撤，为什么要拖着地？因为整个后撤是平移而不是跳跃，跳跃有滞空时间，就丧失了突然性。撤到位后，左足跟承担大部分体重，右足尖承担极小一部分。左手往上去护住嘴边，右手下来放在小腹处，左右胳膊要靠住肋，所谓手不离心，肘不离肋。这时候的姿势很像一开始的太极学，而头顶住劲、臀尾和胯骨里根往后缩住劲，大龙如一张弓拉开，这里的重点在尾椎，精神全部灌注一惊即发，随时会窜起来。

第三节　猴形爬杆式　再将右足极力往前垫步，左手伸出再进右手，左足同时并出，拉回左手至心口左边停住，再出左手，同时将右腿极力上抬，大腿根与小腹相挨，足尖极力上仰，微停，再出右手落右足，左手又拉回，起手落足。回拉手要齐正，此式与劈拳相同，稳住再换式。

从上一式猴倒绳缩身蓄力，到这一式猴爬杆，就是纵山之能。缩要缩到极限，放也要放得痛快，犹如弹簧压到极点，砰一声松开。猴爬杆的名字起得巧妙，猴子爬杆非常迅速，手腿并用，嗖嗖嗖就上到了顶端。引用到这里，意思是要打得协调快捷，对方的眼睛还没照顾过来，你就已经到了。这一式动作有点复杂，因为是手脚并用左右轮番出击，而且是一气呵成无有停顿，所以要从实战意义上去理解。从刚才对方攻过来开始，我们后撤一步缩身蓄力，对方眼里突然没你了会心中一愣，留下一秒左右的反应时间给你反击，我则顺势上窜到其怀里，左右手轮流抓扑其眼睛，再加上右腿膝盖的一顶，上扑下撞，最起码也是打对方个手忙脚乱。左右脚上步可踩其脚面借力上窜，猴形处处皆是手。

猴形的手法其实就是抓脸摘眼睛，因为这是人的本能。没经过训练的普通人打架，女人就是上手抓脸，男人不抓脸，但会两只手上去扑打。因为人的上肢从动物本能上讲就是扑击用的。猴子打人会抽嘴巴子，其实就是猴挂印。猫窜起来会挠人脸，迅捷程度任谁也防不住。但此式最怕对方反应敏捷往后退，所以要打得一惊一乍把对方脑子搞乱，而且也只能用一次，再用对方就有防备了。猴爬杆的落式成右三体式，和猴挂印的落式相同。其实这一式也可以称为劈拳的变化，劈拳只是简单起落，这里头加了手足并用的上扑下撞，所以以五行拳为本，十二形为末，练好五行拳，才能练好十二形。

第四节　猴形挂印式换式　再将右足极力往外扭劲，右手亦如左式落在小腹处，往上钻出，身体随着右足右转，左足极力往右足前进步，又极力往里扣足，此时身子面向西北矣。再出左手劈拳式仍如左式。往后缩力，又往前进步，出手抬足回拉手，无不与左式相同。数之多寡自便。回式无论左式右式，随便回式勿拘。

换式从东北方向往右转，这个角度比较大，大约270°，最后面向西北方向。猴形

基本就是往四个角打。猴挂印出左手左足往左转，出右手右足往右转，如此类推。其他都一样，唯左右互换。

第五节　猴形回式　回式时，譬如面向西北，左手左足身向左转，面向西南，出手起落仍与左右式练法相同。

第六节　猴形收式　收式，仍还于原起点处，仍与左右式练法相同。稳住片刻休息。

回式和收式就不多说了，可以随意为之，四正四隅其实都无所谓，甚至还可以像八卦掌那样转着圈打，只是最终结束要回到起点，以示混元一气之意思。猴形的要素，关键在于内中一点精神，人或有敏捷或有迟钝，但这一点子精神却都一样，只是在后天使用上有所差别，有人灵一点，有人笨一点。如果回返先天本能，比如突然拿针扎他一下，反应都是一样快速，但这还是被动的精神诱引，我们练拳要返回无极本源，把这点子精神说用就用，才能说练对了形意拳。

解密孙公禄堂《形意拳学》
——形意拳之天地化生十二形拳之鸡形学

　　鸡形是十二大形中最重要的一形。孙氏的鸡形实则是为孙公禄堂所称道的宋世荣之"鸡形四把"。传说车毅斋以"游鼍化险"闻名，宋世荣则以"鸡形四把"著称于世。孙公禄堂跟随郭云深公多年，虽然功夫已经到了动辄发人于丈外的境地，但仍未勘透先天一气，这在《拳意述真》中孙公有过详细记述。形意拳在拳理的解悟上有点像禅宗的悟道，需要遇见能给你打开灵窍的那个人。郭云深公遂带孙禄堂到山西拜见车毅斋、宋世荣等前辈，先后数次，终于在宋世荣处解悟先天，知道自己原先所练都是后天局部功夫，而不是宋公所言"浩然之正气"的先天本能，自此功夫才登堂入室，比肩众贤。

　　鸡形者，鸡于世最有益者也。能以司晨报晓，又有单腿独立之能，抖翎之威，争斗之勇，故鸡形拳中之功夫，可谓甚大。在腹内而为阴气初动，又为巽卦，在天为风，在人为气，在拳中谓之鸡形。又能起足跟之劲上升，又能收头顶之气下降，又能散其真气于四体之中。其拳顺，则上无脑筋不足之患，下无腿足疼痛之忧。其拳谬，则脑筋不足，耳目不灵，手足亦麻木不仁矣。学者于此鸡形中，最当注意。

　　学习十二形，一定要注意每一形的功能。十二形是把动物独有的能力，通过返先天衍化到人身上，所以龙形就是一飞一降，虎形就是一纵

一扑等。落实到鸡形，是独立之能、抖翎之威、争斗之勇这三项。鸡腿是四象之一，在外则为独立，能够始终四平八稳。在内则为内缩，两个脚后跟要有内缩之意。鸡在睡觉的时候都是单腿独立一腿缩回，而且落在一根横木上，就体现了这一缩一稳。要想练出时刻都能稳定的功夫，孙氏是通过无极桩达到目的的。无极桩练出来，随时可以单腿独立屹立不动，就是达到了鸡腿外致的功夫。

抖翎之威和争斗之勇就很好理解了，凡是家里养过大公鸡的都有切身体会，大公鸡要想啄你，是从老远扑闪着翅膀就飞奔过来，还没到你跟前两翅膀一扇就腾空而起，两爪子带喙就到了你眼前。农村孩子小时候很多人都有被大公鸡啄过的记忆，一下能把小孩嘴啄破了，哇哇大哭扭头就跑。以前家里头养大公鸡能看家，养大鹅也能看家，大鹅啄人不在大公鸡之下。但大公鸡是往上攻击，大鹅则是往下追着咬你的脚，被咬的人几乎都是手忙脚乱往后退。李小龙的截拳道很重要的一个技术就是截腿，但凡李小龙的防守反击几乎都是先截击对方小腿或者膝盖，延缓对方进攻势头。如果是连续踢击，就好像大鹅追着咬人脚一样，手忙脚乱之际重心就不稳了，空当就会出现。20世纪80年代末期，我曾经系统研究过李小龙的截拳道，那时候手里还有一本李小龙撰写的《截拳道》。李小龙对力量的练习主要还是肌肉方面，速度和反应主要是拳击的，他也介绍了自己通过电流刺激神经敏感反应的练法，已经没有咏春拳的任何痕迹。西方人的搏击特长在于拳重，但灵活度、身法速度和反应速度都很差。李小龙在这方面很突出，针对各派搏击技术，他建立了一套完整的技击体系，比如截腿就是其中之一，在他的速度和力量结合之下几乎无解，你只要动就会被踢上，身法一迟缓他的第二次打击已经到了。所以李小龙的截拳道在西方能大行其道。

前面我已经说过，十二形并不是让你去学它们的形式，比如鸡形你不可能学着像大公鸡那样去啄人，而是要体会十二大形动物本来的精神。公鸡好斗，勇猛无惧，一往直前，抖翎之威就是内在精神刹那提起如白虹贯日，争斗之勇就是奋力向前一举摧垮对手。公鸡才多大，可是敢和大自己多少倍的动物厮杀，这个威和猛对于人是不可言状的。普通人看见身子比自己大的、眼神比自己凶的基本就萎缩了，这就是精神上被人压制，任人宰割。南京大屠杀，那么多国军和警察被俘虏，十几个日本兵就能押走几千名中国人，没有一个敢于反抗的。其实最后都是一死，大家奋起一争也许还有机会，最起码也能弄死几个日本人垫背，可就是没有一个敢出头的，这就是人性中最本质的精神被摧垮了。日本人战败投降，苏联人和美国人一开始还担心管不好规模庞大的日本俘虏，结果没想到日本兵都和羊羔一样任人摆布，整个国家民族的精神都垮掉了，一直到现在都没站立起来。这就是内在精神的重要性。肉体得病还能治，精神垮掉就彻底完蛋。所以鸡形就是练这个精神上的威和猛，从精神上首先站立起来。形意拳说到底也是练这个精神，先形后意，把拳法只练在胳膊腿上就肤浅了。

第一节　鸡形金鸡独立式　预备起点三体式。先将右手从左手下出去，腰胯肩亦随着右手去，右腿屈膝，足后跟欠起，左手抽回，肘靠着肋，右足再往前进，至左足前，足高矮与左足胫骨相齐，不可落地。

再将右手从左手上边抽回来，左手亦于右手下边出去，两手俱是掌。右足落时，左足同时提起，紧靠至右足胫骨处。两足起落，与两手均要齐一。腰亦同时塌劲为紧要。此时两胯两肩俱阴阳相合着抽住劲，右腿要屈着，左手往前往下斜着推住劲，右手大指根在脐边靠住，两眼看着左手大

135

指根食指梢，身子如用绳束缚一般。稳住稍停，再往前进。

金鸡独立是指在双腿轮换变换身形时一腿独立保持身体中正，也就是运动中实现身体的高度稳定性。这是四象中典型的鸡腿，一足凌空附在另一足的踝骨内侧，几乎形意拳所有的单腿独立都是这种形式。要动如脱兔，但又稳如泰山，不管怎么起，这一落地单腿支撑既轻松又要四平八稳。练好金鸡独立要从无极桩里头下工夫，无极桩里练出了稳定性，金鸡独立就很简单，不管怎么起怎么落，起多远落多远，都会像钉子一样钉在地上。

左右手轮换的动作是劈拳或者鹰捉的一个变化，左右手如车轮一样轮转，可以理解为撕打，是对敌人双手的控制。如果把双手变拳上下互换攻击，慢一点就是崩拳，快一点就像咏春的日字冲拳。左右两手在这里可以理解为公鸡双爪和喙的结合，左右手连环动作，就是连撕带打，用指头戳眼睛也行，用拳头打胸腹也行。这一招在打架里很好用，对方手臂过来打你或者推你，不管多快多重，只要用左右手轮转着推打，就把对方的攻势化于无形。

唐山孙氏门的金鸡独立和书上的不一样，取消了独立，改为抢步上前两手平着向上轮转直奔对方眼睛，技击特色就很浓厚了，也特别能够体现公鸡好勇斗狠的特性，好像大公鸡扇着膀子炸着翎子一路飞奔过来直取对手面门，是非常凌厉的杀招，打上了对手的眼睛就没了。唐山孙氏门源于孙公大弟子孙振川，孙公教孙振川时还是壮年。而《形意拳学》是孙公中晚年写成，书里讲的主要是大原则，落实到练法和用法，几乎是写不到书上去的。

从身法上，要做到塌腰坐胯，尾椎骨就是发动机，要始终蓄着劲。肩膀根和胯骨根都要缩住劲，此为顺中用逆。一般人做不到，就含蓄一些不要太直白。身子如绳索捆绑，是说身体里头要有抗劲，虽然隐含在身体内部，但随时都会迸发出来一样。一个人被绳索捆绑就要挣扎解脱，哪里绑着哪里就有抗劲试图解脱，身体内部蠕动来蠕动去，这种内在的力量最可怕。孙公这里是比喻，其实和前面缩住劲说的是一回事。孙存周在说孙式太极拳时有一句"绳捆索绑"，后人皆不知其意，其实道理和这个一致。你不知道身体如何蓄劲，告诉你挣脱捆绑，一句话就点透了。但是又不能直白做出来，要含蓄在精神中，所谓拳无拳意无意，无意之中是真意，不能故意，故意就错了。普通人练拳都是大直通，里头怎么样外头也怎么样。内家拳不是这样，而是如"庖丁解牛"，自始至终蓄着劲，身体好像一个大弹簧，一旦发作起来就不得了，好像一箭透敌胸而过。如今很多人练形意拳打得哐哐的像重炮，其实都是未得真意啊。

第二节 鸡形后金鸡独立式 前进。两手仍勿动。右肘靠着肋，左手极力推住，再将左足极力前进落地，右足亦再极力前进，未落地之时，左足提起，仍靠右足胫骨如前式稳住。此式步法与虎形第一步相同，惟两手之式，左手仍推着劲，右手仍在脐旁不动。前后两式，俱金鸡独立之式。

这一式叫"后金鸡独立式"，步法仍与前式相同，只是多了个"极力"。左足极力向前，右足亦极力向前，就是有多远纵多远。这是典型的践步，践步差不多都有近一丈，功夫大的两三丈都有。孙存周有事迹可查的是两丈多，孙禄堂有史可查的是三丈多。为什么普通人纵不了那么远？主要是筋骨不够强健。老虎四五百斤，一跃能够蹿起来三四米咬人，这得多大力量？所以自然界的法则就是强欺弱，武术特别是形意拳易骨易筋，筋骨不强何以敌将？

这一式步法与前式相同，两手则不动，随着步法纵跃始终保持原有的姿态，也即左手在前推住劲，右手在脐旁护住。也有在这一式中继续

两手轮转的。孙公说得很明白，这一式的步法就和虎形第一步相同。这一式主要是练独立，因为这一步能蹿得很远，主要是体现一纵一跃，检验的就是独立之能，并不需要手上有什么动作，手上一比划，就把步子的整体性破坏了。

唐山孙氏拳门这一式有不同的练法，可以连续几个前金鸡独立，然后接几个抢步，手上动作如前式左右手轮转穿击，既练了践步腾跃，也练了抢逼进攻，把鸡形的金鸡独立发挥得淋漓尽致。其实这一式可以想打多少打多少，想出去多远就出去多远。孙公在前面说鸡形可以起足跟之劲上头顶，亦可收头顶之气下降散布全身，又是阴气发动，就在这金鸡独立里头要充分体会气与劲的微妙萌动，顺着身心之内真意萌动练去，才能把鸡形的真意练出来。

第三节　鸡形金鸡食米式　将左手仍极力挺住劲，再将右手卷上拳，向前出去，如崩拳形式。左足直着，与右手同时极力向前进步，左手不可回来，同时扣在右手腕上。右足亦随后紧跟至左足处，如崩拳跟步相同，两眼看着右手食指中节，两肩向后抽劲，两胯里根依然。稳住。

这一拳强调进攻的突然性。家里养过鸡的都有体会，鸡吃米都是脖子一伸一伸的，非常快速，有点冷不丁的意思。特别是一群鸡抢米吃的时候，更加体现快速与突然这一点。金鸡食米这一式其实就是崩拳，但要打冷枪打黑枪，猝不及防就打在人身上，让对方还没反应就已经受了伤。崩拳真打上一般都会吐血，如果再加上冷不防打黑枪，基本上一拳一个。金鸡食米可以连打，左右开弓连续进击，第一拳打冷不

防，对方已经失去主动性，如果没拿下对方，第二拳第三拳紧接着就又到了。就像鸡啄米一样，只见脑袋不停闪动，不把米抢完没有停下的时候。其实，就是不打黑枪，两人面对面喊着号子一起开始，一样可以打对方冷不防。咱们在先天上反应，一定会快对方一步。对方在后天肯定会造作，想着怎么出拳怎么打，咱们都是本能反应，瞬间一下出去，就这个猝然出击就是冷不防，一般都会把对方惊着，因为根本就不在对方大脑反应时间范围内。

这里仍然是肩胯根抽住劲，其实是说的练法，而不是用法。练的时候肩胯抽住劲，好像庖丁解牛含蓄着练，用的时候就无所谓了，所谓"束展之下一命亡"，只是一件松快的事。只要打到对方身上，基本就结束战斗。练形意拳的身上永远都是蓄着劲，人只要上来沾他身就飞出去。一方面是神意上的积蓄，另一方面也是全身的筋脉浑然一体，如360°的大弹簧，碰着哪儿都得被打出去。这就涉及四正八柱的具体练法。金鸡独立要求左手往前推住劲，是为了全身劲整，如果前手松懈，全身也就都懈了。这里前手极力推住，后手与前手是一对劲，如撕棉打开极力拉住、六面争力、浑然一体，周身神气劲意完整无缺。

第四节　鸡形金鸡抖翎前式　再将两手抱在胸前，手心向里，左手在里边，右手在外边，离胸两三寸许。两肘往下垂劲，两肩亦往下垂劲，又往外暗含着开劲，身子如同捆住劲一般，两胳膊如十字形式。将两足撤回，两腿如同骑马式，两足跟向外扭，不可显扭。两膝往里扣劲，不可显扣。两胯根向里抽劲，亦向外开劲，亦不可显露。

第五节　鸡形金鸡抖翎后式　两手分开式。将右手顺着面前正中，往上钻至正额处，再翻与炮拳翻手相同，左拳同时向下向后拉劲，至左肋后边手心向后，如同劈拳拉手。两足扭成顺式如图是也，身子随着右胳膊扭劲，扭至心口与右膝并右足尖相对为度。促使两眼随着右手看食指根节，两肩齐向外开劲。

金鸡抖翎是连续两个解脱的招式，一般用于被对方从后面搂住，或者被几个人约束。此式可左右练习和运用，并不一定非得往右边去。前式和后式都是发力解脱，只是前式是静态，后式是动态。前式主要是抗力，后式主要是挣力。前式以圆球整体摆脱对方控制，后式以瞬间争力摆脱对方控制。前式后式相辅相成，浑然一体。比如自己被对方数人从四周抱住，这时用金鸡抖翎前式向下整体一坐，以腰胯为中心，身体呈圆球形向外一抗，全身一震，则对方的控制力量必然减弱。太极拳中常用重心下移这个技巧来摆脱对方的控制，比如十字手和倒撵猴等。手接住对方的劲，腰向下一沉，用得好了，对方的重心都会失掉，如果再接一个转身，比如挒带，基本就都解决了。接前式，而后再用金鸡抖翎后式向四面八方暴力一挣，则必然从对手控制中解脱。此处左右双臂是斜着上下分挣，这个设计非常之巧妙，如果换成左右水平挣脱就很费劲了，斜着上下挣脱很容易就可打开对手控制。这一挣有炮拳的意思在里头。挣开之后右肘部还可以向后打对方面部，左手向后撩裆，头部可以向后撞击对方面部。

第六节　鸡形金鸡上架式　再将右手张开，手腕向里扭劲，手心朝里靠着身子，向左胳膊下边极力穿去，手腕紧靠着左肋。左手心仍向下着，与右手同时紧靠身子，往右肩极力穿去，两手如同绳子将身捆住，二人两头相拉之力一般。两肩下垂劲，又两肩暗含着往外开劲，身子阴阳相合着，三折形式。左足与左手同时进至右足前，未落之时右足即抬起，与左足落地同时抬起，紧靠住胫骨，两手相穿，相抱。两足起落均要相齐如一，不可参差，腰极力塌住劲，两眼顺着左手往前看，稳住。

金鸡上架与金鸡报晓及后面的劈打要合在一起学习体会。金鸡上架是蓄势待发，可以谓之"束"；金鸡报晓则谓之"展"，后面的劈打则是乘胜追击，不给对手喘息的机会。形意拳的打法，于对方反应之前粘上对手，一路进攻，不把对手打躺下不算完。所以这几式连续进击，充分体现了形意拳打人如走路、看人如蒿草的气势。金鸡报晓的束身如绳捆索绑，内蕴向外的挣力与开力。所谓开与合其实是对立统一体，不能把开合分开讲，开其实就是合，合其实就是开。从金鸡上架这一式就能充分体现，束身是往里合，但同时又蕴含着往外开。如今练形意拳都把开合练分家了，都是开完了合，合完了再开，其实先天上开与合是一回事，后天上才分开。孙公在《太极拳学》开篇介绍中讲"有无不立，有无并立"，说的就是这个道理。怎奈后人只在非此即彼中执迷，不晓得内家拳的真意本来就是一回事，所谓只有一没有二。

真正的内家，何以为内？就从这句绳捆索绑里面去体会。我们练拳、用拳，都是在寻找或者回归生命本能中的自然反应能力。比如如果有人把你的手脚绑住要害你，你出于生命的本能肯定要极力挣扎解脱，这个挣扎解脱任何人都是一样的，并不需要你平时去练什么肌肉负重。就是一个弱小的女子在生命危急时刻也会迸发出前所未有的巨大力量。

形意拳或者说所有的内家拳寻找的就是这种力量，简称"内力"。所以我们练拳不要刻意地去求什么劲，你作为生命本身就具备巨大的能力，只是需要通过一定手段把它激发出来而已。先辈一句"绳捆索绑"，有智慧的人马上就明白什么意思，而且能够立马做出来。所谓找明白人"给句话"，一句话功夫也就上了身，就是这个道理。

金鸡上架这式从表面看是为了下一式蓄劲，其实还藏着一个肩打、肘打、冲撞，下头还配合着暗腿。所谓"肩打一阴返阴阳，两手只在暗中藏"。其实金鸡上架这个招式，在外家很多拳派里也都有，比如八极拳小架就有类似的一招，叫作"闭地肘"，或叫"闭裆"，是个收身防守的动作，但同时做好与对手的冲撞。形意拳这里则更加主动，肩、肘、足都可出击。如对方猛烈冲击我不及变身时，一方面束身化解对方的冲击力，另一方面做好用肩膀冲撞对方的准备，关键是下头暗藏的一脚横踹对方迎面骨，上下齐动即可破解对方攻势，赢得主动。

动作上一如孙公图解，左手往上穿，右手往下穿，两手在身前交叉，如绳索捆住自己身体，左脚到右脚前方，右脚提起停在左足内踝骨处。此式的关键，如老虎感受到外来威胁，猛然一惊，精神提起虎视眈眈，随时准备出手。过去老谱有句话叫"打开二六连环索，一点精神吊在眉"。"二六连环索"是指脊柱，因为人的脊椎骨共有26块，环环相扣，在形意拳里叫"大龙"。而打开连环索的意思是大龙做好准备，好像猫受惊时脊柱高高隆起，豺狼虎豹之类进攻之前都是胯骨高高耸起，体现大龙对全身的催动作用，也是孙公在文中讲的"极力塌住腰"，是所谓连环索。那么"一点精神吊在眉"呢？就是刚才说的内中精神提起，好像薛颠说的"周身精气直冲牛斗"，把人内在的原始本能调出来了，此时虎目圆睁，眉间耸起，是为"一点精神吊在眉"。人在后天这些本能都失去了，动物则始终都在先天本能里头存活，所以人家一发动连环索和一点精神都是同时发动，也就是说我们大龙做好准备的同时精神也瞬间立起，回归到动物的本能。

第七节　鸡形金鸡报晓　再将右手极力从下边如同画一圆形往上挑

去，高与头顶齐，两眼跟着右手，看食指梢节。左手与右手同时，如劈拳式拉至左肋后边。右足与右手极力往前进步，两腿两足形式与劈拳相同。两肩前后顺着开劲，两胯根亦前后顺着开劲，此时身体如同一四方物，四面用绳子相拉，均一起用力相争一般。腹内空空洞洞，如天气之圆，身外如地形之方，此谓内圆外方之意也。

金鸡报晓主要是体现挑打，但绝对不是单纯一条胳膊的劲，而是周身整体之力。四个角朝四个方向同时争力，从拳意上而言就是周身球意（形意拳如实心铁球）。由于劲满周身，所以挨上哪是哪，头手肘肩胯膝足，挨上就用。一般的搏击都是击打一个方向，唯独传统武术以球意作为技术特征，劲力充达四面八方。也可以说是撑住劲，虽然我是对着前头，但四面八方也都照顾着，精神上返先天时刻保持敏感，粘上就反应就变化。尤其是内家拳独擅斯道，如果只是落在后天的故意上，这份敏感和球意是没有的，后天人的能力只能对着一个方向，是无法照顾到全身各处的。

为什么叫金鸡报晓呢？因为公鸡打鸣都是抻着脖子叫，此式的右手往上挑起，取其象形会意。这里的挑打既可防守也可进攻。练的时候架子很大，用的时候没架子，要无心无相。因为我以前练过八极拳，所以喜欢用八极拳的招式来做比较。八极拳里有一招著名的防守招式叫"挂耳"，类似金鸡报晓的挑打。就是对方直线进攻而来，我用前臂在

耳侧瞬间接挂，一定要配合身体的纵向滚转，在化开对方直线攻击力的同时，我就到了对方外侧或者内侧，对方的大边或胸腹就暴露在我的面前。其实挂耳就是挑打，吴连枝曾经用一招挂耳化开韩国跆拳道世界冠军的一记直拳，而后顺势一个反背撩掌扫了对方眼睛一下，对方立马缴械投降了。内家拳尤其是形意拳讲究只有一没有二，也就是打顾一体，防守和反击同时出手，才叫高明。如果是形意拳，挂的同时直接打，挂上了也打上了，对方连反应的机会都没有，奥妙就在切线对接。

金鸡报晓的主动进攻就很简单了，这一下既可以切对方的咽喉，也可以打对方的眼鼻，用手掌的上侧还是下侧都可以，甚至换成拳头或者立掌打击对方下颏、胸腹也可以，都在灵活运用。此式的练法就是一个开字，要往四面八方放射，所以不能拘束着，肩膀根和胯骨根不能缩着，而是要全部放开，瞬间一个反应全部打出去，好像人打个激灵一样，就这么迅捷。天圆地方之说，天是虚空的，大地是实在的，所以腹内要空空静静，身上则如四面扯旗无所不至，故孙公才有此比喻。关键还是腹内空洞洞这句话，但凡动心思想着怎么打或者碰运气的，就都是抛砖弄瓦。形意拳讲雷声，此处要发声，各派具体不同。

第八节　鸡形劈拳式　将右手仍在上挺住劲，右足垫步，左足再出去，与练劈拳相同。惟右手不收回来，不过左手出去略高些。

第九节　鸡形劈拳式　再出手仍是劈拳，此形中有两劈拳之式，劈出右手再换式。

连着左右两个劈拳。继上式金鸡报晓挑打之后，用两个劈拳追身进攻，前手不回来是因为挑打后拿住对方的手臂，用我前进的身形往下一带后手上来就劈。不管两个还是三个，总之是连续追击劈打。

第十节　鸡形金鸡独立式　换式。右手再落再钻，左手出去，仍与劈拳无异，惟右足俟右手钻时提回至左足处，右足落时左足即提起，紧靠右足胫骨，两手两足起落仍然齐一。此时仍还于起点之时，金鸡独立之式，稳住。

从上面的右式劈拳，转换成金鸡独立。其实金鸡独立就是单腿独立的劈拳，是劈拳的一个衍化。从右劈拳把双手收回小腹，右腿同时也收回来，落地同时左脚起来，停在右脚踝骨旁边。左右手一个劈拳的起钻落翻，完全与之前的金鸡独立相同。

第十一节　鸡形金鸡食米式　再换，仍如金鸡食米之式，数之多寡，循环自便。

从金鸡独立开始，循环往复，与前面一样。想打多少随意，但要留有余兴。

第十二节　鸡形收式　收式。仍还原起点处，于练劈拳左手在前之时，仍若劈拳回身收式，稳住片刻休息。

鸡形是用金鸡抖翎转身，打到金鸡报晓之后，第一个劈拳就是左手在前，转身劈拳收式。

解密孙公禄堂《形意拳学》

—— 形意拳之天地化生十二形拳之马形学

　　马形，在形意拳十二大形之中，是最能体现形意拳打法本质的一形。形意门里有一句秘传的马形口诀，基本上把形意拳打法都说出来了。说到形意拳的打法，过去是入门先学打，形意一年打死人，和如今散打搏击的练法精神是差不多的，几乎每天师兄弟间都是对抗。正统的打法，是从对抗逐渐走入拳法内练，而不是反过来先学拳法再去学打法，那就要多费十几倍的功夫。所以有人说武术不能打，其实是打法和练法都大体失传，打也不是那么打的，练也不是那么练的，打法练法都不真，自然给人花架子的印象。还有相当多学习传统武术的，因为不掌握打法就又去学散打搏击，虽然自己练的是武术拳架，但一动手都是拳击散打，这是没得打法真传的最典型例子。

　　唐山孙氏门从张玉书开始仍是延续民国古风，把动手打架当家常便饭，评价这人功夫怎么样，不是说这人拳打得如何，而是问你的拳能不能打人。从入门开始就得打，门派之间比武也好，到街上打流氓地痞也好，总之能打、善打是贯穿唐山孙氏门人一生的不变宗旨。过去打架不叫事，现在打架叫寻衅滋事，弄不好会吃官司。而且练传统武术的上擂台按照搏击那一套规矩打比较吃亏，下擂台到平地上自由技击手又比较黑，没有杀妻夺子之恨，谁也下不去这狠手。形意拳练出来的人都老实，好像尚云祥那句话："我打你上头让你吐血，打你下头让你拉屎，这还是轻的！"搏击毕竟还是竞技体育，有规则能控制。可形意拳没法留余地，出手就要见红害命，所以如今真传的传统武术想发挥确实不容易，毕竟一拳就能见真章的功夫，不大能够容于这个社会。当然，官面武术及商业化的民间武术则另当别论，它们不应该划入传统武术的范畴。

马形学　马形者，兽之最义者也，有疾蹄之功，又有垂缰之义。在腹内则为意，出于心源。在拳中而为马形。其拳顺，则意定理虚。其拳谬，则意妄努气，而手足亦不灵矣。先哲云：意诚而后心正，心正则理直，理直则拳中之劲，亦必无妄发矣。学者于此马形尤须加意。

所谓马之最义，是指马自古以来都被称为义兽，这个义是正义的义。比如关公被人砍了头，他的赤兔马不吃不喝自绝而死，就体现了这个义字。那么后面孙公讲的"意诚而后心正，心正则理直"，也都是从这个义字上的引申。我们习武之人义字当头，其实义的骨子里是浩然正气，没有歪的斜的，有的也是救世济人、匡扶社稷这些。此处义即意也，故而有意诚、心正、理直，所谓有理走遍天下。过去老辈人说话留三分余地，就都是从理上要占主动，不能没理辩三分，那不是练武人的做派。为什么孙公后头讲"理直则拳中之劲，亦必无妄发矣"？理、意、心都是虚无的，和拳劲有什么关系？其实孙公在这里是暗示内家拳之拳劲本质虚无。在形意拳学三体一章，孙公曾经讲过：虚无一气，金丹也，形意拳之内劲！如果觉得拳劲来自肌肉，或者来自任何有形有相的实体，就都是错误的。说到内劲，如今是各种说法。有练肌肉的，有说丹田鼓气的，有说丹田内气的，还有说是内脏发力的，还有说应激反应的，所有这些孙公在当年就清楚说过，皆是抛砖弄瓦，以假混真！奈何世人仍是执迷不悟，就会练错。

马有垂缰之义，马有疾蹄之功。所谓垂缰，就是说马都是有缰绳的，而高明的驭手非常善于使用缰绳来控制马的情绪，情绪调动起来了功能也就出来了；所谓疾蹄，就是说马善于奔跑，一旦高速奔跑带起自身冲量，有雷霆万钧之势，势不可当！这里我就要解密关于马形的那句口诀了，就是"动如龙驹扯丝缰、谷动山摇一起撞"。前半句就是垂缰之意，后半句就是疾蹄之功。先辈们很早就发现冲量这个现象，所以春秋战国时期战车非常流行，然后就是骑兵。部队里有句话，如果骑兵一冲锋，步兵基本就是等死了。就在于这巨大的冲量，挨上不是飞就是死。如果人骑在马上再拿着兵器，其实是不用使劲的。后来热武器时代的骑兵都用马刀，因为主要用马枪，只是冲锋时用，携带也比较方便。但在过去，马刀只是如手枪一样的护身用具。真正的马上兵器大抵是枪、矛、戟、槊这些本身很长又带长刃，冲锋时只要往对方步兵身上一擦就完事了。如今的人们大抵都是被评书给洗了脑的。过去冷兵器时代打仗，也都是依靠集团冲击和战术使用，很少出现两方各出战将对垒的情况。如果有，那也只是战场个例。在不是你死就是我亡的古战场，不会摆个擂台两边制定规则先比武，这都是很滑稽的传说，只是老百姓的臆测而已。落实到拳法，先辈创拳把它引入到技击之中，以下半身作马，所谓腰马，瞬间启动高速撞击，就能发挥出几倍于自身力量的效果。

第一节　马形起点式　预备起点三体式。将左足往前垫步，足落地如九十度之形式，将左右手卷上拳，两手腕朝里裹劲，手心朝上，两肩松开抽劲，左胳膊不可回来，仍挺住劲。再将右手向左手背下出去，此时两手心仍向上着。两手分开之时，右手向前推劲，左手向后拉劲，至心口前停住。两手腕皆向外扭劲，扭至手背皆向上，两拳相对。右足与右手，同时极力向前进步，左足随后微跟步，不可离前足太近，两眼看着前手食指根节，两胳膊如太极鱼形式，两肘平抬起，如图是也。两肩均向外松开抽劲，稳住。

马形主要就是往前这一挣加一撞，挣和撞要结合在一起，是一不是二，没有先挣后撞的说法，既是挣又是撞，一下冲过去就把对手撞飞了。而且马形充分体现"脚踏中门抢他位，就是神仙也难防"。要奔着对方原本站立的中心点去，你到了他就飞了。马形打法有三，一是撞，二是打，三是踏。撞已经说过了，打就是左右手握拳这一挣，前后对着撕扯的劲，体现的就是"扯丝缰"，这一下跟着身形撞到对手脸部，身体的冲击力加上两拳的撕扯力，不把对手打昏不算完。踏就是马踏成泥的意思。形意拳的脚法基本都是连踩带趟带踏，奔着对手的胫骨以下部位而去。趟是身起即趟，随着身形而去直奔对方胫骨。踏和踩连成一气，奔着对方脚面连踩带踏，瞬间把对方脚面骨踩碎，所谓"脚打踩意不落空"。所以拳法身形都是三盘齐动齐出，上头手，中间腰、胯，下头脚，没有分开使的。正因为我们是整体进击，所以必须采用撞击的方法才能使得出来。

动作上马形比较简单，从三体式开始，两手握拳翻转向上，两臂有里裹之势。同时左脚向前垫步，然后右脚往前迈大步，左脚跟着，三体式架子不能缩小。孙公在这里强调，左足不能跟太近，如果跟得太近，架子就松松垮垮了，这个和崩拳不一样。崩拳是一气之伸缩，不是靠撞击打人，而是内在精神一个激发，就把人打上。马形主要是撞，身体架子一定要整不能松，故起点三体式，到位了架子丝毫不能松动。右脚出去同时左拳往回、右拳往前，成一对反着的劲撕扯着往前打出去。之前说过"两手如撕棉"，其实就是左右手互相挣着的劲，只是五行拳练得慢，而这里要瞬间挣脱出去，威力就巨大了。马形这一挣一撞，内中精气神勃然而出，周身膨胀，腹部鼓荡不已，配合雷声发力，威势无比。肩膀根和胯骨根都要松开缩劲，这一式不能含着打，一定要放出去，好像怒马奔腾，一往无前。

第二节　马形变式　再出式。裹手、垫步，出手，两手相对，两肩抽劲，两眼看处，均与左式相同，数之多寡自便。无论数之多寡，总出左手再回式。

马形动作简单，左右互换着打过去，左手在前时再回身。

第三节　马形回式　回式。身子随着右手向右转，两手两足均与劈拳相同，再出右手，与左右式均相同。

转身和劈拳转身相同，左足回扣与右足尖对应成内八字步，同时左拳与右拳都落至小腹左右相对。向右转身，右足向前垫步，左拳附在右肘腕下钻出，此即"再出右手"。然后顺势左手左足出去，成马形右式。注意：右式左手左脚在前，左式右手右脚在前。

第四节　马形收式　收式。仍至起点处回式，打出右式，停住片刻休息。

解密孙公禄堂《形意拳学》

—— 形意拳之天地化生十二形拳之鼍形学

形意拳自岳飞初创（当时不叫这个名字，也许是岳家拳或者六合拳，形意拳的叫法从李洛能开始），一开始只有五行拳。岳飞擅枪，变枪法为拳法，创立形意拳。三体式就是平地端大枪的中四平，这是五行拳的根本，劈、崩、钻、炮、横是枪法从中平枪之后的五种变化。十二形是五行拳发展到近代之后的深化和衍化，是对五行拳的进一步发展。学习十二形必须要有五行拳的基础，或者说对五行拳要深刻领悟，已经明白了形意拳象形取义的根本道理，完全摆脱后天造作进入到先天本能的层面，才能进入到十二形。

关于姬龙峰创拳的说法，比较公认的是其终南山得岳武穆拳谱，或者在终南山遇见了岳家拳法的遗世传人，而姬龙峰本来就有武功，于是将岳武穆拳法与其本来武术结合，就是现在的心意六合拳。这个路子就如同陈长兴得蒋发之武当太极拳，与家传炮锤结合而创立陈式太极拳。亦如同孙公禄堂得武式太极拳，与形意八卦结合创立孙式太极拳。继承与发展，不断推动中华武术的进步。戴隆邦传李洛能后，李再传出来的拳法与心意六合拳就面目迥异了。这里只能有两个原因，一是戴隆邦传给李洛能的是完整的岳武穆拳法，而不是姬龙峰本家的自有武功；二是李洛能天赋异禀，从心意六合拳自创一路发展出了形意拳。从后世发展看，河北形意一支清末后高手迭出，业绩彪炳，历次民国擂台赛战绩骄人，验证了李洛能拳法的科学与实用的本质。

鼍形学　鼍形者，水族之中身体最灵者也。此形有浮水之能，腹内则为肾，而能消散心火。又能化积聚，消饮食，在拳中则为鼍形。其形能活泼周身之筋络，又能化身体之拙气拙力。其拳顺，则筋骨弱者，能转而为强。柔者，能转而为刚。筋缩者，易之以长。筋驰者，易之以和。则谓顺天者存也。其拳谬则手足肩胯之劲必拘束矣，则身体亦必不轻灵，不活泼矣。不活泼，即欲如鼍之能与水相合一气而浮于水面，难矣。

鼍形，在北方俗称水蜘蛛，特点是浮游于水面，能够连续瞬间横向、斜向漂移。夏天北方的水面上这种东西非常多，南方不知道有没有。据说是车毅斋观察到水蜘蛛的这种能力，受到了特别的触动而创造出了鼍形，而车毅斋本人也以"游鼍化险"的绝招享誉武林。孙公说得明白，鼍形主要是"活泼灵动"，对于筋有特殊的调理作用。同时鼍形又能消火去食，舌头起泡或者吃多了，多练练鼍形很有帮助。

第一节　鼍形之起点左裹式　预备起点三体式。将左手裹在下颌处，手心朝上，肘紧靠肋，左足与左手同时回至右足胫骨前面。

这一式动作其实非常简单，手型要变成八字手，拇指和食指撑开，其他三指蜷握在手心。李仲轩在《逝去的武林》中曾经说过，鼍形的这种手型时间长了能把胳膊上的筋打通。结合孙公对鼍形的介绍，也就一目了然，所以多打鼍形是可以强筋易筋的。这种八字手在实战中的用处就是扫人的眼目。鼍形实际上与太极拳的云手非常像，整个身体如不断螺旋的柱体，所谓"游鼍化险"，就是对方直着冲过来，冲量非常之大，很难正面接住，则用鼍形滚转之势，斜向化解对方的攻势。当二人错肩而过的瞬间，手上食指顺势扫向对方的眼睛，连扫带扎，是很出其

不意的凌厉杀招。

　　动作上就是从三体式（单重平掌三体式），左手左足同时收回来，左足收到右足踝骨前面似落不落，因为右足要随时准备启动，所以这个似落非落就很巧妙了。左手下落至腹部再如同劈拳上钻，手型变成八字手放在颌前，很像照相摆拍用大拇指和食指分开托下巴的动作，但在鼍形里头手臂要充分外扭，使左手心充分展开向上。此时身中拳意已经有了往左前去的意思，但仍然展开似动非动。

　　第二节　鼍形左裹式　再将左手从口斜着与左足并出，与连环包裹相同，手足似落未落之时，即出右手。

　　五行连环拳里有个包裹式，其实和鼍形是差不多的，只是那个是直着往前去，这个是横着斜出去，就有了身形的变化。包裹式也叫横拳，是横拳的一种变化。这里鼍形腹内之神气，和横拳是一样的，也可以说是横拳的另一种变化。如果会打太极拳的就简单了，其实和云手差不多，左手往左画圆环下去，右手从腹部启动上来，周而复始。

　　第三节　鼍形右裹式　再将右手从右肋里裹着劲钻出至口，肘靠着肋，从口前钻出去尺许，手心仍朝上。亦与连环练包裹右手相同。右足同时与右手，起至左足胫骨处，似靠非靠之意，不可落地。

　　起点、左裹、右裹，这三式加在一起才是一个完整的鼍形左式，切不可有分开演练的想法。起点左手起钻，然后左裹展开，紧接着右手起钻伸出、左手下落到小腹左侧，要一气呵成。脚下从三体式左足回收到右足前，然后向左前方去，落地后右足回到左足前似落非落，手足一体运动无有间断。

要重点强调的是，鼍形也好，云手也好，不可把技击的用意落到手臂上去。太多人以为用两条膀子就能打人了，到了真章你是化不动对方凶猛冲击的。武术要么不用，用就是全身的整体。在鼍形里头，身体旋转如柱。可以想象这样的场景，一个高速旋转的柱子，不管正面多么凶猛地冲击过来，都会沿着柱体的切面被侧滑开去，这样我们就到了对方的侧面，由被动变为主动了。这就是车毅斋"游鼍化险"的秘诀，也是内家拳用"切线"的道理。其实八卦掌也是这样，太极拳的云手也是这个道理，形意拳的打顾一体也是这个道理。要把"游鼍化险"练出来能实用，不是说说就可以上身的，一定要在横拳上把横劲练出来，瞬间身体能够做到横向位移，才能把鼍形用到位。

第四节　鼍形换式　再将右手右足向前斜着连翻带横出去，与左式相同。

这一式注意连翻带横这四个字，一定要全身都带着横劲，才能化开对方的冲击。

第五节　鼍形再换式　再出左手左足，仍与右式相同，两眼看所翻之左右手之食指，虽然两手之分合，总如一气连环不断之意。又两手两足分合，总是与腰合成一气，又如万派出于一源之意也。数之多寡自便。

鼍形前进，就是左右不断斜向前进，整个身体做横向滚转，手上食指扫扎对方眼目，脚下要暗自画圈藏着绊子。身体要分成内、中、外三个圈，也即手足、肘膝、肩胯形成的三个防护层。上、中、下三盘要清楚，也即头肩、腰胯、足膝，随时可攻击敌方。全身上下是个完整的球体，神意上要形成完整的球意，自己在不停地纵向旋转与横向滚转，对方来力化力，我则顺势攻击。左右式如云手循环不断绵绵不绝，练拳时手臂可伸长些舒展，用的时候一定要如八卦掌一般回到胸前，一般而言，肘腕在135°往下是比较合适的，太长借不上力，太短伸展不开。从用法的角度而言，鼍形和八卦掌基本无二。

第六节　鼍形回式　回式。横出右手右足之时，右足不落，即速极力回扣，身子随着左手向左转，裹手仍向斜着出去左手，右足随后跟着，亦如左右式练习相同。

这个回身的拳意是化解背后来袭之敌。知道后头来人了，横着回身一走，对方的攻击就落了空。如果是直着回身，就正好碰在对方的拳头上，所以一定要横着走一步再回身滚转，动作就巧妙了。崩拳的狸猫倒上树回身时直着回身，但一定要先往前迈一步，对方的攻击也会落空，再回身则对方正好撞在我的拳脚上。其实也可以横着走一步回身，就带了八卦转掌的拳意。总之，拳法贵临机应变。

第七节　鼍形收式　收式仍如同回式，裹钻起落相同，稳住休息。

收式就没什么可多说的了，"稳住"两个字很关键，要空空静静才能把功收好。所以那些练完拳气喘吁吁的，都是练拐了，不然怎么可能稳得住？除非自己憋口气，那就又犯了努气的病，会伤了肺部的毛细血管。

唐山孙氏拳门由张玉书起创，他不仅仅历经孙振川、尚云祥、薛颠三位老师教导，而且是新中国第一届武术大会的总裁判长，同时也是第一个给中央领导在北戴河教拳的。因其中共地下党和唐山工运负责人的身份，新中国成立之后的几十年一直顺风顺水。唐山上自市长、市委书记，下到普通老百姓，拜师学艺者几乎涵盖了唐山的各个地方。张玉书约束弟子甚严，不允许弟子们到外头抛头露脸，同时也基本不和孙氏其他拳门走动，所以几十年来唐山孙氏拳几乎不为外界所知。不过也正是因为这种自我封闭，反而使唐山孙氏拳门保留了孙公禄堂及尚云祥、薛

颠等前辈武术最原始的风貌。比如尚公云祥的拳法雄浑大气，五行拳打起来犹如抬大枪。孙公禄堂的拳法灵敏机巧，后手始终在前手肘弯处护着，一点动周身无有不动。薛颠的象形拳如今很难看到原汁原味的了，但在唐山孙氏拳门还是完整保留了下来，也完全不是如今外头传播的那种练法。唐山孙氏拳对于如今的传统武术节而言，不亚于是一块民国武术的活化石，既能看到原汁原味的练法，也能看到动手见高低的古朴风貌。孙存周在世时经常到唐山来，也留下了很多他自己独特的东西，比如走着打五行拳、八卦掌的种种。不过随着老辈人逐渐淡出历史的舞台，人们都习惯了如今浮躁和欲望流行的社会生活，这块活化石能留存到什么程度，也只好尽人事听天命了。

解密孙公禄堂《形意拳学》

—— 形意拳之天地化生十二形拳之燕形学

燕形者。燕之最灵巧者也。有取水之精，在腹内即能采取肾水上升，与心火相交。易云：水火既济。儒云：复其真元。在拳中既能活动腰气，又有跃身之灵。其拳顺，则心窍开，精神足，而脑筋亦因之而强。其拳谬，则腰发滞，身体重，而气亦随之不通矣。学者于此，尤当加谨焉。

十二形是所谓"意会"，也即在先天层面上，人和动物都有的精神本源上实现同步。先天层面的空空静静，人和动物是一样的，只是动物始终在先天，始终是空空静静，而人因为欲望习气落入了后天，就与这个本源越来越远。故圣人设道无非逆反回真，而前辈创拳也是沿着圣人的道理，用拳法来比喻乃至模拟圣道的轨迹，亦或说是十万八千法门的一种，也就是拳道相合了。

燕形的独特，在于其轻巧，也就是平常我们看到燕子在空中飞翔，突然掠过水面的一瞬，大约是捕食浮在水面上的昆虫。那一瞬间的迅捷灵敏，就是我们要象形会意的所在。其实也不光是燕子抄水，阴天的时候燕子低飞也经常能看到它掠地捕食的场景，所谓倏忽而至，倏忽而去，一叨即走，灵敏至极。人的身上在后天没这个功能，而且你也练不出来，那么可在先天层面上用精神去意会，虽然我们也不会飞，但在身法纵跃之中可尽量做到如燕子抄水般的敏捷，也就是练到了。

孙公在这里说得明白，燕形主要是用腰力，取肾气上升，与心气相会，是所谓水火既济、心肾相交。而这些都是它们自己去实现的，来不得半点人为造作。把内功练到后天，刻意人为，就是如今这几十年武术气功最大的问题。人身是个复杂的自动系统，只要你能做出这个动作，身体自然会做出相应的功能调整，那么支撑这个功能发挥的器官、组织、气血，都会自动去配合，并不需要你刻意做什么。比如有人对我说为了入静观想呼吸，只要遇见有人打扰就会特别烦，我说你那是虚火出来了，因为你非要主观上去弄个什么，就与先天大道背道而驰了。切记，道法自然，无须造作。

第一节　燕形　预备起点三体式。先将右手从左手下出去，再由额前拉回，两手两足身法为金鸡抖翎之式，仍将身法扭至面朝后，将小腹放在大腿上，停住。

燕形这一式与金鸡抖翎几乎相同，是个瞬间挣脱的动作，但燕形可以做得更低一些，甚至把身体伏到几乎贴近地面。这就属于作拳的程度了。身体极度后坐下沉，是为下面燕子抄水提供更大的扭矩空间，其实也是舒展身体的动作，要充分引拔展开，好像弹簧拉到极限，而后一转身就腾空而起。

把小腹放在大腿上，这是个拳法的绝对原则，但也不是所有时候都这样。也可以说成是把上半身放在下半身上，也就是上虚下实了。因为上头紧了，心气就下不来了，就很难做到心肾相交，易骨就是虚话。同时也涉及丹田气打。小腹是丹田，丹田与塌腰坐胯中尾椎发动互为结合，就是丹田气打的身体基础。形意拳不靠膀子粗拳头大打人，我们用的是整体，腰胯才是发动机，所以上半身要跟着下半身走，而不是上半身带着下半身走。形意拳扑着身子打人，就好像虎豹扑食一样，而不是像拳击格斗那样抡着膀子或者大腿去打人。

第二节　燕形燕子抄水式（一）　再将身子扭向前来，扭时身子不可向旁边回来。身子扭回时，仍要极力塌劲研回来，如同书字藏锋折笔，折回意思相同。身总有旁边扭回之形式，而内中之气意与劲不可有偏回之心思。左手与身子合成一气，向前直伸手腕往里裹，右手亦与左手同时往后拉，拉至右肋后边停住。身子往回折形式，身要矮，两眼看着左手食指回来，身子如同伏地上一般。身子扭过来之时，将小腹放在左腿上，似停非停之时再往前进步，此谓之燕子抄水起之始。

　　这一式是燕子抄水前式，也可以称作回身托枪式。既然是回身，就是迎打身后之敌。好像两手端着一条大枪，从下往上挑击对方裆部，既可以挑打，也可以用穿裆靠摔法。这一回身式与后面的蛇形回身有异曲同工之妙。孙公反复讲的不可从旁边绕回，而是要塌住劲回，说的是从后往前身体要走一个立圆，而不是斜圆，身体一斜意气就散了。正因为是立圆，身体折回来时必须要极力贴近地面，才能实现这个回身。虽然动作中可能会有少许的不标准，但里头的意气不能乱。左手与身子一起动作往前走，是所谓"一气"（不是内劲的一气）。右手同时往后拉，是典型的前手打人后手使劲，所谓周身争力耳！此式做成体重分配是前六后四，所以要把小腹放在左大腿上。回身这一下要充分展现裆劲，也就是腰胯劲。裆劲出来，周身浑然一体由下而上一挑，意气力合一，则一气勃发，周身鼓荡，精神贯顶，要把这个气势展现出来。

第三节　燕形燕子抄水式（二）　再将右手往前进，向左手下边出，手心向上。次将左手向里裹翻在右手下边，手心向下。两手腕如同十字形式，亦似停非停再换式。此式谓之燕子抄水之中。

此式的重点在于十字翻手。燕形的回身和鹞形的回身基本相似。鹞形基本上可以说是钻、炮结合，鹞子钻天就是钻拳的变体。燕形则是金鸡抖翎，是鸡形的借用。回身则都是托枪式，鹞形是打完后头打前头，燕形则像是有人拘束自己，用金鸡抖翎瞬间解脱，然后回身就打。这个回身的一打，可以理解为长崩拳。十字翻手就是通过一系列的挣脱、崩打，对方如果仍然控制着我的左手左臂，则用这个十字手实施反擒拿。形意拳里用胳膊拿人是金丝缠腕，用身子拿人是懒驴卧道，这里反擒拿就是金丝缠腕了。无论对方如何拿住我的左臂左手，我只要用右手从左手下穿过，就可以顺势缠腕。缠腕并不是目的，缠住之后双方必然出现争力，或者对方欲反擒拿解脱，我则用双手十字形式猛然向前发力，对方无不应手而脱。这个手法的妙处就在于解与发结合，对方应付了缠腕却没想到你还有一发。所以燕子抄水一式和二式，是一个完整的解脱对方搂抱或者擒拿的方法。一式主要用于解摔法。形意拳中并无摔法，因为我们不会给对方摔倒的机会。但生活里总是有各种拉扯的时候，当对方抱住你的时候，只需要实施金鸡抖翎及回身崩打即可脱身。生活里也有双方撕扯被对方拿住手腕的情景，就用第二式连缠带发，即可瞬时解脱。

第四节　再将右手心扭向外，两手一气举起与肩相齐，两眼进十字当中。右足极力向前进步，未落地时，即将左足提起，紧靠右足胫骨。

两手与右足落时，两手如同画上半圆形，向前后分开相对，均与肩齐，亦如白鹤亮翅展开相同。两眼看前手。此式谓之燕子抄水起之末。始、中、末三式，总是要一气习练，学者要知之。

这一式才是真正的"抄水"，一定要打出燕子抄水的轻灵迅捷，不然就失去了燕形的本义。燕子抄水都是从高空倏然而来，身体贴着水皮一掠而过，等你关注它的时候已经飞远了。这一式要在右脚出去尚未落地时，左脚就要起来，整个身体其实是有个悬空的过程，好似燕子掠水飞行一般。这里就有个秘密了，孙公在前边其实已经说过，如同薛颠说过的，神意专注则立地千钧，神意放空则轻如飘纱，所以要想打出燕形的轻灵，心里头一定要空空静静，不能沾丝毫的血气。只要心里念头一动，身躯就会变得沉重了。所以内家拳说简单也简单，只要时刻注意空空静静别动心就好了，但也正是因为简单，要想做到就很难。因为凡人都是好繁恶简，不喜欢简单直接的东西。

两臂同时画圆，如同白鹤亮翅，一是为了保持平衡，二是向左右搂带，为下一式金鸡食米打开通道。燕子抄水是个大跳步，但不能高高腾跃，而是要贴着地面滑飞而出，瞬间就到了对手面前，这个才是燕子抄水的真谛所在。对方距离你比较远，一般想着怎么你也得走两步才能过来，没想到你一个跳步就到了跟前，这就是所谓的后发先至，行动在对方反应时间之前，顺势一个崩拳就打上了对方的胸膛。这就是连着金鸡食米都讲了。拳法只是原则，你可以用掌，也可以连续几拳，也可以出腿，总之灵活运用全在应时应势。燕子抄水三式虽然用意不同，但是在演练时要一气呵成，不能间断。过去老前辈如宋世荣演练燕形，摆一张

条凳在地面，一个燕形从条凳底下过去，然后再从凳子上跃回来，如果循环往复，速度极快，真像一只燕子围绕着条凳上下飞舞一般。其秘密在于从对方裆底一掠而过，趁势打其裆或者揪其肾囊，不过此等功夫如今已然是绝响，以现代人的功夫是绝对使不出来的。

第五节　燕形金鸡食米式　再将右手往下落向前直着打出去，与金鸡食米之式手法相同，足法亦相同。

第六节　燕形劈拳式　再将左手左足向前出去，右手向后拉，为劈拳式。停住。

第七节　燕形回身式　回式，与劈拳回身相同，稳住，再进仍是金鸡抖翎之式。以下仍如前循环不已，数之多寡自便。停住。

第八节　燕形收式　收式时，还原起点处，仍是劈拳回身收式，稳住片刻休息。

解密孙公禄堂《形意拳学》

—— 形意拳之天地化生十二形拳之鹞形学

    鹞形者，有束翅之法，又有入林之能，有翻身之巧。在腹内能收心藏气，在拳中即能束身缩体。其拳顺，则能收其先天之气入于丹田之中，又能束身而起，藏身而落。先哲云，如鸟之束翅频频而飞，亦此意也。其拳逆，则心努气乖，而身亦被捆拘矣。学者若于此形勉力而为之，则身能如鸟之束翅，行之如流水一律荡平矣。

    鹞子，俗称鹞鹰，体型不大，十分迅捷灵敏。鹞子有个本事，可以在树木丛林之间穿梭飞行，好像弹丸一样倏然来去。它的飞行特点是先鼓动两翅奋力扇动，然后再利用气流快速滑翔，所以有时候它会平着滑翔穿过树林，有时候顺着上升气流笔直冲向云霄，气流到头了倏然转身又向下俯冲。而所谓束翅，就是鹞子找到气流后把两个翅膀收在后背，好像一个流线型的弹头借助气流飞行。现在有很多人玩滑翔伞，其道理大抵来源于此。人肯定不能像鹞子那样真的飞起来，这里是指身法浑然一体倏然来去，令人防不胜防。束身而起，束是干腊肉的意思，过去讲"束脩"，孔子那个时代有拿干腊肉作为礼物的习惯，在拳法里意谓起时身形要纵向收缩；藏身而落，有地方误传为"长身而落"，其实束身而起倒有长身的意思，藏身而落是整体上收缩身形，像个子弹头。比如

鹞子往天上钻，身形好像拉长了，往下堕时两个翅膀一收，使身体收缩如弹丸，起落就是这个意思。

为什么孙公在十二形的讲述中，几乎每一形都谈到练对了降心火收气血，练错了则心努气乖、身法拘束？其实就是一个返先天的事。努气努意都是人在后天才造作出来的，而动物一辈子都在先天里，人家是没有后天造作的，都是顺着本能去做事，所以也不会有心火上炎、行为拘束这些毛病。比如一个人进门从来不会考虑先迈哪条腿，但如果让他临时当个演员进门来，门里摄像机、导演盯着，就不知道迈哪条腿了，这就是"身亦被拘捆矣"。人在后天的种种疾病，其实都和七情六欲有关，而七情六欲的根子不就是那颗"俗心"嘛！对境生心，牵动种种欲望和习气，便破了阴阳五行之平衡，于是各种疾病慢慢生起。如果把心放平，于种种事物都不动心，始终空空静静，又怎么会得"心努气乖"的毛病呢？所以十二形的本意还是在于返先天用本能，还人的生命本来面目，真要是得其真意，于养生调病都是小小不然的事。

练习鹞形重在身法，得鹞形真意，身法会如流星般倏然来去，不为人所能知觉，所谓打倒还嫌慢，就是一个快字。故孙公最后讲：行之如流水，一律荡平矣！

第一节　鹞形鹞子束身式　预备起点三体式。两手卷上拳，将右手心向上，往左手下边出去。左手腕向里裹劲，手心朝上。左足先极力直着往前垫步，右足亦极力进步，进至左足前一二尺，未落之时，即将左足提起，紧靠右足胫骨。两手起钻与两足起落均要齐一，此式之进步，与虎形进第一步起落相同。停住。此式谓之鹞子束身式。

第二节　鹞形鹞子入林式　再进步。两手换炮拳。右手往上钻翻，左手往前出，与炮拳相同，惟进左足，右足不动。此式谓之鹞子入林，又名顺步炮拳，稳住。

将第一节和第二节合起来解说，因为它们是一个组合，也即"钻炮结合"。这两式从本质上讲是一个进步钻拳加一个顺步炮拳，其实是一个完整炮拳的分拆演变，所谓束身就是五行拳炮拳的起式。关键是要用上鹞形的身法，也即束翅、入林。说形意拳小手多，变化多，五行拳打来打去，外行人看不出门道，一旦放慢拆开，变化就出来了。十二形根源在五行拳，其实就是五行拳的演变。这里的钻在用法上也不是普通意义上的钻拳，而是类似拳击里的勾拳。右手不是从左手上头出去，而是从左手下头出去，是为了做成"束翅"的拳意，也可以说是为下面的顺步炮拳蓄势。所谓"束翅欲飞"，是将飞而未飞，如果飞起来既可以入林，也可以钻天。所以从蓄势上去理解"束翅"，脚上动作要快，但手上动作宜慢，这个动作就做得很顺畅到位了，而不能仅仅想着钻拳出去打人。当然，本身束翅也是可以打人的，所谓起也打落也打。这一式如果单用，就是整体冲击过去一个勾拳，或者左右手连续勾拳，或者用连续钻拳也可以。

钻拳有很多变化，起为钻谁都知道，落为翻又如何？钻拳的落为翻就是反背拳。钻拳是从下往上打，打空了顺势反背一捶打击对方面部。钻拳里还藏着一肘，如果对方进来或者距离比较近，则直接用肘部冲击对方胸部以上，同时下面可以用膝顶、脚铲进行配合。而且左右两手两臂可连续攻击，不给对方喘息之机。形意拳打法里有句话，"只要沾上就让他跑不了"，不把对方打躺下誓不罢休。所以不要以为形意拳真的只有一下，那是双方差距较大时才可能实现，如果势均力敌就要连续攻击。还有很多人对剪子股的用法不太理解，剪子股就是截击对方前腿。比如李小龙善于运用前腿截击，但他是侧身用脚外侧。李小龙的截腿需要半转身，咱们是用脚内侧底连铲带锉，不影响身法的整体运动，因为这一式你可以带起身体的冲量去截击对方。

炮拳主要是内炸，充分体现形意拳惊炸的技术特征，好像身体里头响一个炸雷，把对方瞬间摧毁。为什么鹞子束身是一个践步，而入林是原地一个顺步炮拳？因为炮拳自己带炮架子，也就是丹田内炸之力，同时依靠拳架的整体之力，也就是胯劲的充分体现，不需要依靠速度的冲击。炮拳主要是双方有所胶着，这个时候发一个惊炸，连顾带打把对方发出去。前面束身的蓄力已经足够了，到入林这里的炮拳就充分释放。所以钻炮合一，要把前后两式充分融合，统一起来理解演练。炮拳的内炸是神意的内炸，切不可故意造作，非得功夫返了先天，内劲自己来了，才能体会到何为神意内炸。练炮拳如果故意造作精神，会引发心脏疾病。我们对形意拳应用有个测试标准，就是前纵一丈，后纵八尺，能做到基本上就能实用了。鹞子束身和入林这两式一个践步最起码得一丈远，对方看着你还挺远，没成想你瞬间就到了他的面前，这就是践步的奥妙所在。

第三节　鹞形鹞子钻天式　再进，将右拳向里裹肘裹腕手心朝上。将左拳腕亦向里裹劲，手心向上，右手与肩平着向左手腕里边极力出去，左手如撸袖一般撸至右手肘后边，手心向下，左肘紧靠着心口。右足与右手同时并进，手足上下相齐，此式与钻拳左式略相同。两眼看着食指中节，稳住。此式谓之鹞子钻天。

第四节　鹞形鹞子翻身式　回式。将右手从眼前屈回在左肩处。右足与右手同时勾回足尖，左手在右肘下边，靠着身子极力往下画一半圆形。右手与左手同时分开，往后拉，拉至右肋后边。左手画至前边，与右拳前后相对如托中平枪形式。左足俟右足勾回同时，即提起与右足胫骨相靠，随后与左手同时并出。身式足法与劈拳相同，惟身式低矮些。两眼看着前手食指中节，稳住。此式谓之鹞子翻身式。

前面两式叫作"钻炮结合"，后面这两式就可以叫作"钻劈结合"，却是带着翻身，有指东打西之意，又有居高临下之意。鹞子钻天与鹞子束翅其实意思相差不多，都是束身而起，同时也都是钻拳的变化，只是钻天的动作幅度更大，是个侧身顺步钻拳，其实也是周身蓄势，为下面的鹞子翻身做准备。所以脚上动作要快，手上动作宜慢，充分体现蓄力这一技术特征，把劲蓄满了，犹如拉弓，后面才好射箭。当然这里头是劈拳，其实换成崩拳也没什么不行。练法讲规矩，到打法就是随机应变，无形无相，而且没有时间给你蓄劲，瞬间就要把劲发出来，那么蓄与发就是一回事了。蓄就是发，发就是蓄，有无不立，有无并立。不返先天是体会不到这种境界的。

形意拳要义一章里明确写道："起为钻，落为翻。起为横，落为顺。起亦打，落亦打。打起落，如水之翻浪。"既然起落是贯穿形意拳所有拳招拳式的技术特征，那么最起码五行拳里都得有起落。劈拳起落可能容易懂，崩拳、钻拳、炮拳和横拳呢？前面钻拳的起落已经解释得很清楚了，崩拳的起落呢？主要体现在身法一起一落上。崩拳看似一前

一后直线前进，其实也是有起落的，只是起落的幅度太小，不太容易显现而已。崩拳一样是从高往低砸向对方，起也同样是从低往高去挑打对手，但都是在意上，而不是在形上。所以仔细研究崩拳的的路线，其实是上曲线和下曲线，而不是简单的直线。炮拳起就是架打，落其实还有个砸。横拳和崩拳类似，体现在身法上而不是手法上。

这里鹞子钻天是个非常典型的起也打，鹞子翻身就是非常典型的落也打，一起一落十分清楚明白。说是钻劈结合，其实就是个完整的劈拳，只不过是把起钻和落劈分开用了。这两式基本是用在左右都有人要打你，我一个钻拳打了这个，瞬间回身劈打另一个。钻拳的用法要无形无相，好像打闪一样，对方看见已经过去了，还没反应就被打倒。翻身这一式要体现突然，要让对方想不到你能突然折身而返，因为人的生理上没有这个动作，你突然一下对方就正好撞在你的拳头上。十二形就是把动物特有而人没有的功能练到自己身上，等对阵的时候突然来一下，对方根本没时间反应，你就得了手。比如燕形主要是抄水，脚尖一点地人就飞过去了，功夫大的一下老远，对方是肯定想象不到。鹞形就是这个翻身，体现了隐蔽性和突然性。练的时候钻天要慢，翻身要快，慢慢悠悠钻天，惊急雷电翻身，就好像鹞子往天上飞，你看着慢慢悠悠的，等它突然一翻身就跟自由落体一样飞速下降。

第五节　鹞形鹞子束身式　再进步，仍如前鹞子束身式。以后仍如前循环不已，数之多寡自便。

第六节　鹞形收式　收式时，还于原起点处，仍用鹞子翻身回身收式，稳住片刻休息。

解密孙公禄堂《形意拳学》

—— 形意拳之天地化生十二形拳之鮐形学

　　对于鮐形有很多说法，十二形中最说不清楚的就是鮐形。因为大家都没见过实物，而且文字中也无此字的记录。孙公《形意拳学》中的记述，显然是个鸟类，但没有明说是哪种鸟。李存义遗著《形意真诠》中没有鮐形，而是鸽形。形意拳最早和心意拳一样只有十大形，传说鼍形和鮐形是刘奇兰、郭云深、宋世荣、车毅斋等人后加进去的。薛颠把这一形解释为"鹘鹰"，也就是海东青，学名叫"矛隼"。还有一部分形意拳传人把鮐形写作"鲐形"，认为鮐形是一种洄游鱼类。但不管怎么样的说法，对鮐形的功能定义只有两个，一是竖尾之能，二是捣物之能。由此分析，薛颠的说法最准确。海东青的狩猎特点就是在空中发现猎物之后，用翅膀把身体一裹，从高处像子弹头一样飞射下来，瞬间用双爪踩住猎物。这就完全符合了孙公讲的"如射包头之力"。所谓如射包头，是说这人射箭神准，可一箭贯穿对方的头髻包巾。既要射穿，箭还要停留在发髻包巾上。海东青从高空飞堕而下，如此既高且远又有风、日照及猎物自身逃避的影响，却能一下将猎物抓住，确实如射包头之力，既强劲又巧妙。那么竖尾之能呢？海东青要升空时，除了爪子蹬地外，其鸟尾一定会向着天空方向竖立以调整身体姿态，做起飞的准备。所以在人类看来，海东青的尾巴一竖就飞起来了。而海东青在空中收紧双翼裹住身体，

而后从高空落下用双足踩抓猎物的动作，与鲐形几无二致。

在用法而言，鲐形和崩拳都是胯打，鲐形甚至可以说是另一种崩拳形式。两手合起来捣这一下，充分体现了胯打合崩的作用。鲐形的这一下用于击打对方胸腹，可以形成穿胸洞腹的功效，打上就是内伤，打重了这人就完了。而且因为是在腹部出手十分隐秘，会使对手防不胜防。当对方的注意力都在上头时，在下面来这一下就解决战斗。这是捣物之能，是臀打。鲐形和崩拳的区别，崩拳只是胯打，而鲐形要把身体背部从肩膀到后臀的筋膜，通过尾椎骨的惊炸作用，瞬间做到长筋腾膜，这是整个背部到后臀形成一个类似龟背的整体，再形成崩拳胯打的效果，作用到前面的双拳崩击。很多人对鲐形练法所知有限，最多也就是在胯打上理解，却不知道腰背臀筋骨膜的变化，这一形的功能就打折扣了。鲐形同时也可以用后臀击打背后之敌。比如对方从后头把你紧紧抱住，这是只需腰背臀形成合力，猛然向后下方一坐，对方的搂抱必猝然而解。

因为鲐形主要就是臀尾功能的显现，所以有人把鲐形写作鲐形，因为鱼总是左右摇摆尾巴作为前进动力的，从这个角度也说得通，但并不全面。鲐形在运用上主要是腰背臀整个的筋膜腾起形成一体，不光只是后臀的事。如果是鲐鱼，捣物之能就说不通了。也有老人把这一形说成是甲鱼，因为甲鱼也是靠臀尾、后肢发力前进，而且背上有个壳子，这是个人在练拳过程中身心出现变化，给他的体会和甲鱼的功能相同，但也还是忽视了捣物之能这个最主要的特征。这种捣物之能，也可以用个简单的例子来说明：比如你站在10米高的楼上，地上放个射箭靶子，你用一个标枪投下来，正好扎在箭靶中心。这就是捣物之能。而海东青在空中发起进攻的高度要远远高于10米，而且猎物还都是快速奔跑逃命的，所以这个本事确实是了不得。我们在使用中基本是贴近对手，要发

寸劲，甚至贴身发力，又要有"射包头之力"，这一下发出去就把对手打穿了。在实际使用中其实还有许多打法上的东西，比如支点、撬板、假借等，就不是本书所要叙述的了。

鮐形学　鮐形者，其性最直，无他谬巧。此形有竖尾之能，上起可以超升，下落两掌搊物如射包头之力。在腹内能佐肝肺之功，又能疏肝固气。在拳中谓之鮐形。能以活肩，又能活足。其拳顺，则肝舒气固，人心虚灵。人心虚灵而人心化矣。又能实其腹，实其腹而道心生。其拳谬，则两肩发拘不活，胸中不开，而气亦必不通矣。学者于此形勉力而行，可以虚心实腹而真道乃得矣。

孙公在每一形的开篇所讲，基本都是返先天拳道相合的内容，所以在后天层面上觉得会有些玄奥。其实玄字最早通元字，玄元本身就是形容道体根本究竟的。后世之人不懂，脱口而出太玄了，这句太玄其实也是道语。我们这年纪的人所受的教育，是不能随便讲话，讲出话来要有分量，能使人信服，信口开河，一是遭人耻笑，二是误人子弟会有因果。如今却不同了，随便说话成为一种流行病。

为什么鮐形能辅佐肝肺呢？就在于它的动作。双手在头两侧画圆，双臂圆转功用在于开肺。双手合并前搊，与崩拳功效一样，能够疏解肝郁。老子曰"虚其心而实其腹"。所谓虚心实则是返先天空空静静，实腹则是返先天后心肾相交，水火既济，所谓立炉鼎而调水火，色身开始逆向转变。当一个人能够按照空空静静返先天的原则进行修炼，感受到身心的改变，自然生出向道之心。

第一节　鮐形起点式　预备起点三体式。先将左足尖扭向外，身子面向正，将左

手取回，两手卷上拳，手心向里对在脐中处，靠着腹。

第二节　鲐形进步式　再将两手如白鹤亮翅左右分开落下，两肘靠肋，两拳左拳在左肋下，右拳在右肋下靠住。两肩往下垂劲。右足于两拳分开之时，同时斜着往前进步。左足进至右足处提起，紧靠右足胫骨。腰塌劲，式微停。（图见虎形第一节一图）

第三节　鲐形进步式　再将两手，两腕仍紧靠着肋，直往前出去，手心皆朝上，两拳相离不过二三寸许。左足与两拳亦同时极力并出去，两肩往下垂劲，有往后抽劲，不可显露抽。两眼看两拳当中，右足随后跟步。如同虎扑子跟步相同。稳住再换式。

鲐形起点。从三体式开始，把左右手收回握拳护在肚脐两边，拳心向里。这个动作和五行拳转身时双手收回护在肚脐两边的动作一样，有全身紧束的意思，也是做好准备，虽然看着动作不大，但里头精神已经抖擞灵敏，随时准备出手。这个动作也有左右挣脱的意思，因时因地而用。左脚外撇，为下面的践步做准备。

鲐形进步。右脚向右前方极力出去，并不是大踏步出去，而是好像滑旱冰一样，脚离地一点点，身子整体瞬间滑出。与此同时，两拳从肚脐直着往上过了头顶，再向身体两侧画半圆，然后左右拳分别停在左右肋部。这个和五行连环中白鹤亮翅相同。过程中，右脚落地后左脚起来悬停步，附在右脚内侧胫骨处。虽然是单足屹立，却稳如泰山。这一式和虎形进步相同。

鮎形进步。紧接着继续向前方极力进左足，右足跟步，形成小三体式。双拳从身体两侧合着朝前方打出，双手心朝上。这一式除了双手不同，其他和虎扑都一样。虎扑是用双掌扑击，鮎形是双拳冲击。虎扑有点双劈拳的意思，而鮎形除了双崩拳还带了马形的味道，所谓连撞带打。为什么是手心向上？因为前面双臂画圆双拳停在左右腰侧正好是手心向上，到这里则顺势打出。其实手心相对或者手心向下也都一样，手心相对就是太极拳里的双撞捶，手心向下就是马形。

鮎形取的是践步，一丈远距离顷刻就到。其实也可以用寸步，两人面对面时打人如亲嘴，寸步最好最猾最快，瞬间就打上。两臂画圆的动作是个包裹劲，也就是两臂往里的合劲，主要是为了控制对手的两臂。这个动作取海东青束翅下堕，对于海东青本身只是为了加速下降，但在拳法中就有独特的控制作用。比如对方两手抓你衣襟，一般这种情况下采取直着对抗就僵住了，就要采用以曲破直，以圆破直，那么用两前臂接住对方肘部一起往里圆化再往下压，对方胸腹部位就露了出来，而我的双臂正好对着他的胸腹部，合力一捣毕其全功。还有一种用法是只对一侧对方手臂下手，不管对方是一只手还是两只手抓着我的衣襟，我则用一侧臂接其一侧肘外部，另一手控制其抓我衣襟的手不使逃脱，我由外而内圆化，是所谓以横破直，对方架子必偏向一侧，则我顺势用反关节技术可折断其肘关节。如果对方往后脱逃，则我立即换马形追击并前后手崩打。

拳法应用在于活学活用，传统武术教授方式是以原则为基础，打法上则因地制宜。比如对于泰拳比赛中经常出现的搂颈膝击，一般人很难摆脱，因为你是在前后直力中顶抗，这时如果用双手握住其肘部，合力往一侧一掀则立解。这就是以横破直的道理。当你把对方双臂掀开后，对方一侧的肋部就出现巨大空当，可乘势击之。鲐形总体而言，是用背、腰、胯的合力，通过双手的合崩把劲力打出来。如果仅仅只是膀子劲或者胯劲就简单了。演练鲐形时必须从肩膀开始运化，扩展到背部、腰部，整合到胯部，然后通过身体内部筋膜的下沉，也就是塌腰坐胯使出双击，才会威力巨大。

第四节　鲐形换式　先将左足往前垫步，足尖微微向里扣。两拳仍如前，相对在脐处，次分开白鹤亮翅，两拳落下紧靠两肋下边，两肩仍往下垂劲。右足进至左足胫骨处紧紧靠住。腰要往下塌劲，微停再进。

第五节　鲐形进步式　再进。将两拳直出，与右足并进。两眼看两拳当中。仍与第三节式相同。以下仿此。

鲐形的路线是走之字，就是三角步结合了践步，但却是走斜打正，不像炮拳、虎形、蛇形是走正打斜。形意拳打人的最高境界是不接，也就是打人不知。身法、步法的最高境界是抢大边，一动手就到了对方侧面，不管对方是二百斤还是三百斤的大汉，这一瞬间都打不到我身上，而我在他侧面全力一击解决战斗。如果接上，比如进入到双方贴身近战怎么办？一是要懂进退，进也打退也打，不知进退枉学艺；二是仍要伺机往左右走，总之拿大边是始终的原则。鲐形起手右脚往右前迈步，就到了对方侧面。下一式左脚再往左前方去，又到了对方另一侧。如此循环往复不已。其他与前相同，不再赘述。

第六节　鼉形回式　仍出去右式。先将右足扣回身子向左转，两拳仍与左右式白鹤亮翅相同。左足提起紧靠右足胫骨微停，再出手进足与左右式出手相同。再进仍如前，循环不已。

第七节　鼉形收式　收式仍与回式相同。停住片刻休息。

右足在前为右式，右足回扣与左足成反八字，回身向左转，左足收回到右足胫骨处，左足尖要勾住劲，十个脚趾头要撑住劲。然后往左前方出左足成小三体式，右足跟步，双手齐出成左式。其他类同。

最后补充一点，就是白鹤亮翅中隐藏着一个隐秘的杀招，就是双拳上举到头两侧，是个小摆拳，用于隐蔽攻击对方的头面部，十分阴狠，打人于不备。此招用法，就是竖尾之能。

解密孙公禄堂《形意拳学》
——形意拳之天地化生十二形拳之蛇形学

关于十二形，不能简单练到形式上去。首先要搞清单重和双重，分别是两种截然不同的练法。如果用动物来比喻，双重练出来有点像犀牛，单重练出来像豹子。双重的用法是横冲直撞，因为他练得硬，周身似钢浇铁铸。单重则是灵，比如猫科动物都是非常柔软的，家里养猫的都知道，可以说是柔弱无骨。虽然这么柔软，但猫科动物是食物链的顶层。但凡是把自己往硬里头练的，基本都可以划入双重。练得硬战斗力非常惊人，双重练到极处也可无敌于天下，但是练到极处可能身体就会出问题。过去的大宗师都是练单重的，就是取一个灵字。家里的猫只有七八斤，但如果猫撒了疯想挠你，任谁也防不住，你要想抓它也抓不住。网上有印度豹子伤人的视频，比起豹子的机敏迅捷，人类的运动速度太慢了。灵，里头也包括速度，但不全面，还有身体瞬间的各种姿态转换。其实练双重的十二形是练不出来的，十二形练的就是动物内在的灵。懂这个，十二形才有入门的可能，不然就是模仿，毫无意义。

单重的功夫一定是把身体练得极其柔软，所谓专气致柔如婴儿。只有极软才能极硬，瞬间发作那一下，作用到对手身上那一下，就像老虎豹子逮着猎物瞬间那一下，只要是致命就足够了。所以练单重的，百分之九十九的时间都在休息，而双重平时身体也都是刚硬的，其实对养生也不好。道理很简单：只有气血极其旺盛的状态，好像婴儿那个状态，身体才会是非常柔软的，也是最健康的状态。随着气血亏欠，身体就会越来越硬，岁数大了，气血虚了，身子骨就都不灵便了。等人死了，气血一停，就变成铁板一块硬邦邦的。所以就能明白，为什么过去那些大师都练单重而舍弃双重了，一是用起来有缺陷，遇见灵的就不好使了；二是于身心性命健康不利，身体容易出毛病。所以你说我朝哪个方向练？其实就是朝豹子那个方向练。你要动手任谁也拦不住，你要躲闪任谁也逮不着。

不管你多大岁数开始练，身体一定是先开始柔软，然后进一步灵活。灵活到什么程度？有句话叫"练得骨节通灵处、一身龙虎任横行"，身体骨节处好像有万向节，想怎么用就怎么用。这点我个人深有体会，虽然我是16岁开始习武，但我真正练习形意拳是这八九年的事，而身体的巨大变化是这四五年的事。一个是走路变快，这不是你要故意走快，而是一动步就是快。二就是身体越来越灵，极尽灵活之能事。等到有一天你身体的变化到某种程度，你看豹子、看猫的动作，突然一下就感悟了，这就是十二形的道理。先天本能上人和动物是一样的，你练出来了就合上了人家的功能，这时候十二形才练出味道来。你能想象一个快五十岁的人，除了身体健壮超过十八九岁的小伙子，还会像豹子那样极其灵敏灵活吗？只有内家拳或者说形意拳才能把人练成这样。你的身体一直这样走下去，形意门里出长寿不是很好理解嘛。我们可能脸上看着老一些，但里头生命很鲜活。我师大爷程秉钧，87岁时给我示范劈拳进身，一丈开外嗖一下就到了跟前。老爷子今年92岁了，每天还是练功不辍，要说生命质量有人能比得上吗？所以说练拳给人希望，是生命的希望，这是最根本，千金不易。

回过头来说蛇形。蛇形分两种，一种是普通的蛇，另一种是大蟒。普通的蛇是蜿蜒前进的，也就是曲曲弯弯，所谓蛇行，其实是依靠身体不停扭曲反作用于地面，产生推动向前的力量。所以蛇行类似八卦掌的技术特点，看着是斜着走，其实是正着来。于对手而言是有迷惑性的。而大蟒是直着走的。形意拳里的蛇形主要指前一种。《逝去的武林》中讲蛇是全身一块肉，互相挤着作用着前进，普通的蛇会左右转折借力，大蟒因为体驱庞大，环境限制了它左右曲折着前进，于是只能靠着这一块肉直线往前走，但速度也是非常惊人的。那么人从蛇身上能学到什么呢？就是身体内部的折叠往复。

人虽然不像蛇那样就一块肉，但人的身体却可以适当程度地收缩折叠再舒展放开，因为人的骨骼筋肉是有弹性、韧性及压缩结构的。蛇是曲曲折折不断向前，人学蛇在技击中只要一下就够了，所以蛇形的动作就是身体折叠然后倏然展开这一下，打上对方的身体。练的时候这个折叠的动作比较大，真用的时候哪有时间让你充分调整身体，从有形要练到无形，最后走到神意上去，瞬间零点几秒的时间，折叠、舒展就完成了。所以形意拳的归结在意上。

具体打法主要是打裆和肩靠，其实也不全局限于打裆，还可以打小腹。蛇形还隐藏着肘打，前后肘都可以打。后肘是打击从后头偷袭的对手，前肘是从侧面打击对手软肋，手法相当凶残。蛇形应用的奥妙全在大龙，也就是脊椎骨。蛇形与猴形类似，猴形是立着的，蛇形是横着的，都需要把脊柱骨练出能伸缩的本事来。猴形一蹲好像人没了，一蹿起来得像皮筋瞬间拉长，一惊一乍出乎人的意料就把人打了。传武都是要人命的，同样的招使两次就不一定灵了，所以一次就得要人命。蛇形一打脊椎骨也得瞬间长出来一截，出乎对方预判，他以为这个距离打不上偏偏就打上了，而且蛇形奔下三路，要是打在小

腹上，基本这人就废了。

第九章　蛇形学　蛇形者，乃天地所赋之性，身体最玲珑，最活泼者也，身形有拨草之能。二蛇相斗，能泄露天之灵机。能曲能伸，能绕能盘。在腹内即为肾中之阳，在易即为坎中之一也。在拳中谓之蛇形。能活动腰中之力，乃大易阴阳相摩之意也。又如易经方圆之中，震巽相接，十字当中求生活之谓也。其拳顺，则内中真阳透于外，如同九重天，玲珑相透，无有遮蔽。人之精神，如日月之光明矣。其拳谬，则阴气所拘，拙劲所困，身体不能活泼，心窍亦不能通灵矣。学者于蛇形中勉力而行，久之自能有得，如蛇之精神，灵巧奥妙，言之不尽。

蛇形练到极处，就是身体能极尽婉转之能事。蛇能够从任意角度躲避和攻击，过去有句讽刺女人腰细长的话，就是水蛇腰，一步三晃，左摇右摆。话不是好话，但道理却是这个道理。蛇形打好了完全在腰，腰肢要极尽灵活。人能做到像蛇那样吗？肯定是做不到，但可以尽量贴近。比如杂技团玩柔术的，能够把脊椎骨演练到那种程度，说明人的潜力是巨大的。所谓蛇有拨草之能，传说蛇从草上过来，草会自动倒向两边，其实是蛇在做斜横向的运动，产生向前的直力、横力使草向两边倒下。蛇的这种运动方式，与横拳就有异曲同工之妙了。起横不见横，见横不为能，都是在身体内部运化，外头你看不到，蛇是这样，所以人看见了以为草给蛇让路。横拳也是如此，横劲只在腰间来回游走，而不是体现在身体外形上。

所谓肾中之阳，坎中之一，就是阴中阳的意思。蛇是冷血动物，但它生命内部最核心的那一点是阳气。后面讲真阳透于外，如日月之光明，无有遮蔽。其实不管是冷血动物还是热血动物，其生命源头都是所谓元阳，也就是真阳，真阳充沛生命就柔软而旺盛；真阳消耗了，生命就僵硬和虚弱。而所谓真阳，其实就是内劲另一面的显现。在先天层面，人和动物是一样的，都是这一点应用，也就是真阳在做主。我们在先天层面练拳，感受到蛇形无所不用其极的灵动，通过蛇形动作锻炼腰部乃至全身，才能逐渐练出蛇形所应具备的玲珑相透，灵巧奥妙。反之，练到后天，那就是身心遮蔽了。至于说真阳如何练出来？其实从一开始的无极到含一气到太极，就是答案。

第一节　蛇形之起点式　预备起点三体式。将左足先往前垫步，次将右手心向上，往左肋下靠着身子极力穿去，右肩如同穿在左胳膊下窝一般。又次将左手曲回在右肩上，手心向肩尖，如同扣住一般，身子阴阳相合着伏下去，小腹放在左大腿根上。

前面说过，蛇是整体一块肉，局部与局部互相挤着产生反作用力，推动身体蜿蜒前进。人不是一块肉，但是可以从整体上模仿这种互相挤压反作用的力学结构，蛇形起点就是这个意思。其实这种相互挤压就是身体内部的争力。右手下穿与左手上穿争力，身体内裹与外挣争力，上半身与下半身争力，这些是主要的争力。身体内部其实处处都在争力。脚与大地争力，头与天空争力，身体六个面好像有皮筋与四面八方联系争力。所有的争力，最后都落到腰胯上，腰胯落到尾椎上，尾椎则好像火药枪的扳机，所谓火机一响则物落，一动全动。那么把小肚子放在大腿根上，则体现丹田气打，内膜鼓荡。在处处争力的基础上，还要加个爆炸力，或者说气枪的气泵，两个结合在一起发动，瞬间就打到对手身上。

第二节　蛇形前进式　右足再向左足胫骨处进步，不可落地，再与

右手同时极力斜着并出去。手心向里侧着，随后跟步如同虎形跟步法。左手亦同时拉回至左肋旁边停住，手心向下。两手前后相对，两肩向外开劲，两胯根亦然。两眼顺着两手食指梢往前看。

形意拳的身法，其实就是个束展而已，所谓束展之下一命亡。刚才的蛇形起点就是束，也就是蓄劲。这里蛇形进步就是展，放劲打人。前手拳奔裆去，也可以打小腹，后肘预防着后面有人偷袭。前后手是一对劲，也是个争力。这个发力要瞬间爆发，塌腰坐胯，身体整个往下一顿，前后手一挣，连人带手打到对方身上。蛇形打法的巧妙，也不全在束展这一下，主要是在蛇行，也就是所谓的拨草之能。蛇都是斜着走的，但总方向是正的，所以对方看你斜着走而摸不着头脑，但你瞬间就到了他跟前。蛇形步是形意拳里典型的之字步，炮拳、横拳包括十二形里好几个都是这样的步子。意拳把这个步子借鉴过去，前进后退都不在直线上，有叫摩擦步的，也有叫擦拉步的，其实就是斜着滑来滑去，让对方逮不着你，而你随着一折身就变斜为正。还有就是不可捉摸性。蛇在准备进攻时，蛇头都是在左右晃动，你不知道它从哪个方向来，进攻到哪个部位，所以打蛇形不能打死了，身上带着横劲，腰上带着灵动，对方就不好办了。蛇形的这种特点，就是传武中匕首的用法。在拳上既可以打他小腹，还可以一侧身打他腰肋。如果在双方错身而过时，用肘部击打对方软肋下部，是个极其狠毒的杀招，基本上这人就完了。所以传武技击就落在这一下，打上不死也残。有本书叫《近今北方健者传》，里头提到尚云祥演练蛇形，身法像蝙蝠那样飞腾而起，这样的功夫确实令人神往。

第三节　蛇形换式　再进左式，身法步法与右式皆相同，数之多寡自便。

第四节　蛇形回身式　回式。出去右式再回，右手先曲回在左肩处，手法足法身法起落。均与鹞子翻身相同，惟是鹞子翻身是正式或南北，或东西，此式是斜角，与左式相同。

解密孙公禄堂《形意拳学》

——形意拳之天地化生十二形拳之鹰形学

　　鹰形从外形上其实就是劈拳，只是手型不同。劈拳手型为平掌下劈之意，鹰形为略带鹰爪形式，为雄鹰俯冲扑抓猎物之意。

　　鹰形者，其性最狠最烈者也，有扑获之精，又能目视微物。其形外阳而内阴。在腹内起肾中之阳气升于脑，即丹书穿夹脊透三关而生于泥丸之谓也。在拳中谓之鹰形。其拳顺，则真精补还于脑，而眼睛光明矣。其拳谬，则真劲不能贯通于四肢，阴火上升，而头眩晕，眼亦必发赤矣。学者练此形者，便能复纯阳之气，其益实非浅鲜。

　　第一节　预备起点　三体式。起钻落翻，身法步法，仍与劈拳相同，惟手似鹰捉击之情形。劈拳似斧有劈物之情形，乃两形质性情不同，此故谓之鹰形。

　　鹰形本身大部分与劈拳相同，起钻不必说，落翻把劈拳的劈物之意改成扑抓即可。但这不意味着鹰形就是劈拳，二者性情不同，身心的变化也不同。劈拳似斧，好像一把巨斧劈开天地，要有盘古开天辟地的浑厚与大气。鹰形是捉物，要有雄鹰击杀猎物的凶狠刚烈，也要有雄鹰翔翔天空的挥洒灵变。在生理上，劈拳主要是强肺，而鹰形却是升肾中之阳走督脉透三关而直入泥丸宫，过去讲有所谓精气透顶，所以老鹰的两个眼睛最厉害，透出的就是其肾中阳气。对于动物而言，都是依靠肾水

滋养眼睛，人岁数大了肾气衰落，也就是肾虚了，对眼睛的滋养功能就弱了，眼睛就会出现干涩老花眼。老花眼是因为眼睛后部负责调解远近的水囊日渐干涩，调焦距的功能就弱化了，于是出现只能观远而不能观近。我们练内家拳或者修道的人肾水充足，就会保持耳不聋眼不花，内在道理是非常客观的。

如今一些所谓的气功修炼，都是刻意把气血走入任督，那都是自掘坟墓的行为。气血自有归路，用不着人为刻意去引导。当你符合了动物先天本质的特征，精气自然会按照其客观规律去运转。比如老鹰的生理特征就是肾阳透三关入泥丸，所以二目如炬，眼睛里好像有钩子一样，随时准备捕猎。老鹰不会先想着怎么运气，然后再怎么使劲，都是本能自然。人类没有这样的生理设计，但从先天本质上动物都是一样的。当我们感受到一种动物的本质特征，就能够无限接近其性情和特征。任何一种动物的特长功能都是由其先天本质性情决定的，先天本质又决定了其后天生理的功能和特征。说薛颠练猴形，一蹲就从人的视线里消失了，如果一展身体又好像多长出来一大截。人平常没有鹰视的功能，但遇上一些特殊情况，比如刑警在街上看到通缉犯，眼神立马透出如老鹰一样的目光，随时准备扑过去抓人。鹰形就是这个！

在具体应用上，鹰形就是俯冲扑抓，十指要有裂肤撕肉之能。单手抓到对手身上最少也要连皮带肉撕下一大块，双手上去要能把对方开胸破腹，这才是练到了。练鹰形要把精神抖擞起来，好像老鹰在捕猎一样，脑子里只有猎物，身心里全是杀机，浑然忘我，出于物外，这样肾中阳气才能透三关直达泥丸宫。但这些必须在返先天后才能自己出来，如果刻意去模仿，那就全然错误，只会练出毛病来。所以形意拳的意，不是后天故意的意，而是先天神意的意。所谓"拳无拳，意无意，无意之中是真意"，得从无意之中体会那个意，才是真正的形意拳的意。

解密孙公禄堂《形意拳学》
—— 形意拳之天地化生十二形拳之熊形学

　　熊形，也叫鹰熊斗志、鹰熊合演，其实就是个做大了的劈拳。一个起钻，一个落翻。这是形意拳中唯一与源头心意拳技术特征相仿的拳式。为什么后来心意拳经李洛能改变为形意拳后差别会这么大？以我个人的认知，心意拳的技术结构与少林心意把同源，姬龙峰应该是少林弟子。他在终南山得岳武穆拳谱，或者如薛颠所说遇见了六合拳隐秘于终南山的传人，学到了岳武穆拳法的真髓及五行拳，用岳武穆拳法对自己所习少林心意把进行了改造，心意把的架构融合了六合的心法，就是现在的心意六合拳。而以五行拳为核心的岳飞拳法到戴隆邦时完整传给了李洛能，由李洛能发扬光大。

　　目前流传于湖北黄梅的岳家拳，是岳飞的两个儿子岳霆、岳震所留，其拳法最典型的特征就是寒鸡步，和三体式大同小异。岳飞以枪法转为拳法，胯下无马则以腰胯为马，三体式这种三角形桁架结构就是平地为马。武穆拳法是化枪为拳，把战场上的马上厮杀手段移植到地面，以简单高效为原则，以不变敌万变，这是岳武穆的高明之处。简易、不易是世间法的大原则，越是简单的就越有效。除了化枪为拳、立地为马的拳法架构，更重要的是岳武穆发明的六合心法，返先天用本能可使人以一敌众，所以撼山易撼岳家军难。如果真把形意拳练通了，追根溯源

一对比，才知道岳飞的伟大。

形意拳历经千年的传承衍化，最后简约为五行拳和三体式。拳道合流，又发明出混元桩。到孙公禄堂，将拳法入道进一步深入，又发明了无极桩，无极、混元、三体、五行，基本上就是孙禄堂系形意拳法完整的体系。形意拳最早没有十二形，只有五行拳，十二形脱胎于心意六合拳的十大形。心意拳的十大形，应该是姬龙峰原本少林拳法体系中的东西，经刘奇兰、郭云深、车毅斋、宋世荣等人勘定为十二形，作为形意拳在应用上的必要补充。因为五行拳在应用技法上稍显单一，引入十二形后就更加丰富了。

混元的概念完全来自于道家。"有物混成，在天地先。寂兮廖兮，独立而不改，周行而不殆，可以为天下母。"老子这段话是在描述道体自身的特征，混元桩的理论基础就是这个。掌握了道体这个"天下母"，则在拳法中自能衍化气血筋骨膜等一切后天因素。所以我们练拳始终强调要返先天，奈何世人痴迷于后天繁杂而不悟。比如十二形中所讲精气运行之事，今人大多落实到后天经脉穴位及气血调度上去，殊不知，这些东西都是自己运化的，不需要人去刻意引导调整。当你精神到位了，气血也就到位了。精神与气血是一体同胞，而不是可以分开的。现代人研究气功，种种刻意，岂不知都是在给自己挖坑，越是用功深的就越是离题万里，误入歧途者不计其数。

熊形简单说就是一个起落。起为钻，落为翻。起为横，落为顺。起也打，落也打，打起落，如水之翻浪。这几句话在五行拳里不好明白，但是到了熊形里就容易理解了，因为答案就在动作里。起这一下既可以钻打，又可以钻格，还可以钻化，其实就是一个人身体纵向的螺旋，把对方过来的直力给化了。起是去，落是打。起要往前去，不要往后来。形意拳动手和一般格斗道理是相反的，对方越是过来，我越要往对方跟

前去，所谓打人如亲嘴。因为你后退，恰好到了对方打击点上，但你往前，对方就打不着你。起也打，落也打。起不光是防守，形意拳打顾一体，防上就打上。比如对方一个直拳，你半渡截之，从外侧起钻格化，接上对方的同时，拳头就要打上对方的脸。这个才叫起也打，也叫打顾一体。起为横，在熊形里看得就比较清楚了，身体是斜横着出去。但五行拳要求"起横不见横"，这个横要在腰腹内藏着，意气上运化。实则是在起钻螺旋格化的同时，身体还带着横劲，只要一动就到了对手的外侧，也就是抢大边。我们在练习熊形起钻这一下就很清楚了，既要螺旋而起，还要斜横着进步，这都是明明白白做出来的。如果是劈拳的起钻，就看不出起横和螺旋，都在神意上运化了。当然，起为横的横，有先天之横与后天之横的区别。后天之横就是横拳，先天之横是一气，也就是内劲。

　　熊形的起钻，主要体现熊的"竖项之力、直立之能"，就是说熊有别于其他动物的四肢着地，可以像人一样直立起来搏斗，且力能搏虎。前人有感于熊的这种巨大功能，才把这一形引入到形意拳里。熊之所以能够站立起来和老虎搏斗，是因为熊的肩背部极其发达，平常它行走时看不出来，一旦遇见对手发怒站起来，肩背部的筋骨膜肌肉等瞬间膨胀而且高高隆起，也就是"四象"中的熊膀，接下来就是摧枯拉朽的一击。狗熊攻击的方法主要是"熊拍"，也就是用熊掌拍击，也有用咬和屁股坐的，那都不是主要。尚云祥曾经给李仲轩演示过熊形合页手，其实就是孙式太极拳里的开合手，但尚公这个位置更高，在脖子附近，是模仿熊在站立搏斗时，用两个手掌连抓带拍，也是打顾一体，这是熊的本能。

　　按照"起也打，落也打，打顾一体"的原则，熊形到起钻定势就完成了，虽然身体一直是螺旋上升，但到了顶点已经蕴含着下落熊拍的

拳意，因此完整的熊形就是一个直立起来的动作。但是后天任何动作都有起有落，这个熊形的落就引入了鹰形的捉，也就成为了鹰熊斗志或鹰熊合演。在之前的鹰形里，就是个劈拳动作，手型稍微变化，在这里就做得比较明显，真的好像有个老鹰在半空盘旋下落扑抓猎物一样。所以演练后面的鹰捉，必须要把老鹰盘旋欲落、伺机捕杀的拳意表现出来。这里，前人留下个小场景供学者参考，也就是所谓的鹰熊斗志：好像一只老鹰在半空盘旋和一只熊互斗，老鹰要抓熊，熊要反击老鹰，鹰往下看，熊往上看，二者之间各施手段，谁也不服谁，这个就是鹰熊斗志。

鹰熊斗志的这个下扑，除了有鹰形的撕抓之外，还有一个下劈和擒拿动作。其实从形意拳的技术体系来说，起落是无法分开的，所以有起也打落也打的说法。起里头含着落，落里头含着起。欲上而下，欲下而上。王芗斋晚年自号"矛盾老人"，明白了阴阳对立统一，才懂了传武的哲学本质。比如鹰扑这一下，看着是往下落，其实身体含着往上升，所以有雄鹰盘旋在半空鹰视猎物的意思。做实了这一扑，就是劈拳的衍化。为什么斜着走，就是以横破直。对方直着来，我横着去，用极小的力气就可以转化对方的冲量，所谓任他巨力来打我，牵动四两拨千斤。太极拳还有引化的意思，这里就全是横化。其实劈拳也是斜着，只是化在拳意里，不在身形上显现。懂了这个原理，就不怕对方个子高大了，对方来得越猛，最后吃亏越大。至于这一下是劈打头、脸部还是擒扑，取决于战场临时起意。

熊形者，其性最迟钝，其形最威严，有竖项之力，其物外阴而内阳，又在腹内能接阴气下降，还于丹田。在拳中即谓熊形。能直颈项之力，又能复纯阴之气，能与鹰形之气相接，上升而为阳，下降而为阴也，二形相合演之，谓之鹰熊斗志，亦谓之阴阳相摩。虽然阴阳升降，其实亦不过是一气之伸缩也。学者须知，前式龙虎单习谓之开，此二形

并练谓之合。知此十二形开合之道，可与入德矣。

这一段重点讲了气血与精神配合运化的情况。熊形稳如泰山，阴沉内敛，是阴气自然下降。鹰形凶悍刚烈，张牙舞爪，是阳气自然上升。一阴一阳前降后升，恰好是任脉和督脉的道理。所以没事多打打鹰熊斗志，对奇经八脉的畅通有帮助。这里孙公重点强调，十二形开始的龙形也是阴气下降，虎形也是阳气上升，但是那两个形是分开演练的，是所谓"一气"化阴阳之开。此处鹰熊合演，阴降阳生放在一个形里，是所谓"一气"化阴阳之合。也就是说，十二形总体都是一气之衍化，衍化的结果林林总总。是所谓"远取诸物、近取诸身"，十二形就是远取诸物的一个浓缩。用薛颠的话，就是法象万千。学者不要被外在的形式所迷惑，而是要把握内在本质，就是一气这个本质，也就是内劲。无论是开还是合，无非一气之衍化。若细论阴阳，可以讲上三年，这里篇幅所限，孙公道法的东西，留待后续《解密八卦拳学》中再阐述吧。

第一节　熊形起点式　预备起点三体式。先将左手如劈拳落下，搂回顺着小腹钻上去与眉齐。左足同时回在右足处，足后跟对着右足胫骨，足尖点地，足后跟欠起，腰往下塌劲。眼往上看手心，手往上钻，项往上直竖，两肩往下极力垂劲，此谓之熊有竖项之力。右手顺着身子往上起，至左手处再往前往下，如鹰捉物捉去。胳膊似曲似伸，左手与右手同时往后拉，如劈拳拉法相同，拉至左肋停住。左足与右手同时出去，右手出去时在两腿中间，右手与左足相齐，右足尖点地，足后跟欠起，两眼看右手大指根中指梢，裆合着劲，甚至似松似捆，似开似合，稳住再换式。

这一节孙公漏了一张图，也就是熊形直

立图。后面的熊形直立，也就是起钻都是往前边步的，唯独起式这个熊形直立是退步，从三体式把左脚收回到右脚旁，且脚尖点地。有点类似孙式太极拳里进步必跟退步必随、脚尖点地放在支撑腿旁边的动作。因为熊直立一般都是从原地起来，这个熊形直立大抵相似。后面迈步直立，是拳法的衍化。

此式右手在肚脐旁先不动，左手收回，如同劈拳起钻那样顺着身体中线往下颏去，如同劈拳起钻到了下颏再往前上去，高度与眼睛平齐时停住。右手成拳，随着左手起钻，身体也整体慢慢往上起，好像熊慢慢站起来一样。这时候全身的筋膜腾起，尤其是脖子后面要挺立撑住劲，牵带着整个肩膀到斜方肌这一个区域的筋膜和肌肉都带着精神，人整个的气势雄浑敦厚。此时塌腰坐胯、肩膀下垂与身体上升成为一对内部的争力，要仔细体会这种内部的矛盾力，是发力的基础。

接下来就是鹰形换式。左拳起钻定势后，右拳沿着左手的路线也往上起，与左手汇合后向劈拳那样左手往后拉，右手往下劈，两手慢慢运作如撕棉。同时左足往左前方出去。身体定势后是个类似的斜劈拳。这时候身体里要处处争力，处处矛盾，处处机关消息，好像一触即发，但又要收敛含蓄，即所谓"束展"。

把熊形联系到现代搏击里，类似勾拳。前面说过，熊形起钻这一下是顾打结合，以起钻格化，紧接着钻打。如果两人撕打上了怎么办？就把对方发出去，粘上去再打。也可以直接用勾拳打击对方肋部、腹部和下颏。打肋部是走大边，打腹部和下颏是走中门。但勾拳用法不能像拳击那样下潜低头，而是直接冲撞过去起勾。如果下潜，会被对方用膝盖或弹踢攻击。在90年代多次的中国散打对美国职业拳击对抗中，美国职业拳击手几乎都是一面倒地溃败。参加的美方选手几乎都是州乃至全国的冠军，但是在面对中国散打运动员力大且坚硬的正蹬和鞭腿时，都是一触即溃，根本没有抵抗力。形意拳在实战中很少用腿，是因为起腿不是人的生理本能。所以在格斗中要时刻地防对方起腿。高层次是打人不知，其次是走大边打化结合，再次是半渡截击，这都是对方起腿也打不着的。唯独不能往后退，一退就正中对方下怀，到了对方腿的攻击点上。如果自己慢了不退不行，也一定要往侧面走，脱开对方腿的攻击点。当然，形意拳也讲究"不知进退枉学艺"，在失去了先机只能后退时，也设计了一套打法，这套打法具体在十二形连环拳也就是杂式捶中有介绍。

鹰捉的用法，除了劈拳用法之外，还有一个擒扑。关键是以横破直，斜横着从外侧攻击对方。不管对方是用拳还是用腿，如果接上就一手控制一手扑击，还可以运用反关节的技巧，脚底下还可以使绊。生活中的打斗经常能遇到对方又高又大且直着冲过来的情况，如果你直线后退，基本就只有挨打了，这时候应该往横里走，让过对方的直线攻击，然后从侧面连撞带扑，基本都可以把对手放倒。但是没练出横力来的人很难走到对方侧面去，这就是有功夫和没功夫的区别。鹰捉还隐含着抓筋拿脉。劈拳可以把指头练出来，过去功夫大的老前辈用三个指头可以扭断门环，也可以捏碎核桃，这样的功夫，擒扑对方时只要用三指拿住对方任何一个部位的肌肉，或者较细骨头的两侧，当时就可以制服对手。当然也可以卸骨，只是卸骨需要时间稍微多一些。比如卸对方肩膀，需要顺着对方来力拿住对方一臂，一手往后拽，另一手冲击对方肩关节，形成反作用力才能卸下来。

形意拳的实战技法是包含直摆勾的，当然只是类似拳击里的直摆勾，而不是真正意义上拳击的直摆勾。形意拳实战的预备姿势类似于拳击的架势，但相对架势更大些。形意拳的勾拳一如我上头说的熊形直立用法，其实就是钻拳的变化。钻拳是直击，钻拳好似地反天，也就是恨地无环，没有拳击扭腰的蓄力姿势。扭腰蓄力需要时间，在形意拳而言太慢了。形意拳是火机一发物落，打上还嫌慢，其实是整体的敏感反应。这种反应是人的先天本能，严格来讲，时间概念都属于后天人类的心理感觉，而先天的敏感反应超越时间的概念。因此形意拳的外取诸物近取诸身，是对物理学和生理学最深刻的研究，不仅科学，而且高大上。

　　第二节　熊形右换式　换式将右手落下钻上亦如左式。右手往上钻去，左足与右手同时往前垫步，再出左手右足，与左式相同，数之多寡自便。回式出去左手右足再回式。

　　右式大体与左式相同，唯方向相反，且熊形直立不再是原地起钻，而是上步起钻。

　　第三节　熊形回式　将右足尖极力往里裹勾，左手落钻，与左足同时并起，身子向左转。右手与左足出去，与左右式练法手足均皆相同。

　　回身是左手鹰捉时往左转身，右足回勾是典型的形意拳回身步法。转身时左手起钻，转过身去左足斜横着迈步，右手出去成鹰捉。转身的熊形起钻在转身过程中完成，没有迈腿配合的事，转过身去直接就是右手鹰捉。

　　第四节　熊形收式　收式时，还于原起点处，仍与回式身法手足式样皆相同，稳住片刻休息。此形谓之鹰熊斗志。

解密孙公禄堂《形意拳学》

——十二形全体合一学

全体合一学，即是"杂式捶"。从无极学开始，道体衍化，一气既发，则产阴阳，成三体，生五行，化万物。五行拳后有五行连环，是所谓分而为五行拳，合而为连环拳，不论怎样分和，总是一气之流布。说白了，就是让学者逆反回真，懂得五行拳之根本、一气的道理。一气就是内劲，一气衍化而产阴阳，阴阳和合成三体，三体重生万物张，万物的根本要素即是五行。通过五行连环，体会内中一气之宗祖，则顺而为动为拳，逆而为静为一气。懂了这个道理，则天地宇宙感而遂通，人生哲理无有不通也。到了十二形，则在衍化上又繁复了一层。因为五行是万物基础，是最基本的元素，而十二形是具体的成物，与五行的关系是纲与目的关系，所以也称"五纲十二目"，是道体衍化为天地万物功能的具体化，就好像精卵本为生命的元素，结合发育后成为胎儿，那么胎儿就是所谓十二形的具体了。我们把十二形全部学完，到最后十二形合一，就是再返回去体会远取诸物、近取诸身的核心根本，也就是一气了。一气衍化到十二形，从十二形反过来体会一气的功用，顺逆都搞明白，于是大彻大悟，也就明白了孙公所谓"道本自然一气游"的道理。道语曰：顺而为人，逆而为仙。在这里，顺则为十二形，逆则为一气，而一气回归本体就是无极，也就是天地宇宙万物的真正本源了。

杂式捶者，又名统一拳，合五纲十二目统一之全体也。在腹内能使全体无亏。大学云，克明峻德也（此譬言似属离奇然实地练习则知）。在拳中则四体百骸内外之劲如一纯粹不杂。其拳顺，则内中之气，独能伸缩往来，循环不穷，充周无间也。中庸曰：鬼神之为德，其盛矣哉（喻变化无方）。其劲不见不闻，洁内华外，洋洋流动，上下四方，无所不有，至此则拳中之内劲，诚中形外而不可掩矣。学者于此用心习练，可以至无声无臭之极端矣。先贤云：拳中若练到此时，是拳无拳意无意，无意之中是真意，此之谓也。

这段话作为十二形合一学的总纲，可谓振聋发聩、高屋建瓴，然现代人无传统文化基础，或于形意拳中不能深入三昧，对拳道相合的至理无从掌握，确实很难理解孙公的良苦用心。练拳是一层功夫一层道理，你练到了一定程度，身心变化到一定程度，智慧也成长到一定程度，才可以切实体会，或者说以身心验证先贤留下的话语。

关于五纲十二目，前面已经说过。孙公禄堂在这里用儒家经典来解释拳学的道理，可谓令人耳目一新。其实文武是殊途同归，大文人必然有英雄气概。莫道书生无一用，头颅抛处血斑斑。像毛泽东、周恩来这样的书生，哪一个又不是大英雄、大统帅呢？而武人走到最高境界也一定是文质彬彬，而非粗鲁不堪、只知道打架杀人的莽汉。此处讲十二形合一在腹内能使全体无亏，腹内即是丹田，一气运转之场所，丹道立炉鼎之所在。全体无亏，意思是身心两个层面都做到圆满，也即在体用上都达到极处。从十二形本意上而言，确乎是在用上穷尽道体之衍化，用体上又能逆反回真体悟先天大道，故此在先天后天上都明白无误，且在身心上也都验证无误，才算是圆满无亏了。

用大学里的"克明峻德"来解释。天地厚德，德是我们这个宇宙的最高修养标准，也是天地自身运化的最基本原则。天地犹如一子宫，包

括人在内的万物处于其中，受其孕育，所谓德化其中。峻德者，德之最高境界。克明者，光是自己明白还不行，还要普化大众，化育万民。克在古代是肩负重任的意思，那么克明峻德，就是要担负起弘扬道德、化育九州万民的责任。所以《大学》里克明峻德后面就是"以亲九族"。自古以来能够自己明白而又把化育众生做到这种程度的人，大约只有孔子、老子、释迦牟尼这样的圣人。

后面就是讲十二形合一可以使拳中内外之劲合一，这个一就是先天一气，统帅一切后天衍化之劲力。所谓天得一以清，地得一以宁，人得一而万事毕。明白了这个一，也即是无极道体，功能一气，方产出阴阳，而后衍化天地万物，才能做到内圣而外王，无论拳中各种伸缩开合往来，其变化功用无穷无尽，也就是"鬼神之为德盛矣"。当你悟出内家拳这个最基本的原则，把握了一气的功用，逐渐深入先天无可无不可的三昧真地，则可进入无所不用其极的神妙境界，也就是"拳无拳，意无意，无意之中是真意"，无声无臭之极端矣！这个境界，其实就是"忘我"这两个字。后天死掉，先天来了，内中只有一气精神做主，神乎其技。其实这种状态各行各业都有，顶尖人物在操演时经常能出来这种状态，所谓纯以神行。说薛颠练拳已经到了神变的程度，都是说的这个境界。但在后天，是一点边都不沾的，必须返先天，则一气激发，落实在拳法上，才有这种程度。

孙公的整部《形意拳学》，虽然是在说拳，其实同时也在讲道。拳讲完了，道也传播完整了。从无极学开始，到十二形合一，其功尽矣。所谓修道，首先在悟道，道的本身无形无相，无声无臭，但在后天具体领悟上，主要是明白道理。禅宗讲不立文字直指人心，但也得给句话。所谓本来无一物，何处惹尘埃？无论如何还是得写两句诗来做个渡河之舟。修道不光只是打坐、站桩、吐纳，这些都只是外在的方法。道在屎溺，百姓日用而不知，切莫以指为月，走到后天方式方法上去，忽略了道体真正的本质。这个确实需要福德资粮，智慧得足够。孙公这套体系，或者说道家这套体系，性命双修，开发智慧，只要心无旁骛，空空静静，智慧是一定能够开发出来的，到时候也就能够一通百通了。

第一节　形意拳杂式捶束身式　预备起点三体式。次往前进步，是鹞子束身形式，停住。

第二节　杂式捶入林式　往前进步，是鹞子入林之式。右拳在头正额处稳住。

第三节　杂式捶退步劈拳式　将右手从正额处摆下至脐旁边停住，肘靠肋。左手同时抽回至左肋处，左足亦同时撤回至右腿后边，两腿足形式，如劈拳形相同。此形亦谓之退步劈拳式。

第四节　杂式捶退步劈拳式　将左手钻至头左额角处，手张开，再往下摆，亦摆至左肋处，在脐左边停住。右足亦同时撤回，至左足后边，仍与左式退步劈拳形式相同。

左右共练四式停住。

退步劈拳俗称"猫洗脸"，是个连续退步，同时左右两手轮番往里画圆的动作。因为两掌都从脸前经过，所以形象称其为"猫洗脸"。猫洗脸有瞎胡撸的意思，左右手连续向里画圆，看着像胡撸，其实是在退步中瓦解对方攻势寻找战机。比如对方连续攻击势头很猛，我又不能先敌出击，也没做到半渡截击，又不能走到对方侧面，在非常被动的情况下，就用这招"猫洗脸"，一边退步一边用左右两手向里画圆，以横破直格化其攻势。猫洗脸其实和云手或者鼍形有异曲同工之妙，只是那两个是往外化，这个是往里化。杂式捶里规定了是左右共打四个，具体到实战中如果做得好一个就够了，如果一个瓦解不掉才需要连续后退。为什么规定四次，因为三鼓而竭，对方的力气也差不多了。猫洗脸是形意拳"不知进退枉学艺"的一个落实，虽然形意拳勇往直前，但战场形势瞬息多变，总有自己被动落下风的时候，就得知道退步怎么打。经常打这个退步劈拳，对景了心神步法丝毫不乱，对方连续攻击几下就会出现气力衰竭，反攻的机会就会出现。为什么一个防守的动作还要叫劈拳呢？因为这里含着一个劈打的意思，就是劈打对方的前臂桡骨薄弱处，功夫大的一击必断，是为劈拳。

第五节　杂式捶乌龙倒取水式　右手从肋下往后如同画一圆形，从头正额处顺着身子往下落，至肚脐处靠住。左手同时从左肋处与右手外边手心向里往上钻，至正额处齐平，相离正额二三寸许。再将右胳膊抬上去手心向外，手背靠在正额处，左手顺着身子落下，手心向上靠住脐处。身子面向正停住，此式谓之乌龙倒取水。

乌龙倒取水是左右两前臂保持水平状态连续两次的上下交错动作，动作有点像过去人从井里打水摇辘轳的动作。打水时辘轳是一圈一圈画圆通过绳子把水桶绞上来。这里左右两臂上下回环好像一个辘轳在不停转动。为什么叫倒取水？崩拳的回身叫"狸猫倒上树"，猫正常爬树都是脑袋在上头屁股在下头，如果遇见了危险，猫会反过来屁股朝上脑袋朝下爬树，主要是为了抵御对手的袭击，同时爬树躲避。所以崩拳转身的狸猫上树一定要先往前迈一小步再转身，是为了把对方的攻势让过去，再回身打他。同时有个居高临下、从上往下打的意思，是为"倒"。这里叫乌龙倒取水，也有往后退着打的意思。这一式和前面的退步劈拳都是落实退也打的防守反击。当对方拳打脚踢逼近我猝不及防时，就用这招乌龙倒取水上下皆防，上头挡化其拳，下头挡化其腿，因为怕对方乱打，所以我也是连环使用，以乱制乱。如今的搏击擂台上经常能看到一方猛攻乱打的场景，连续十几拳打过来，这时候如果处于被动防守的劣势，很难一拳一拳清晰防守，如果不注意挨上一两拳就糟糕了。过去前辈创拳充分考虑到实战时遇到的各种场景，对方乱打我也乱防，看似乱实则有条有理，挡住对方的三板斧，等到对方没劲了我就可以反击。这一式也不一定非得平端着胳膊上下回环，也可以斜着上下走，这就与拳击的防守动作很像了。之所以要有个后退的意思，就是要充分消耗对方的体力。当对方感知你要退，本能上他就要追，这种体力的消耗更大。至于说乌龙是什么意思？其实只是为了好听而已。比如后头的"单展翅"，也叫"凤凰单展翅"，但实际上跟凤凰一点关系也没有。

第六节　杂式捶单展翅式　将左足极力往后撤，至右足后边落下，右足随着亦往后撤，撤至左足处，右足跟紧对着左足胫骨。右手与右足同时极力往下落至小腹处，肘与拳紧紧靠着肋腹。左拳仍在左肋不动，

腰极力塌劲，右边小腹放在大腿上。身子亦不可太弯。往下看时，只要鼻子与足尖相齐为度。身子阴阳相合着，肩胯抽劲仍如前法。两眼跟着右手看。停住再往前看。此式谓之凤凰单展翅。

凤凰单展翅，名字非常好听，其实就是右胳膊从额头下划放到腹部这么个动作，好像大鸟扇了下一边的翅膀，故为单展翅。鸟类展翅的动作非常舒展迅速有力，单展翅这一下配合后退一步，主要就是从上往下砸挂对方的踢击，一下就砸到对方脚面上。现代搏击擂台上经常出现的低摆腿、正蹬、低侧踹或弹踢，都可以用这招。形意拳一般是不退，没办法了才退，退也要打，而不能一味后退成为对方的沙袋，那样就只能被动挨打了。单展翅这后退一步，也就是左腿极力后撤非常关键，撤步一定要撤到对方腿击的攻击点外头，他踢不着你，而你一伸拳头正好能打到他脚面乃或脚踝都可以。连砸带挂，砸上同时往左右圆弧着使劲，破坏对方的重心。因为起腿半边空，重心容易丢失。因为传统武术很少起高腿，一般都讲究腿不过腰，因此单展翅的用法足够对付所有的腿击。如果是现代搏击的高腿怎么办呢？可以用单展翅的后退结合一开始的鹞子束身和入林，先退后进走偏门进身进行反击。

当然，单展翅也可以用来砸挂对方的手臂，以及一切冒进的肢体局部，进来哪个砸哪个。比如用头击的，也可以直接砸他脑袋。除了用拳还可以用肘尖，如果砸中了，有分筋错骨的功效。说到脑袋，有几个地方是要交代一下的。前额是所谓祖窍，后头是负责视力、听力等的脑神经，一般打到额头人会容易昏厥。最硬的地方是脑袋前面的圆弧突出部，抗击打能力较强。再往后就是婴儿时期人的囟门，刚出生的婴儿那里是打开的，半年之后才会慢慢关闭。从性命的角度，这个位置非常关键，当然也要极力避免被打击。包括后头的部分以及两侧颞骨、后脑勺，都是由几块头骨拼接而成，遭受打击容易造成骨裂甚至塌陷，以形意拳的拳力，把人颅骨打塌不是什么难事。我的师爷张玉书曾经一拳将猪头骨打碎，所以形意拳练出来的人都老实，就是攻击力太过于强大。

第七节　杂式捶蛰龙出现式　再前进。先进右足，极力往前进步。左手与右足同时出去，左足亦随后跟步，如同崩拳跟法相同。身式高低亦与崩拳式相同。停住再进此式，谓之蛰龙出现。

蛰龙出现，蛰龙就是藏起来的龙，所谓潜龙勿用，但是突然发威，一下子从隐藏的洞里窜出来，表现其突然性。这一式就是进步崩拳，接上一式挂砸对方腿部攻击使对方被动后，迅疾进身，用左崩拳打击其胸腹肋等部位，同时右手仍要继续控制或干扰其一侧身体。

第八节　杂式捶之黑虎出洞

第九节　杂式捶之白鹤亮翅

第十节　杂式捶之炮拳式

以上三式与五行连环拳相同。

第十一节　杂式捶双展翅式　两手一齐落回到小腹处，右手卷拳手心向上，落在左手心中。两肘紧靠肋，身子如同捆住一般。右足仍同时往回垫步，足尖仍向外斜着，两眼往前看，此式谓之凤凰双展翅。停住再进。

双展翅和单展翅相比，就是从单纯右胳膊的下砸，变成左胳膊进行配合，其实就是前面白鹤亮翅最后砸拳的动作。当年我师爷张玉书砸碎猪头就是用的这一手，当然不是把拳头砸在自己手上，而是砸在猪头上。这个故事可以讲一下。当年张玉书还在壮年，逢周日徒弟们去看他，合伙买了一个猪头做菜。徒弟们把猪头收拾干净以后摆在案板上，张玉书溜达过去就用右拳砸了一下，等做菜的时候一剥皮肉，才发现猪头骨都已经碎裂了。双展翅和单展翅都是砸挂，二者的区别是：后者用左手接了一下互为配合，相对情形比较从容，而前者比较紧急。单展翅可以左右两手连续下砸，双展翅就是一下，比如接住对方的脚或者小腿，左右手合力来一下，基本就可以把对方打废掉。当然，在高速运动的技击中想接住对方的腿是不容易的，其实这里有个窍门，就是顺着对方的来力往后或者往斜拽。比如对方一个正蹬，现代博击是用一条胳膊抄对方的腿，然后脚底下使绊扔出去。其实可以借着身法往后拽，对方的重心就没有了，这时你可以用肘尖猛烈砸打。上下手合力，就是凤凰双展翅。

既然双展翅和白鹤亮翅砸拳那一下基本相同，为什么要放两个在这里？因为前头的左手炮拳要接后头的鹞子入林，手上动作一样，但左右脚前后要换过来。为什么要换？是针对敌人踩踏我的脚面，那么我前后脚一换，手上仍然以炮拳攻击。传武里有很多踩踏脚面或者钩挂使用摔法的，如果自己的脚背被打伤或者控制住，毫无疑问是极其危险的。如果换作一般人，可能要连续后退来躲避，出现手忙脚乱的情形。但形意拳的设计非常高明，就是前后换脚，不但可以持续用炮拳攻击，而且双脚一换还可以反过来踩踏对方的脚面。类似换脚的用法，还有薛颠五法八象中的虎象，左扑换右扑便是原地换脚。还有八式拳里头，也有类似的换脚打法。

从退步劈拳开始一直到后面的鹞子入林，是一整套自己失时失势必须要后退时败中取胜的招式。首先是步子不能乱，进也是三体式，退也是三体式，三体式其实就是三角形的桁架结构，在拳击乃至搏击擂台上目前都是使用这种步子，特别稳固而且灵活，重心前后移动非常方便。移动必须是整体移动，上下半身不能脱节。上头用退步劈拳、乌龙倒取水、单双展翅格化、砸挂对方攻击，下头还要防着对方起腿以及踩脚，那么就有了前后换脚这一形意拳独有的高招，基本上涵盖了所能够遇到的攻击场景。换脚要迅速快捷，对方踩我右脚，迅速左右倒换，对方的企图就落空了，而我的炮拳也到了。

第十二节　杂式捶鹞子入林式

到这里，一整套退步反击的动作就告一段落。虽然是退步反击，但在每一式过程中，随时随地仍可进身反打。比如退步劈拳，挂化对方直拳后即可进身，其他类同。要注意的一点，从起始的鹞子束身到最后的鹞子入林，孙公在每式最后都提醒要稳住再进、停住再进，就是不要求一口气把这些动作都打完，而是一式一式要交代清楚。不要

求你快，就是怕把拳打得失去节奏，每一式都是大原则，里头蕴藏着无数变化。虽然动作停顿，但拳意未停，精神警醒着准备各种变化。而从拳法本身架构而言，是一气是运化，精神运乎其中，而形体运动于外，每一式打完甚至可以瞬间入定，完全处于先天精神状态。因此，孙公在书中的每一个字都是很讲究的，有具体的意义，千万不能随便看过去。

第十三节　杂式捶退步劈拳、乌龙取水式

退步劈拳和乌龙倒取水基本是杂式捶中的关键节点，一到这两

式，拳法就进入了新的一个阶段。这里要求不可久停即进，与前面停住再进不同，因为要接下面的燕子抄水，体现瞬间的身法转换，快捷迅速。

第十四节　杂式捶燕子抄水式　乌龙取水之式，右手过来，落下时，紧接就是燕子抄水之式，停住。

凡是练过杂式捶的人都知道，虽然说是十二形合一连环拳，但并未包括所有的十二形，这里是取十二形之意，而不是涵盖其形。知道十二形是一气之衍化，则在形上可以无所不用其极，甚至可以自己编创出一套自己的十二形来，所以学者切勿练到后天有形有相上自我约束，而是要返先天体会精神本质。这里从乌龙倒取水定势，右手拳下来、左手拳上来在胸前交叉，然后右手拳领着左手拳交叉不变，整个身体往右后方去，到右耳后左右手挣开，左手往前去，右手继续往后下领，左右手形成对力，就是金鸡抖翎式。同时身体从往右后转，好像偏过身去看右后方的人似的，突然跟着左手由斜翻正，变成如燕子抄水形式，步子也随着变成大四六马，左右手好像端着一根大枪似的，停住。其他详见燕形。

第十五节　杂式捶崩拳式

第十六节　杂式捶青龙出水式

第十七节　杂式捶黑虎出洞式

第十八节　杂式捶白鹤亮翅式

第十九节　杂式捶炮拳式

第二十节　杂式捶双展翅式

第二十一节　杂式捶入林式

第二十二节　杂式捶退步劈拳乌龙倒取水式

第十五式到第十九式，是五行连环拳招式。而后双展翅、入林、退步劈拳和乌龙倒取水，是重复之前部分的内容。

第二十三节　杂式捶青龙探爪式　换式。将右手从正额头处五指张开，往前极力伸去，与眼相平着，两足不动，两肩平着松开抽劲，微停住式，再出左手，此式谓之青龙探爪。

第二十四节　杂式捶鹰捉式　换式。将左手从心口处望着右手上边出去，右手抽回右肋，两足仍是原式不动。两手伸去抽回，与鹰捉相同。此式亦谓之鹰捉。

青龙探爪和鹰捉必须放在一起说，因为是连续两个攻防意义的动作。这两式都是原地不动出手，一般都是出于紧急情况，比如你站立时，突然有人从正面近前发难，这是来不及换身时就用青龙探爪和鹰捉进行应对。青龙探爪是直接抓拍对方面门，虽然动作上是一式，其实可以左右连环探爪使用。我说过招式只是原则，要活学活用。怎么练就怎么用，那是形而上学太僵化。人类使用上肢是本能，所以又快又狠。比如妇女打架不用教，两手就奔对方脸上去，不是抓脸就是揪头发。男人打架不用教也会用两手去扑对方的脸，因为动物就算是爬行，也都是本能用上肢。比如老虎、豹子两个前腿短，却不妨碍人家一爪之威，就能开膛裂腹。十二形的虎形和鹰形，都有开膛裂腹的意思，只是看你具体怎么用。

当对方过来要动手时，两点之间距离最短，起手打脸最快，对方一动你的手就搁到对方脸上，这种先天本能的迅速，其实就是薛颠五法八象中飞法的秘密。连拍带撕，眼睛、鼻子一块打，一下就可以解除对方的战斗力。接下来的鹰捉就是擒扑，打了对方的脸，对方失去了战斗力，用鹰捉一把将其擒于胯下，也可以用劈拳的手法击打其头部、脸部或锁骨。总之这两式要顺序使用，因为你变化了，而且青龙探爪是冷不防打出去，再接上鹰捉，对方就无法有效应对。这两招是近距离打架的高招。说到招法的学习和使用，其实就两个字：重复。曲不离口，拳不离手，关键是脑子里得经常过。李仲轩要离开尚云祥，尚云祥嘱咐他的就是这两句话：没功夫练拳，脑子里过一过也练了。其实呢，就是神练，神是神意的神，不是神仙的神，自然也不是神经的神。形成本能了，对景才能使得出来。熟到一定程度，才能生巧生神。

　　第二十五节　杂式捶包裹式　换式，将左手如连环包裹裹回，右手仍在肋下不动，微停，此式亦谓之裹式。

　　五行连环拳的包裹式是连环包裹，即左右手连续裹手。这个裹手是往里裹，好像是平常家居包东西似的，所以称为包裹式。包裹式又称横拳，其实是横拳的变化。打横拳是平着往斜上方推出去，这里是走了个螺旋，也即是把横拳的劲打圆了。如果配合身法纵向旋转，就是一个里向的起钻，与劈拳外向起钻异曲同工。懂了这个就知道，所谓起为钻就是说这个。只要一起就是钻裹，或者往里钻，或者往外钻，都是为了裹化对方的直线进攻。在包裹后有个顺着口往前上去的动作，和劈拳起钻一样，是顾完就打。也就是在裹化了对方进攻后，随即打向对方的脸部。而包裹式用的是手指，还有戳眼的意图，锋芒更利。在这里只是左手单向包裹，没有右手的事。但在用的时候，左右手应机而出。

第二十六节　杂式捶推窗望月式　换式。将左手腕往外挥劲，斜着往外往上伸去，左足亦与左手同时出去，身式要往下缩力，又要矮，两腿与骑马裆相同。左肩里根极力松开抽劲，两眼看左手大二指中间，右手仍在右肋下不动，此式谓之推窗望月。停住。

推窗望月是个取巧的招式，可以从猴形去理解。猴形从唐山孙氏门里属于知而不练的范畴，因为对脊椎骨的伸缩有较高要求。据说薛颠以猴形见长，一蹲就会从人的视线里消失，一长身就到了对方脸前，这就是猴形打人的奇巧之处。当两人对垒时，对方的注意力都在你的上三路，绝对不会想到你突然下缩到其裆下。猴缩的用法就是探阴，既可以打也可以揪。推窗望月是对方上三路来得又急又猛时，比如对方两手齐张扑过来，我则用左臂从下往上冲着斜上方一推，而自己身躯下沉，就把对方的冲击力部分缓解。为什么用骑马蹲裆式？就是要依靠整体张力提高抵抗能力。因为此时对方的胸腹部是空的，我方下沉，对方无计可施，如果不收力，我则可顺势转身摔之。如果对方收力或者力尽，则我在左臂推窗的同时用右手偷袭其胸腹部。推窗望月的动作来自人在生活里的一个本能反应。比如突然正面来了一阵风沙，人都会下意识用一侧手臂来遮挡，这一挡就是推窗，而加上扭头打击就是望月。当然，打拳的时候动作要标准，而用起来动作非常小。这就是所谓的丑功夫俊把式。

第二十七节　杂式捶三盘落地式　换式。将左手屈回落下，与大腿根相平，相离两三寸许。手腕极力往外扭劲，胳膊如半圆形。右手亦与左手同时落下，手腕向外扭劲，两手相同。两腿仍是骑马裆式不动，两眼往左前看。两肩松开往外开劲，又往回抽劲。腰往下塌，此式谓之三盘落地。

三盘落地最早是指底盘的稳定。三盘分别是肩、胯、脚三个身体的横切面，比喻为三盘。所谓三盘落地，是指先把上盘落到中盘，再合在一起落到下盘，其实就是很多门派讲的"松沉"。一松到底，走在冰面上也不会打滑，就是三盘落地。在杂式捶里属于借用，强调用身体一侧靠打或者靠发对方。形意拳讲究前手打拳后手使劲，其实这个说法也不全面。因为全身的筋膜是一体运化的，当你用身体左侧靠打对手时，身体右侧不能放松，如果松了，左边也没有力量。因此左边使劲，右边也得使劲，全身整体都在做功，好像一个打足了气的篮球，哪个点上的力量都是有的，而且是均衡的。所以三盘落地是一个圆满无亏的架子，包括形意拳所有的架势也都是如此。

三盘落地在八卦掌里是白蛇伏草，用法一样，叫法不同。比如接上一式的推窗望月，如果右手打击不成功，对方和我方撕打在一起，有了身体接触。擂台上有很多这种场景，两名选手缠抱或者搂抱在一起，这时候就得靠裁判分开。博击运动员对这种场景一般只能推开对方，如果力量不足还推不开。形意拳里就是把对方发出去。三盘落地是以胯为核心，从肩到胯一起发力把对方打出。也可以用虎扑、鮀形等发人，全看当时怎么用顺手。把对方发出去要追击，不能发出去就算了，而是粘上对方连续打击。要能发人，必须形成整体爆炸力，要从混元桩里逐渐练出来，否则就是明白这个道理，使出来的也只是推人而已。

第二十八节　杂式捶懒龙卧道式　再进步，先将左手向前极力撑着劲出去，与心口平。将左手卷上拳，手腕朝里拧劲，手心向上。又将左手如包裹劲，裹回手至心口处，胳膊紧靠肋。右手极力同时与左手裹回来时，从左手腕上边出去，手心向上，左手心翻向下。右足亦与右手同时出去，两腿与龙形步法相同。两眼顺着右手往前看，两肩极力往下垂劲，又往外开劲，微停。此式谓之懒龙卧道。

懒龙卧道，顾名思义与龙形有点关联。步子是龙形步，但手上不是。孙氏的龙形主要是练丹田气打，靠丹田作用完成身体的升降，腿部不准使劲。凡是靠腰腿力往上蹦的，这都是没得真传，或者是丹田没出功夫。龙形是考验有没有真实内劲的一个检验。但在这里，主要是体现龙形的脚踩作用。龙给人的印象是张牙舞爪，神龙见首不见尾。龙的四个爪子，后爪可以立，可以踩抓，前爪就是抓挠，所以龙形在实战中主要是体现脚打，但必须通过龙形变幻莫测的身法来体现。如果能让对方看出路数，就不是龙形了。所以这里就是针对敌人进身，我则从一侧踩踏其小腿，同时手上用钻拳路数击打。从三盘落地开始，左手先向外拧转着出去，就是个单手起钻，又顾又打。然后右腿上去龙形步，暗含了踩踏对方小腿或者脚踝。同时左手一变为挂压，右手上去钻打对方面门。

第二十九节　杂式捶乌龙翻江　再进步。先将左腿往前进步落下，与鹞子入林步法相同，左手于右手下边出去，右手拉回。可与左腿出去同时拉回，两手与横拳相同。两眼看前手，停住。此式谓之乌龙翻江。

乌龙翻江是怎么回事？就是身子从懒龙卧道的半伏着，也就是"伏龙"的意思，而后身子一挺，手上走横拳的招式配合着，半边身子瞬间翻过来。懒龙卧道是右手在前，也就是右半边身子靠前。换成乌龙翻江左手挺出去，变成左半边在前，左右身法一转换，好像龙在江里翻个儿一样，是所谓乌龙翻江。这一翻，身体里是走横拳的劲。这一

式有点像太极拳里的如封似闭。如果对方控制我的前手，我则用后手从前手臂下横着格过去，可以瞬间解脱对方的擒拿。在形意拳里就没那么斯文，如果对方控制我的右手腕或者右手臂，我就用左手从右手臂下过去，右手压住其手臂前部，左手接住其肘部，左右手臂上下横着错劲一搓，结合着身体的陡然翻转，轻的可解开对方控制，重的就把对方手臂打伤了。这一式的重点还是在于解脱对方控制，然后露出空门，为下头的进攻做准备。

第三十节　杂式捶崩拳式　再进。先进右手，与崩拳相同，两足不动，停住。

这一式就不用多说了，接上面的乌龙翻江，解开对方的控制，对对方露出的空当就是一拳。

第三十一节　杂式捶龙虎相交式　再右足极力提起，往前蹬去，如画半圆形式，与心口相平为度。左手与右足同时出去，与右足相齐，此式谓之龙虎相交。停住。

龙虎相交就是拳脚相加，接上面的崩拳，再上头一拳底下一脚，连续攻击。形意

拳很少用腿，因为我们是整体冲击，起腿半边空，整体就出不来了。但是在特殊情况下也可以用，原则是不起高腿。杂式捶里这一腿已经是最高的了，踢到心口相齐。之所以同时出左拳，是强调左右平衡的意思，是所谓龙虎相交。如果上一式的崩拳打不上，紧接着就起腿蹬踹，这一脚奔对方小腹去，而且是撩起来踢，从地面开始往上画半圆，在这个过程中碰上哪儿踢哪儿，最后落到对方小腹处是蹬踹。上面的一拳主要是配合，上下齐发，对方就手忙脚乱。反过来，如果对方用这一招打我，可以用乌龙倒取水来防守，上下同时格挡化解。踢腿的秘诀是松胯，力量才能伸展出去。所谓束展之下一命亡，平时都是含着劲，到关节上一放开，好像屠夫杀羊，用手找地方，他的身体都是含蓄着的，找到了一放刀直接就进去，这时候他的身心都是松开的，这就是束展。主要体现在精神上，身体从属于精神。

第三十二节　杂式捶出洞式　再进。将右足落地在前边，右手出去，左手拉回，仍与黑虎出洞之式相同。停住。

从这一式往后就又开始重复五行连环拳的动作。而这一式的黑虎出洞是延续上面的连续进攻，对方后退时进行追击。

第三十三节　杂式捶亮翅式

第三十四节　杂式捶炮拳式

第三十五节　杂式捶双展翅式

第三十六节　杂式捶入林式

第三十七节　杂式捶倒取水式

杂式捶演变到这里，没有退步劈拳，直接乌龙倒取水。也可以按照个人喜好加上。

第三十八节　杂式捶单展翅式

第三十九式　杂式捶蛰龙出现式

第四十式　杂式捶出洞式

唐山孙氏拳在这里不是单纯的黑虎出洞，而是迅疾往前赶步，再做黑虎出洞，唤作"追风赶月"。有点类似孙式太极拳的进步指裆捶，也是往前迅疾进步，越走越低打人裆部。这里就是快速追击的意思，对方在我连续打击后要逃跑，我则追击之。

第四十一式　杂式捶风摆荷叶式　再将两手一起从前边往下落，顺着左边由下向上如画一圆形，从后边回来。再从目前变双手推去，两手掌皆立着，与肩相齐。右手极力伸直，左手在右肩处。右足随着两手往回迈步，两腿形与青龙出水剪子股式相同。两手向后推，两眼亦顺着两手向后看，两肩仍如前抽劲，微停。此式谓之风摆荷叶。

唐山孙氏拳是连续做两个风摆荷叶，因为之前的追风赶月一般演练是赶四步，这里走两个风摆荷叶则回到原位。风摆荷叶有点像推窗望月，是连续对付左右两边的敌人。黑虎出洞是右腿右拳一顺在前，风摆荷叶往左边打时，腿先不动，两掌往左边去。而后两掌转过圈来往右边去时，右腿从左腿前边往后撤，边打边撤步。打第二个风摆荷叶时，先撤左腿，两手往左边去。然后再撤右腿，两手往右边去。往左边打是冷不防，因为你冲着右边的敌人，左边人过来以为你没注意，但你突然转身就打上。这时候右边敌人必然追击，你撤一步看似后退，但手却往前来，给对方造成一个视觉距离误差，正好碰上你的右掌。这个和退步崩拳的妙处相似。左脚后退半步，看似身体后退，其实右腿没动地方，身体的整个位置并没有变，给对方一个错判，以为你退了，他追上来的位置正好在你的前手拳上。风摆荷叶里头还蕴藏着一个摔法，如果

对方从左边来，我用双手从左往右带对方，同时脚底下使一个绊子，手上劲往右，脚上绊子劲往左，把对方扔倒。

　　第四十二节　杂式捶仙人指路式　再进。将左拳从右肩处往下前左伸去，如崩拳手相同。右手亦随着向下曲回在右肋处。左足与左手同时出去，如崩拳步法，惟后足不跟步。

　　第四十三节　杂式捶出洞式　再进步，仍是黑虎出洞之式，不可停即回。

　　仙人指路在剑法里经常见到，就是突出一剑对着敌人的咽喉去。在这里就没有什么特殊的意义了。右手往左往下一撸回到右肋，同时左崩拳出击。其实就是个崩拳式，右手做得稍微大一点，意思是砸挂对方的来拳，同时我的左崩拳打出去。左右手要有撕棉对扯之力，所谓前手发力后手使劲。左崩拳打完了马上就是右崩拳，也就是黑虎出洞式，出右足右拳。左右崩拳连续攻击。

　　第四十四节　杂式捶回身收式　回身式。仍是鹞子翻身之式，停住立正休息。

　　打完右崩拳不停，把右拳直着往天上去，左拳附在右肘旁，到顶了以后瞬间转身，从面朝后变成面朝前，还是一个仙人指路，也就是右手撸左手崩拳打，但是步子变成大马步，类似推窗望月的步子，裆要往下压住。此为鹞子回身，其实是个端大枪往前崩刺的动作。手上没枪，身子就是枪，左崩拳就是枪尖。停住片刻，无极桩收功。

解密孙公禄堂《形意拳学》
——十二形全体大用学

十二形全体大用学，就是安身炮。之前十二形全体合一学，是杂式捶，主要是一气为内，衍化十二形的种种用法，以及与五行连环拳的结合。安身炮则是实战中的具体应用，说简单点，就是通过二人对打的形式，把十二形用法具体化。从这个角度说，杂式捶为体，安身炮为用。熟悉十二形全体用法在实战中具体使用的细节，同时在模拟实战的环境里掌握各种变化要素。

形意拳的学习是个系统过程，无极桩是为了返先天，混元桩出内劲。从太极学到三体式，主要是固定规矩和身法姿态。五行拳则实现易骨易筋，并掌握最基本的用法要素。通过五行连环拳和五行生克拳，掌握五行拳在实战中的体用要素。进入十二形则是对之前拳桩合练所出功夫的衍化，而形意拳的功夫实质上就是内劲，也就是孙公讲的一气。十二形就是一气的再衍化，丰富了拳法实用的内容，更重要的是通过十二形演练，提高人身、心两个层面的功能，并用之于技击实战之中。五行拳和十二形都是单式，连环拳和杂式捶则是合演，在身法运动变化中体会具体招式的应用。也就是从静态、半静态走向全动态。练套路要眼前无人似有人，把每一式的原则要义和变化吃透，神化于心。最后通过五行生克、安身炮的对打，实现最高程度的实战模拟。

不管是连环拳、杂式捶、五行生克还是安身炮，都只是形意拳法一个局部的反应，如果掌握了这其中蕴含的深刻道理，自己是可以再创造的。也就是原则为体，变化为用。原则是打不了人的，只有变化能打人。认识到这一点，才不负前人创拳的良苦用心。

安身炮者，譬如天地之化育，万物各得其所也。在腹内气之体言之，其大无外，其小无内。在外之用言之，可以不见而章，不动而变，无为而成。夫人诚有是气，至圣之德，至诚之道，亦可以知，亦可以为矣。在拳中即为大德小德。大德者，内外合一之劲，其出无穷。小德者，如拳中之变化，生生不已也。譬如溥博渊泉而时出之。如此形意拳之道，拳无拳意无意，无意之中是真意至矣。学者知此，则形意拳中之内劲，即天地之理也，又人治性也，亦道家之金丹也。劲也，理也，性也，金丹也，形名虽异，其理则一。其劲能与诸家道理合一，亦可以同登圣域，能与天地合其德，与日月合其明，与四时合其序，与鬼神合其吉凶，学者胡不勉力而行之哉。

这段文字的核心，就是要知根本。拳道一体，拳中道理，能与天地合其德，与日月合其明，与四时合其序，与鬼神合其吉凶。孙公的这几句话，可谓是德之大也！那么天地之德、日月之明、四时之序、鬼神吉凶，是由什么决定的呢？道体根本！无论天地、日月、四时还是鬼神，包括有情无情的我们，都是道体衍化。追根溯源，天地宇宙万物都是同根而生。道体衍化是林林总总、繁花似锦、机缘巧合的，所以天地宇宙万物各有不同。作为人类，在婆婆（指现实世界）是衍化到极致的，故而有言人是万物之灵。落实在形意拳里，道体就是无极，道体衍化天地宇宙万物的功能就是一气，也就是内劲。形意拳是对道体衍化整个过程的模拟，所以说拳道合一，拳即是道，道亦是

拳。拳法，亦天地、日月、四时、鬼神之兄弟，故其核心也就是一气，可与天地万物有情无情相合。

拳术一道，首重中和，中和之外，无元妙也。喜怒哀乐之未发谓之中，发而皆中节谓之和；中也者，天下之大本也，和也者，天下之达道也。致中和，天地位焉，万物育焉。"中和"这两个字，听到耳朵都起茧子了，但凡孙氏门里都提中和，因为是孙公讲的，拳法核心就是这两个字。但一问到中和在拳法中具体的意思就模棱两可了。中，就是无极道体和其太极功能。和，就是一气发生，五形十二目，包括我们自己练拳用拳乃至学道悟道的种种，纯是先天本质空空静静中一气而衍化。但凡合道有序的才叫作和，无序的就是违和。好像生个孩子发育得完好无缺，这个就叫作和顺和美。如果生出个怪胎，那就是违和了。所以练拳把握这个和，就是拳要始终合上道，所谓拳道相合。那么合道的方法呢？就是顺中用逆和逆中行顺了。孙公从开篇无极学到最后十二形全体大用，都是围绕这两个字在做文章。一会儿大学，一会儿中庸，一会儿道家，一会儿儒家，生怕学者不懂，然后世学者于传统文化所知有限，自然是不懂。就是当时的人们，身心体悟达不到一定的层次，依然是不懂。因此拳道一途是体用实修之学，不是后天思想思维之学，觉得自己脑子好用、好思考、好琢磨，那是永远也没有出路的。

孙公在这段开始的文字就说了，安身炮这东西，和道体孕育衍化天地万物是一样的。道体的功能就是发挥阴阳，阴阳孕育不断衍化出新的各种物质，有情无情，最后有所成功。比如天空就是天空，大地就是大地，人类就是人类，衍化成功了，就叫作万物各得其所。那么安身炮是拳法衍化到最后极致完成，最后的结果就是十二形全体大用，最后之所。接下来说腹内之气果能得到，其大无外其小无内。所谓腹内之气，

就是把一气也就是内劲悟出来了，在后天身体的反应上，就是丹田（形意拳的丹田是指横膈膜以下、耻骨以上的整个腹腔）内生出爆炸之力而为致用。因其无形无相，故而其大无外其小无内，因为一气本质是道体的独一功能，大小还是后天概念，是无法形容或者揭示其真实面貌的。释迦云：不可思议！就是别用脑子想，一动心就到后天，这些都是先天层面，需要用智慧不思而得。

接下来孙公继续阐释内劲的各种特征。如果你真掌握了一气，那么所谓圣德诚道就都可以明白了。儒家《大学》有句话说，自天子以至于庶人，都是以修身为本。儒家是治国齐家平天下，先把自己的修养做好，其次把家族维护和睦，再次才能出去治国平天下。所以讲正人先正己，己所不欲勿施于人。修养的核心是什么呢？天命之谓性，率性之谓道，天道即所谓中和。中，也即道体本元。和，也即天性之道的发展，就和拳道一体两面了。所以练拳到了最高境界入道，拳道一体，儒、释、道三家就都一通百通。这即是中国文化的核心所在。接着说一气的大德和小德。大德者，是说一气是道体的功能，反映到人身上就是六合，也即内外合一之劲其出无穷，有多大？不知道！这么大的宇宙都是道体功能衍化，何况小小拳术用来打人的内外合一之劲。所以前辈功夫无法揣测，全在个人返先天合道体的程度。走入先天越深，这个功力就越大。小德就是拳法中的变化无穷无尽，生生不已。道自虚无生一气，便从一气产阴阳。阴阳和合成三体，三体重生万物张。

人类对宇宙的探索还是非常初级的，最起码耳目所见所闻都十分有限，我们身边就有很多看不见听不到的存在。拳法变化也是这样。八卦掌合八个卦象，后来又发展成八八六十四掌，其实再继续衍化是没完没了的。周文王演算后天八卦的变化为六十四卦，到此也就结束了。因为

这些都是后天变化，是没有头的。周文王是被纣王囚禁，每天闲得没事干，所以就做了这个消磨时光的事情。其实八卦往前是阴阳鱼，代表阴阳和合万物张，再前面则是一个圆，圆中一个点就是一气。过去有些拳谱画一个圆，再画一个圆中心有个点，后人皆不知其意，道理即在这。前辈创拳肯定是要合上道，那么形意拳一定是有五行拳代表金木水火土五个基本元素；八卦掌也一定有八个掌，代表八个卦象。孙公加上太极、两仪，也就是单换掌和双换掌，一共是十式。

到了这个境界，拳法完全返先天，就做到了"拳无拳，意无意，无意之中是真意"。形式不重要，也没有后天的思维，在完全放弃了后天思维之后，真意便生。这个真意，才是形意拳的意。禅宗所谓"要想活个人、先得死个人"，人的生命分先天、后天两个层面，终其一生都在后天消耗磋磨，人生的终点就是死亡。庄子所谓"方生方死、方死方生。生生死死，死死生生"。佛法修炼也是返先天，就是要把后天全部去掉，是所谓修炼，后天不死，先天不生；后天死了，先天才来。所以练拳，我让大家始终空空静静别动心，道理就在这了。当你没返先天，没悟道，没开发智慧，最好的方式就是傻练，而原则就是空空静静。所谓空空静静最难求。有一天当你的后天成分去得差不多了，先天功能开始涌现，同步智慧也来了，功夫也就上了台阶。这就是一气之不同侧面的显现。劲也，理也，性也，金丹也，形名虽异，其理则一。到这里这段话就可以告一段落，有缘者只要能切入道中三昧，就会展开不一样的人生了。

第一节　安身炮　甲乙二人对舞（甲上手乙下手）。甲起点三体式，乙起点三体式。甲先将左手向外拍出乙之左手，即速出右手进步打崩拳。乙即速向后撤右足，左足提起紧靠右腿，再将左手将甲之右手向外推去，即速进步打崩拳。

第一节一图 甲 乙   第一节二图 甲 乙

　　甲进步崩拳，形意拳攻击十中有九是崩拳。这就好像马上用大枪，主要就是中平枪一刺。大枪的用法也不是扎，主要是蹭。如果骑在马上以高速冲击过去，把枪头扎进一个人的身体里，枪会被对方身体带住。大枪头一般都有一尺长，做得很宽阔，就是在快速冲击对手时，用一边的枪刃瞬间切开对方的一侧身体。所以形意拳讲起为横，不是只有往前的直劲那么简单。往前冲击的时候，身体还得带着往后的劲，不能一味向前，这就是欲前而后的道理。五行拳的编排是非常科学有序的。必须在劈拳过了易骨到了易筋，把全身的筋络练得完整一体，能够体会出触一发而动全身，才能把崩拳的劲打出来。崩拳似弹，是一气之伸缩，全身都是一个弹弓，是抽着劲打的。如果筋没练出来，这个抽劲也出不来。所以练拳第一要遇见明白老师，第二必须一步一步规规矩矩来，不能指望一夜就变成大师。

　　安身炮第一节，两人三体式对立，都是左手在前，甲就用左手往右边一拍对方的左手，这就是以横破直。如果不是特别说明，形意拳的顾法也就是防守基本都是以横破直，或者以圆、螺旋破直，没有直来直去对着抢的。拍开的同时进身右崩拳，这是完整的一个黑虎出洞，又猛又快又狠。甲方攻势很猛，乙方身法步法不能乱，右腿先退，同时提左腿

预备，提左腿有准备踩踏对方的意思，好像李小龙总是截击对方前进腿的胫骨。同时左手从外往里拍推，又是以横破直，把对方右手崩拳的攻势引到自己身体右侧闪避过去，这时甲的肋部就出现了空当，乙进左腿起右崩拳击之。乙方的防守反击体现了三个原则，一是以横破直，二是抢大边，三是不退反进。形意拳的高级打法就是走侧面，这里提供了一个范例。通过以横破直，是对方身体转向另一侧，给我走侧面创造了机会。同时形意拳讲究打人如亲嘴，到对方怀里去撒野，宁思一寸进不思一寸退，越是对方进攻凶猛，越要想办法往前去，所谓反其道而行之。

我总是不厌其烦地说，拳架子只是教给你原则，真到技击上得活学活用。如果对方用直拳，一般都是速度极快的刺拳，而且连续出多拳，如果你还慢悠悠等着对方过来，你提起一条腿，就是等着挨打了。正确的方法是像李小龙那样去截击对方的小腿，延缓对方的攻势。形意拳最高级的打法是不接，打人不知。到对方跟前对方还没反应，把对方打倒了他还不知道怎么回事。说到底就是一种敏感，而这种敏感来自返先天后人自身具备的一种自我保护反应。平时要在动静转换中体会这种敏感，为什么唐维禄让李仲轩在大黑天里练拳，当你眼睛看不着的时候，敏感就出来了。这都是先天层面的东西。只要对方一动就激发了这种敏感，带动你的全身出击，走大边也好，走中门也好，连顾带打就完成了防守反击。如安身炮的设计，以及杂式捶的设计，都是退而求其次，接上对手后的身法手法，就需要不等对方劲力用老，在半渡而截击之。这个也需要敏感，不然也接不上，对方的拳就到脸上了。

唐山孙氏拳门还有一种训练敏感反应的练法，就是非得等对方拳头到脸只剩一厘米的时候才发作，就这转瞬即逝的零点几秒，连顾带打把对方打躺下。再等而下之，实在是对方太快，练这个都没用，就要按照孙存周说的，用身体的回缩、身法的后退、旋转，吃住对方一部分劲，同时化解一部分劲，然后再反击。当你把这一整套技击战术弄明白，同时练到身上，无论是擂台还是野战，基本上就能立于不败之地了。因为不会再有其他情况出现，基本就这些。最高级的是打人不知，其次是对方一动就打上，再其次是半渡截击，再次是贴身反击，最次是接身反击。在这其中只存在走中门或者走偏门，而最高级的是走偏门。走偏门需要把横劲练出来，不然走不过去，需要在横拳里头仔细体会。

第二节　安身炮　甲即将右手向后拉乙之右手，左手与右手同时向乙之面劈去，两足不动。乙即将右手抽回抬起，左手与右手同时即向甲之心口打去，如鹞子入林之式。甲再先将左足垫横，右足进至乙之左足外边，左手曲回，即搂乙之左手向后拉扯，右手亦同时向乙之面劈去如劈拳。

图一节二第

这个插图是把甲乙的动态同时画在上面。这一式充分体现劈拳破崩拳的拳意。劈拳破崩拳，不是说用劈掌去劈崩拳的前臂，而是劈拳的整体体系对抗崩拳的整个体系。因为崩拳力道威猛，用劈掌或者横拍不一定化解，就用劈拳一手后拉，一手前劈。后拉的用法和太极拳很像，所谓引进落空。直力有两个弱点，一是横向容易化解，二是纵向力尽之点。这里用劈拳的后拉，就是把崩拳的直力引向力竭之点。乙打右崩拳，甲用右手后拉，就走到了乙的外侧，体现抢大边。同时转身出左劈掌，这里就很清楚地交代了劈拳的整体用法。这里的关键是甲身体的纵向旋转，左右手就好像逆时针旋转的柱子上挂着的两个力臂，一个往右后去，一个往左前去，有点像拨浪鼓。起为横，横也包含着旋转之意。因此不要以为形意拳就是直来直去，那太肤浅了。形意拳一动，里边就包含着旋转、切线、横直、圆化、前后、左右、上下、争力、合力等。因为旋转，化过了乙的崩拳，到了乙的侧面，左掌顺势就打上了他的头、面部。

之前说形意拳往前去，身上一定要带着向后的劲，其他方向也同理，在这里就显现出来了。普通人只有向前的劲，那么甲一带手人就出去了。而这里乙还能回来，用鹞子入林，也就是左手炮拳连化带打。如果形意拳不是这样的身法设计，是打不出这样的防守反击的。因为甲是右手搂带左手劈掌，乙右手一翻起钻起炮拳，正好把甲的两手全部挡在外侧，而自己同时也抢到了甲的侧面，这就是抢大边的一个特点。如果对方化解了你的攻击，就等于把你自己的大边让给了对方，危险都是对等的，起决定性作用的是功夫，只有一下能把对方打躺下，同时你的攻击对方接不住防不住才是根本。好比韩慕侠打康泰尔，走侧面一个掖掌，康泰尔就倒地呕吐不已，直接丧失了战斗力。

从一般角度而言，乙这样的反击基本就没办法了，但是在安身炮里是怎么设计的呢？还是抢大边。甲要往乙的左边去。为什么往左边去？因为左手是乙的攻击手，是发力的一边，缺少变化容易控制。如果往乙的右边去，右手是防守的蓄着力，很容易就给甲一下。那么如何化解乙的炮拳呢？因为乙的起钻，使甲的双手都在高点，那么甲顺势从上往下压盖、搂带乙的左臂，同时身法走横，右掌劈打乙的头、面部，仍是劈拳。炮拳其实是崩拳的变化，只是内部精神气质不同而已。关键是甲左脚要横着走一步，右脚才能走到乙的外侧去。别看就这一小步，一般人根本走不出来，只有在横拳里头不断重复地练习，日久天长才能把身上的直劲改过来。

第三节　安身炮　乙即将左足垫横，急进右足，速将左手抽回抬起，右手同时向着甲之左面劈去。甲即将右手向里裹劲，手心向上。左手腕向外扭劲，离面一二寸，手心向下。两手一齐向着乙之右胳膊截手。右足同时向前迈步。

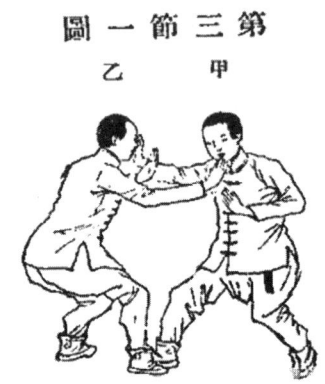

第三节　圖一
乙　甲

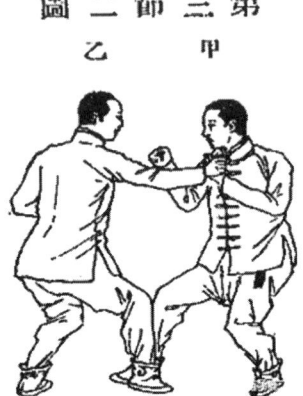

第三節　圖二
乙　甲

第三节充分体现了形意拳的"宁思一寸进，不思一寸退"。甲走乙左外侧劈拳，乙左手由内而外拨挡甲之右臂，同时右腿向甲身前进步，这就体现了打人如亲嘴，一定要进到对方腹地，连防守带攻击就都有了。此时乙身体纵向逆时针滚转，左右胳膊如拨浪鼓，左手往左后去，右手腕右前去，形成合力，劈击甲的头、面部。乙进身劈拳，同时控制甲的右手，已经相当危险了，此时甲只有临激反应，右手往里裹，左手往外裹，双臂外侧形成如图的防护姿势，同时右脚也上一步，形成身体自右而左的纵向滚动，化解乙的近距离劈打。

从这一式可以看出几个要点，一是一定要进身，进身才有机会，退步机会较少，会比较被动。二是身体一定要纵向滚转，所谓人身如柱，这是形意拳、八卦掌应用的最基本特点。把进步、退步与滚转结合起

来，才能实现身体通过滚转发挥出来的动能，对方来力就会从身体滚转形成的圆周切线上被化解出去。我反复讲起为横，又说形意拳是直八卦，形意拳的以曲化直不像八卦掌那么明显，但里头的东西是一样的。只要一动就带着横力，身体就要纵向滚转，或向左或向右，身法手法配合，瞬间就到了对方侧面，这才是形意拳的真诀。

使用双截手有一个要点，就是不能抬得太高，特别是不能抬到鼻子、眼睛前面，因为容易被对方打击后碰到自己的眼睛和鼻子。双截手和拳击某些防守技术很像。在拳台上遭遇对方暴风雨般连续击打时，很多选手就用双手并立护住头部。讲到这里不得不说说，如今很多传武练习者挑战搏击选手，就连个最基本的防守架势都没有。防守的架势与攻击的架势其实都差不多，统称为抱架，这类抱架在传武中就是桩，意拳里统称为技击桩。意拳讲身体内部要处处争力，身体关节要处处钝角，就是周身如弧，形成一个类似圆球的状态，才能扛得住对方的打击。同时自己的功力也要大，不然防不住也打不翻对手。

第四节　安身炮　乙即将左手向着甲之面劈拳，右手拉回在心口右边。甲即换右双截手，与左边相同，随后用右手从自己左手下边出去，向着乙心口打去，两足仍不动。

　　此式是双截手的另一个运用。乙打右劈拳被甲用双截手化解，随即打左劈拳，而甲也随即纵向滚转到右边，用右侧双截手拦截。从这里可以看出，形意拳来自战场厮杀的实战，右边不行就左边，左边不行就右边，左右手连续劈打。打崩拳也是如此。崩拳如连珠箭，要打得对方喘不过气来，身法手法快如闪电，打得对方一路后退失去身位最后被打上。钻拳亦是如此，盯住对方咽喉或者下颏、鼻子，连续出击，不达目的誓不罢休。甲在右双截手格化乙左劈拳后，顺势以右手崩拳偷袭乙心口。这一下极其突然，令人猝不及防。一般生活中很少有人会用劈拳，擂台上都是直摆勾。比如对方如暴风雨般左右摆拳打来，一般防守方用双臂立起护住左右头部，即可用双截手左右旋转拨挡，而后进身以直拳攻击其头、面或胸、腹部。

　　第五节　安身炮　乙将左足向后撤，右足提起，先将右手托着甲之右手，向后引进落空，随后再将左手从甲之手腕底下伸去向后拨，即速将右手向着甲之心口打去，右足亦随着落下，连拉带拨带打，一二三合成一气不可间断。甲即向下坐腰，右手在乙之右手上边，如同捯物往回捯，左手向自己右手前头亦如右手捯法相同，随后即将右手向着乙之面抓去，连捯带抓，一二三亦成一气不可间断。

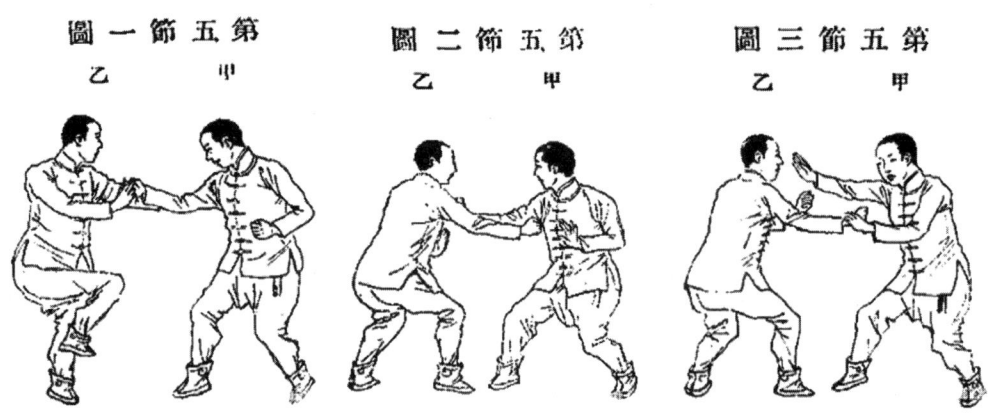

第五節　圖一　乙　甲　　第五節　圖二　乙　甲　　第五節　圖三　乙　甲

面对甲的崩拳偷袭，乙的方法是右手一托、左手一带，同时身法退步来化解。孙公在文中说了一句太极拳的话：引进落空！或者可以说：情急之下，引进落空。在这种极其危险、只有零点几秒反应时间的情况下，人的本能一定是后退，所以就设计了这个退也打的路数。因为乙的右手正好在身前预备，所以先是身法后撤，同时左手从下往上一托甲的右拳，就化了崩拳的冲劲。我们将以横破直，以曲化直，其实这个也是以横破直的特例，只是从底下往上托，有些出人预料。其实对付一个直冲进，上下左右皆可以实施以横破直。如果光有防守就不是形意拳了，形意拳从来都是打顾一体，防守就是反击，反击也是防守。因此在托的同时，乙的左手到了甲的肘部下头，联合后退的身法往回捋带，是为引进落空。但身体一定要旋转，撤左腿提右腿往右一转。练拳可以这么练，真打时可不能把腿提起来，只是左右腿重心变化，顶多右腿虚一点。前面说过可以用李小龙截拳道的截击对方膝盖的方法，上头捋带，下头脚踹，就是孙式太极拳里的"进步搬拦捶前式"。这里是顺时针的纵向旋转，基本和太极拳的捋法是一样的。薛颠的五法八象，其中的云法也是这个道理。托带之后，牵动了甲的重心，本能地甲要往回去，乙则顺势进身，以右崩拳打其心口，左手仍要控制其右手。

此时乙将右崩拳向甲心口打来，危险是同等的。形意拳中，崩拳最险，因为距离近，发拳突然隐蔽，打的一般都是心口，且崩拳如箭，劲力凶猛，很难防范。上面甲打乙崩拳，是连托带捋，这里乙反过来打甲，甲的办法是砍。这个捯字，在古代是切砍的意思。就是乙过来的凶猛，甲连退步都来不及，只好坐腰后缩，用左右手掌连续砍击乙的右前臂，这也是以横破直，其实就是退步劈拳的活用，延缓乙的进攻势头。如果乙仍往前进，这时甲顺势起右手抓向乙的面部，就是青龙探爪。左右砍掌可以连续攻击，青龙探爪也可以左右手连续抓，抓就是奔着对方眼睛去。

第六节　安身炮　乙即速屈回右手，再即向着甲之右手钻去，左手拉至心口处，身式要矮。甲即速用左胳膊将乙之右胳膊挑起，甲之右手抽回，再向着乙之心口打去。左足与右足同时进步，手足与炮拳式相同。

青龙探爪，其实就是鹰形的变化，而鹰形，是劈拳的变化。甲用青龙探爪去抓乙的面目，乙则用劈拳起钻化解，也就是从里侧向外连钻带化。这个起钻就是包裹。起钻，是形意拳打顾一体的重要手段，或者说最重要的手段。手臂的起钻，是身体整个纵向旋转的作用末端。只要对方是上下、前后、直线平面过来的攻击，都可以用起钻化解。而起钻实则就是钻拳的变化，在顾的同时就可以打。比如对方打一个右直拳，你瞬间从外侧起钻，同时进身，在钻化对方直劲的同时，起钻的拳头就打上对方头的侧部，也可以在起钻后变下砸拳打击对方脸部。这里乙从里侧起钻化解甲的鹰爪，甲也用左手从里侧起钻，同时发右手炮拳打乙的心口。炮拳可以说是钻崩结合，一手起钻，一手直崩，所以打的是心口。

第七节　安身炮　乙即换退步劈拳，用左手将甲之右手扣住，右手抽回在心口处，手心向下。甲即用左手将乙之左手搂开，右手向着乙之左面，用手背打去。右足与右手同时进步。

圖一節七第　乙　甲　　圖二節七第　乙　甲

甲用顺步炮拳，乙即用退步劈拳，向下劈搂甲之右拳，甲随即用左手往右推拨乙之左手，同时右手反背劈打乙之面部，身法进身。这里有一个反背掌的用法，其实是劈拳反用。反背掌有时候比正手更好用，正手需要身法整体作用，而反背掌主要是一条胳膊的劲，又快又脆又狠。反背掌主要是冲着对方眼睛、鼻子去，而且出其不意，常常可一击制胜。

第八节　安身炮　乙即退右足，左足随着退。谓之后代后。左手抽回，再即速钻出，手足同时动作。甲即速催右足，跟左足，将左手拍出乙之左手，右手从乙之胳膊下边，向着乙之左面劈去，谓之偷打。

对付又快又狠的反背掌，乙只好全身后退，左手起钻化解。而甲则全身跟进，用左手由里而外横向拍化乙起钻之左臂，同时右手从低处偷袭劈打乙之面部。这个劈打是个抖掌，也可以叫扑面掌，就是递到乙的脸前，手一抖拍到对方脸上。要发寸劲、哆嗦劲、激灵劲，能打到对方鼻子最好。

第九节　安身炮　乙即进右足，向着甲之两腿当中落下，右手先将甲之右手向外拍出，左手再向自己之手前头伸，又向外拨甲之右胳膊，用右手背与右足，同时打甲之右面反嘴巴。甲即是将右手屈回，向着乙右胳膊外边钻出，右足即速往后撤，右手再向回拉乙之右胳膊，左手与足同时再向着乙之右面劈去。

之前是甲用反背掌打乙，这次是乙用反背掌回敬，上一式甲用扑面掌偷袭，乙则不退反进，用右手向左将甲之右掌拍出，同时左掌顺着自己右臂下出去起钻，配合着继续向左拨甲的右掌，腾出空间来，右手

变反背掌打甲的脸部。用孙公的说法，右手左手右手，一二三连续一气打出，不可停滞。这个连续的手法倒是有点像咏春拳的桥手。面对乙不退反进，以及快速的反背掌，甲则在退步同时，右手对着乙的右手反背掌外侧起钻格化并后捋，左手起劈拳劈打乙之面部。劈拳的用法大抵就是起钻然后捋带，牵动对方重心，另一手劈打面部。所以劈拳的练法也是先起钻，然后一手往后捋，另一手向前劈打，鹰捉、青龙探爪、反背掌、扑面掌等，都是劈拳的变化。

　　第十节　安身炮　乙先往后撤左足，用右手将甲之左手挂回，右足与右手同时提起，用左手将甲之胳膊往下把，右手再往甲之头上抓去。甲即将左胳膊屈回，向着乙之右手里边钻去，随后将右胳膊如蛇形，向着乙之裆内撩去，右足同时与右手进步。

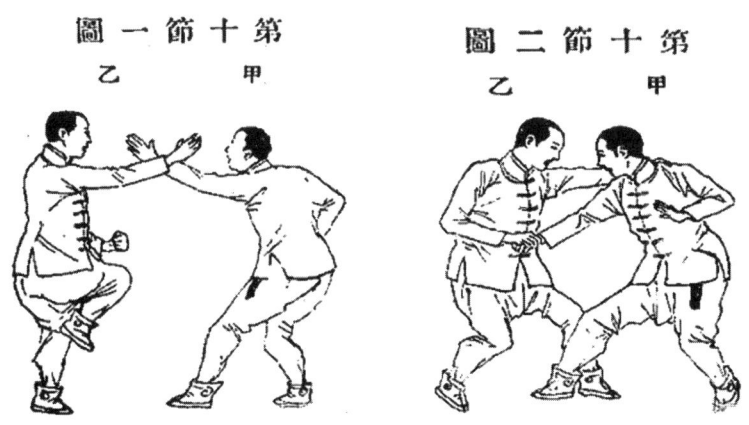

　　这一节很有趣，交代了两个打法，一是抓头发，另一个是蛇形打裆。抓头发其实还是青龙探爪的变化，也就是劈拳的衍化。这里甲用进步左劈拳，乙就退一步，用右手由外而里向横向下拨甲的左劈掌，同时左手接上右手往下挂带甲的左臂，腾出右手来进身抓甲的头发。可见实战之中是无所不用其极的。甲则用左手起钻，从里边拨化乙的右手，挤出空档，同时进身，右手以蛇形打击乙的裆部。这里的蛇形用法与练法有区别，关键在于活学活用。

第十一节　安身炮　乙即往后撤右足，再用右手，将甲之右手，顺着往后掳下，左手即速向着甲之脖项伸去，与右手同时向后按着劲拉。甲即将右手屈回，向外挂乙之左手，左手再向乙之右颊劈去。两足不动。

拳打到这里，就连掐脖子都出来了。这里甲用蛇形打裆，乙后退一步，右手自上向下、向后掳带甲的右手，同时左手伸出去掐甲的脖子。就是不掐脖子，直接打甲的脖子，也是很凶猛的杀招。此招在太极拳里就是高探马。甲则顺势起右手挂乙掐脖子的左手，这种挂法是现在八极拳里极普遍的一种防守方法。当对方往自己头部来时，只要用

圖二節一十第

挂耳即可化解。八极拳起源于少林寺，八极拳的很多招式在戚继光的短打里都能看到。而形意拳源自岳飞，岳飞是周桐弟子，也是少林传人。因此在用法里看到很多类似的很正常。甲起右手挂打，同时左手劈打乙的脸部。

第十二节　安身炮乙将左胳膊抽回在肋，右手即速向着甲之左手里边钻去，两足不动。甲即抽回左手在肋，右手即向着乙之左颊劈去。两足不动。

这一式相对简单。甲左劈掌，乙右手起钻格化，甲则起右劈掌打击乙面部。练安身炮时左右手回来放在肋部，是练法要求。真到用的时候抱架做好，不能把手弄得太规矩，死板是要挨打的。

第十三节　安身炮　乙即将右手，向着甲之右手拍去，左手随后向着甲之右肋打去，即换骑马式。甲即坐腰，两足仍不动，随即两手用猴子捯绳式，一二三用右手抓去。

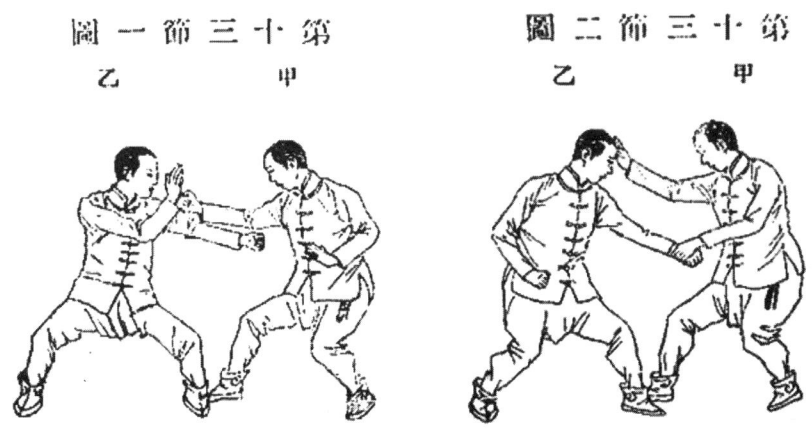

甲用右手劈掌攻击乙面部，乙则用右手由里而外横向推拨甲之右臂，同时起左崩拳进四六马打击甲之肋部。这里的要点是四六马步。马步的特点是进身长，但没有三体式的三角形桁架结构稳定。少林派一般都是弓马步，岳飞为少林弟子，将马上功夫转移到地面，更之为三角步，也就是三体式。这里因为乙要一手拨一手打，没有采取三体式进身，而是侧身进

231

四六马，体现了打法的变化。甲则用猴形的猴捯绳对付。猴捯绳是身体瞬间下缩，左右手上下互换。从图示上看应该还有后面的猴爬杆，孙公这里只用一二三进行了概括。乙用左崩拳打击甲的肋部，甲用猴捯绳向后一缩身，同时左右手从上往下连续扒拉乙的左拳，而后使出猴爬杆，身体瞬间长起，左手控制乙的左拳，右手直奔乙的门面抓去。猴爬杆下面还有一腿，但形意拳动手轻易不用腿，怕失去了身位，但又永远藏着一条腿，随时蓄机待发。说到猴形，其实就是一缩身和一长身的事。一缩身就到了对方裆下，主要是偷桃。一长身要比平时的身高多出来一节，一惊一乍就把对方打了。而猴爬杆主要还是抠眼睛，藏着一条腿是踹小肚子。猴挂印则是个进步劈拳，或者转身的劈拳。

第十四节　安身炮　乙即退左足，右手速用钻掌，向甲右手外边钻去。左手在左肋。甲即用左手向乙之右手里边往外拨出，用胳膊夹住，再用右手向着乙左边脖项切去。左腿与手同时进步，落至乙之右腿外边，挣住他。

这里甲用猴爬杆抓扑乙的面部，乙即退步用右手起钻格化，只是这里不是用拳而是用掌，用掌的意义在于甲是抓脸，用拳防护面积太小，

还是容易被抓到，而用掌则基本可以将甲的右扑掌全部钻格在外。甲则用左手从乙的腋窝下头钻进去，由里而外也是钻格，但主要是横着往外使劲，把乙的右臂引到自己身体左侧，同时用自己的腋窝夹住。夹住的同时必然是往回使劲，同步地，左脚前出别住乙右脚后跟，右手往乙的脖子右侧用侧掌切击。这是个一石二鸟的打法，右手切脖子本身就比较凶狠，同时甲还给乙下了绊，左腋窝夹住乙的右臂，纵向逆时针一转，就把乙摔倒在地。从五行拳、五行生克到十二形都还是规规矩矩，但是到了十二形用法就变得无所不用其极，抓头发、抠眼睛、掐脖子、下绊，就是告诉学者两件事，一是十二形主要是应用上的变化，二是厮杀打斗是无规律可循的，真是要无所不用其极。

　　第十五节　安身炮　乙即用双截手，将甲之右手截开，两足不动。甲即将右手抽回，随后用左手向着乙之右颊劈去，两足仍不动。

此式又体现了双截手的运用。甲切脖子加绊摔，乙首先用双截手格开甲的右劈掌，这个纵向旋转的力就失去了，所以站定身形不动。甲顺势用左手劈打乙的面部，而乙仍然用双截手格开。所以双截手的使用一定要重视，这是在近距离格斗中对方出手又快又猛左右开弓时最好的防

护手段。

第十六节　安身炮　乙仍用双截手。随后用右手偷打甲之左肋。甲即向后坐身，两足不动，左手将乙之右胳膊，顺着往后捋，谓之顺手摔羊式。

乙用双截手向右格开甲的左劈掌，顺势用右手崩拳偷袭甲肋部。这种贴身崩拳是极险的，甲只能坐身退势，同时用右手往后捋乙的右拳，叫作顺手摔羊，也有叫顺手牵羊的。就是羊要顶你时，要知道侧身攀住它的角往后一带，就扔出去了，用的都是羊的冲劲。

第十六节图二

第十七节　安身炮　甲先不起身，即用右足向着乙之右腿踢去，右手向着乙之右胳膊捣去，如捣绳一二三相似。惟右足不等落地即提起，右足与右手同时起落如同狸猫上树之式。乙即先提起右腿，再往后退步落下，右手即屈回，再向着甲之右手外边钻去，左手在心口处。

第十七节图一

第十七节图二

这是头一次出现腿法。形意拳出腿一般也都是低腿，最高的也就是龙虎相交的踢到对方腹部。还有狸猫上树、猴爬杆、燕形等出腿的，也都不是高腿。形意拳忌讳高腿，因为出高腿动作慢，对方有机可乘。比如现代搏击常用的鞭腿，虽然势大力沉，但其从启动到完成有一个行程，对于先天敏感的形意拳而言，零点几秒就可以反应，对方一转胯就直入中门进行打击。如果对方收腿阻挡怎么办？当即将其发出去，追上去接着打。如果说内家拳与现代搏击相比的优势，就是既可以打，也可以发。搏击很少有直入中门的打法，如果我们冲进去，一般对方也只能被动迎挡，这时候就将其发出去追着打。当然，前提是得把这个本事练出来。在形意拳里，或者说在内家拳里，发人于丈外是摸手时客气的打法，不客气的是出手见红，打人立钉，一下就要人命的绝手。

甲往后捋乙的右崩拳，卸了对方的力之后，起右脚踢乙的前进腿胫骨。形意拳的这种踢含着三种劲：踢、锉、踏，赶上什么就是什么。脚底下踢还不算，右手往下斩乙的右前臂，上斩下踢，左手仍控制乙的右手，乙则必须后退化解。如果乙后退，则甲迅速再提起右腿，右手变钻拳，成狸猫上树之势追击之。

第十八节　安身炮　甲即用左手挑起乙之右胳膊，右手抽回，再向着乙的左颊劈去，两足仍不动。乙即速抽回右手，在右肋处，左手即向甲之右肩抓去，谓之鹞子抓肩式。

此式的重点是鹞子抓肩。所谓鹞子抓肩，就是模仿鹞鹰从天空降落，落在主人肩上的一瞬间。一般驯鹰的都穿个

第十八节一圖
乙　　甲

专门的皮衣服，因为鹰爪的力量非常大，尤其是下落这一抓，可以把狼的头骨抓裂。用在拳里这一下，奔着对方肩膀锁骨以上部位过去，抓着哪儿是哪儿，抓不上就变抓为掌，切击对方的锁骨。锁骨相对比较细，很容易被打断。乙这一下就是连顾带打的典型，出左手抓肩，同时把甲的右臂挡在外侧，这就是打顾一体。凡是这么打架的，才是形意拳。

第十九节 安身炮 甲先用右手，向着乙之左手腕往外搂，左手紧跟着向乙之左手腕上边往外推，右手随后向着乙之左颊劈去。亦是一二三之理。两足不动。乙即将左胳膊屈回，再向着甲之右手里边钻去，随后往回挂，右手即向着甲之左颊劈去。两足仍不动。

从全篇可以看出，劈拳的基本用法就是劈脸，一手搂一手劈，和练法基本相同。这里是甲用个一二三连打，也就是右手外搂、左手外推、右手劈打。可能很多人心中觉得形意拳力量大、拳劲足，一下就是一下，很少有这种轻捷迅敏的连续快速打击，从安身炮中可以看出，这种连续打击还是非常多的。形意拳中的连续打击有很强的

目的性，打顾结合、打顾一体，指向性非常明确，没有多余的招数。面对甲的连续打击，乙是抽回左手，从里头钻化甲的右臂，一边起钻一边往回挂，顺势用右掌击打甲的面部。

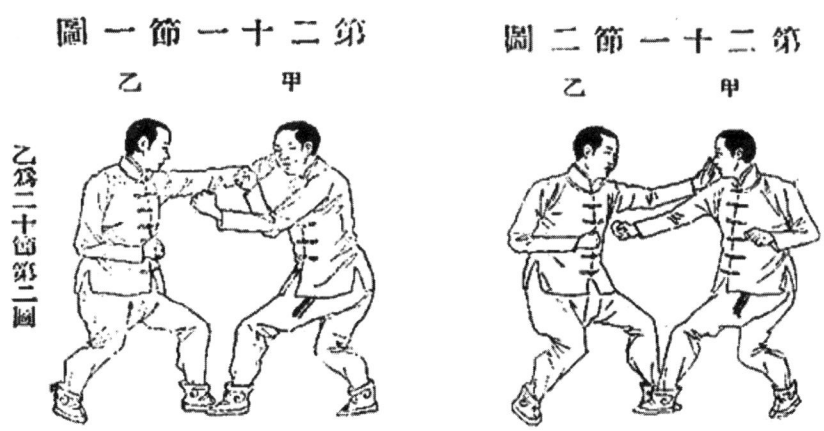

圖一節十二第
乙　甲

第二十节　安身炮　甲即用双截手，截去乙之右手，两足不动。乙即将右手抽回，再用左手，向着甲之左颊劈去。两足仍不动。

第二十一节　安身炮　甲即用双截手，截去乙之左手，即再用右手偷打，仍如前双截手偷打相同。此右手偷打出去，如起点时乙之起手打崩拳第一手相同。

圖一節一十二第
乙　甲

乙袋二十窗第二圖

圖二節一十二第
乙　甲

　　这两节是重复双截手的运用。双截手其实还有一个变化，就是可以直接用外侧手反背掌打击对方脸部。比如甲用双截手截击乙左劈掌时，左掌可顺势反背掌翻击乙的脸部。另一侧同理。形意拳有形意拳的路数，但可以用搏击的场景来模拟这几式的运用。如果对方用左右摆拳连续攻击，我则进身，用左右双截手来防守，同时寻机会打反背掌或者偷打崩拳。既然对方是连续攻击，我方也必然要连续反击应对。如果对方连续直拳，则我

237

到外侧起钻，或者崩拳偷打其肋部，或者起钻手直接反背掌打其脸部，或者直接用一个八卦掌的单换掌将其发出。这里是左右双截手运用，甲出崩拳偷袭乙之心口。崩拳，主要是打心口，打则必伤。

第二十二节　安身炮　乙再退右足提左足，用左手将甲之右手向外推，右手即速用崩拳，向着甲之腹打去。此为甲之起点第一手。还打乙之第一手相同。再往回打，仍是乙为甲之已来之式，甲为乙之已来之式，循环往来不穷。若欲休息，仍还于原起点处停住，自便休息。

第二十二节图一

到这里安身炮就结束了。甲偷打崩拳，乙退步横拨以崩拳还击，就回到了起点式，可再循环演练。安身炮说到最后，系统地评价一下形意拳的实战。形意拳招式极简，效用甚强，关键在功夫大小。形意拳不靠招式花巧赢人，靠的是绝对的实力。尚云祥说"拳不打人功打人"，就是这个道理。如今很多的传武与搏击的对抗，大多以惨败收场，并不是传武练习者的拳架子练得不好，而是自身没那么大功夫。搏击也是招式极简、极实用，而且功夫大。搏击是直接从打法练起，每天主要内容就是对抗，重拳、重腿之下焉有完卵？如今提倡综合搏击，还有摔法、拿法以及地面，就更加全面。传武走到今天，并不是传武本身不行，而是传武丢掉了最根本的功夫和对抗的日常训练。功夫大的不讲理，功夫大对功夫小，如大人打小孩。形意拳的功夫源于易骨易筋的内壮，形意拳的实战源于入门起每天的实战。所谓打法须得先上身，未学拳先学打，形意拳在过去是从打架开始学起的。每天门里对抗，门外打架，和如今搏击的对抗性练法并无差别。所以要学真艺，练真功。（上卷终）

下卷

习拳偶得

拳法核心是无为而治

站桩到与天地同心才得妙处，此时虽然是万籁俱寂，但里头有个本源在汩汩涌动，就是那个真心了。到这个地步才会彻悟生命本质，原来吾心与天地同根同生，也就了透生死。生命只是现象，来来去去如空中掠影，只一静而回转，便得解脱。

三体式的奥妙就在空空静静上，照规矩都做到了，才有孙公所说的"起点"。起点，就是静极而动。郭云深讲"由着真意萌动练去"，这个"真意萌动"才是三体式所谓总机关的由来，有了这个也才能真正进入后面的拳法修炼。那么真意到底是什么？拳无拳、意无意，无意之中是真意！

天、地、人三才一体，如何理解呢？就是同根同源，但非得到极安静处才能有所认知。薛颠说："三才三身非无因，分明指向天地人。"所谓"人能常清静，天地悉皆归"，所以孙公禄堂在《八卦拳学》里特意指出，要找山清水秀的地方去练拳，就是这个"悉皆归"。闷在屋里练拳是体会不到这个好处的，出来找个自己喜欢的好地方，刹那回返先天，心中顿生法喜。

天、地、人三才一体，虽三而实一。一者，即一气也。寻天清气朗之地，湖山秀色之隅，四外无人之境，无论拳桩，于无极本源处感悟天地人合一。其根脉相通，其生气源源不绝，于是身心内外无不化于此境

中矣。而无天地，亦无众生，即所谓：大地平沉，虚空粉碎！

松沉。松者，专气致柔，是为真松。沉者，三盘落地，是为沉。孙门弟子，于无极而知有踵，于混元而知有柔，松沉之理尽在其中矣。松，不是刻意求来的，是在返先天归本能过程中自己来的。随风潜入夜，润物细无声。悄悄地，不知不觉间就来了。说白了，真松就是婴儿态，脸含微笑，心中不带一丝血气，周身不带一丝拙力，自然便是专气致柔，而后便是止、定、静、安。所以练拳无需去求松，求来的都是假的，你只回头往无思无想去，早晚便得了。后天造作，越求它越不来，求大劲了还会出毛病。学拳，按部就班是最快的捷径。

内家拳的本质，其实就是内劲，用孙公禄堂的话："先天一气，金丹也，形意拳之内劲也！"内劲，也可以叫真意。郭云深云：练拳要顺着真意萌动练去。就是这个意思。所谓"拳无拳、意无意、无意之中是真意"，也是这个意思。人生而分先天后天，内家舍后天而用先天，而先天本质无非空空静静，无有丝毫造作。

孙公禄堂云：道本自然一气游，空空静静最难求。郭云深云：练拳不能带丝毫血气。就是说心不能起，心不能动，于此真空真静之中后天乃死，先天乃动，内劲始来。孙公禄堂于《形意拳学》三体式一章中明确说到："虚无一气，金丹也，形意拳之内劲！"在《太极拳学》续篇中明确写道："太极即一气、一气即太极。"于《八卦拳学》中写道："八卦拳者，一气之左右旋也！"金丹大道也无非虚无一气，遑论内劲？它们是一体两面。

关于内劲，孙公的批判曰："世人不知形意拳之内劲为何物，皆于一身有形有相处猜量，或以为心中努力，或以为腹内运气，皆是抛砖弄瓦，以假混真，故练拳者如牛毛，成道者如麟角，学者不可不深察也！"又曰："虚无一气，天地之根，阴阳之宗，万物之祖，即金丹是

也。"孙公说得很清楚，奈何后人不明白。

功夫分先天和后天。先天的功夫就是得内劲，后天的功夫就是易骨易筋。练拳的目的之一是改造身心，身体要不断强健强壮，但如何才能做到呢？就是要转化呼吸。呼吸一微秒，生理就为微妙。后天之为呼吸，先天之为息。至人之息以踵，常人呼吸以肺。从此分野，才有真练真得。

有一个问题，你琢磨了三天没答案，干脆扔下不管了，爱咋地咋地吧，突然之间脑子里就有了主意，十分高明。前面那个就是后天聪明，后面那个才是先天智慧不思而得。你狂心歇了，智慧才会出来。内家拳要返先天，凡是动心动念就都离题万里。所以要先把自己彻底否定。原来那个自己死了，新的一个你就会生出来了。

拳法无非生理和物理，一切皆自然而然，若有丝毫造作刻意，违背生理自然与物理自然，一入电光火石间刹那决命，皆呆若木鸡而无一可使，此即拳法先后天分野。

练拳要有实际效果，体现在体能体质的快速提升上，身心是有客观感受的。比如打劈拳，在强健体魄上比较快，站无极桩和混元桩，在内在气血圆融上比较快，以前身体不好的、有慢性病的就会得到有效恢复。练拳一定要有所得。练一拳有一拳的收获，练一天有一天的进步，而且在身心上应有验证，也就是易骨易筋这些。若非如此，练了十多年连个消息都没有，甚而还有身心上出问题的，就必须回头自省，看看是否练错了。自己练错了，殃及性命；教人练错了，因果不昧。

庄子曰："方生方死，方死方生。"生死只是天地宇宙间生命流转的一种现象。刚出生其实已经开始走向了死亡，但刚刚死亡的生命却又迈上了一轮新的生命旅程。故知庄子，可明生死，也就不畏惧死亡了。生是现象，死也是现象。现象背后的那个真我，从来没生也没死过。

离离原上草，一岁一枯荣。唯心静，是正途。心能常清静，天地悉皆归。热热闹闹不是内家宗旨，于无声处听惊雷才是一气正脉。所谓拳道一体，不是非要把拳往丹道上归纳，所谓道在屎溺，百姓日用而不知，天下万事万物皆是道体衍化，无时无刻都在道体功能之中运化，非拳而能合道，吃喝拉撒哪个又不合道呢？

练拳习武与健康长寿的关系

　　有个说法挺有意思：武术大师里头七十来岁死掉的比较多，五六十岁走的也不少，但他们的老婆什么都不练，也有活到九十多的。还有练太极拳的晚年半身不遂的比较多，中年换膝盖的比较多，这都是什么原因呢？短寿是因为练功走了后天气血，气血自有归路，你刻意去练就会出问题。此道是先天大道，不论后天。

　　凡是苦练的，逼着自己练的，都不是内家宗旨。内家拳合上了先天生理自然，是自然本能的延续和发挥，所以练拳是非常美好的享受，是不可能存在苦练一说的，而是自己乐呵呵地去主动享受。只要这拳入了港，没事就练练陶醉其中。等功夫上了身，就不是自己练拳，而是功夫随时发动了练你，坐都坐不住。

　　对内家拳于身心的验证，主要是能转性命，比如傅剑秋说李存义，七十多岁看着像五十多岁。四十多岁身体的强健程度要超过十八九岁的年轻人，如此拳法才上道。如果走不出一般人的生理规律，四十多岁一样的白头发、掉牙、衰老，精力体力愈来愈是不济，就要认真思考是不是方法有问题。至于说练太极拳伤膝盖，是因为拳架结构不符合人的生理特征。因为太极拳里有太多身体旋转的动作，如果不掌握人身似柱的圜研相合之理，就会使膝盖在拧转中承受身体重量，而膝盖本身并不具备左右旋转的功能，只有前后伸展的功能。所以练拳不能违背生理，违背了身体就会付出代价。

站桩的效果为啥如此明显？就是做到了空空静静和专气致柔，则身心内部自会调整，向健康状态转化。站桩的人很多，但真正受益的人很少，为什么？就是因为你自心造作，背离了空空静静这个根本，心里头总想着自己搞事情，添点这个弄点那个，那是永远都不上路的。身心自会运化，又何必兔头寻角，没事找事呢！拳法合道，入了道肯定是细腰，说明生命力旺盛，故真练出来的人里没胖子，都像十八九岁时的体型。

人在后天的疾病，多由七情六欲与外邪交感而成。人体生理主要是气、血、筋这三样决定。伤了其中哪个，都会影响到另两个，造成气滞血瘀，循环不畅。而脏器得不到气血滋养，疾病就会来。拔罐和刮痧都是为了把内部瘀血引到身体表面，针灸则是直接打通经络通路。高明的医生治未病不治已病，就是在疏通上做文章。人身左气右血，后天之本在脾胃，而脾胃之病又多与肝脾不和相关，故治脾胃病要先调理肝脏，治肝病则要先调理脾胃。脾为土，肝为木，脾与肝是一对互相克制产生动态平衡的兄弟。脾胃太壮则肝受欺，肝太壮脾胃又受欺负，二者必须五五对开平衡才能保持最佳状态。气与血的关系，是气生血，血耗气，故脾胃火大必然欺肝，则影响肝部气血运行，出现局部堵塞状态。肝火旺盛则必然欺脾，则出现消化能力下降等胃病症状。通过顺逆之法调理气血，即以手掌平覆肚脐，左手逆时针推揉为以血耗气，是为去火；右手顺时针推揉为以气生血，是为扶弱。治未病不治已病。

生命诞生之初是精卵结合，以后首先化生出两个肾，肾上再生出两条线一直往上走，然后再生出左右大脑，所以大脑的营养根基在肾。一般人年过四十肾都虚了，大脑得不到足够的营养供应，脑子就会越来越不好使。而小脑萎缩这种病基本就是肾精枯竭，大脑断供，因此道家

提出要接续、还精补脑。接续就是接上先天，精炁自来。人在十八九岁风华正茂，好像春天的植物郁郁葱葱，不管是小伙子还是小姑娘，脸蛋通红，精力旺盛，气血绵绵不休，就是先天的本钱，也就是肾精十分充足。健康的小孩子眼睛黑白分明，眼白后面隐隐青色，就是肾水充足的明证。过了二十几岁消耗大了，肾精就越来越少，一直到完全消耗没了，暮年也就到来。

客观上讲，人的生理以及带来的心理变化都是自然现象，与天地宇宙的运行从本质上是一条根脉，也就是道体本身运化的功能。既是自然的，也就能够按照规律来改变。我们的老祖宗伟大之处就在于发现了这些规律，还创造出了有效的办法来解决生命的健康乃至延续问题。内家拳以及其中的站桩都是很好的方法。

谈到方法其实特别简单，就是那句"若能常清静，天地悉皆归"。儒、释、道三家或者基督、天主都脱不出自心清静这个最根本的修炼方法。三家各种法门，为人所熟知的就是打坐了。没事静一静，刹那呼吸思维全无，能经常处在这样的境界，身心随时返回先天，与天地宇宙精神相往来，于空空静静之中逆反先天，则归矣！

我们练拳的一定要吃好睡好，将养好这个身体。练拳的人消耗大，身体的新陈代谢快，吃和睡这两件事事关重大。吃不好睡不足，阳能消耗过甚补充不上去，就会出现阴虚阳亢，日子久了对身心的损害会越来越明显。过去讲穷文富武，就是在物质条件上要允许。越是用功的越要注意补充，吃得要精，睡得要够。睡眠比饮食更重要。现在的人都习惯晚睡，对阳气的损害就非常大了。过去的人天一黑就睡觉，因为天黑了天地间就是阴气做主，阳气退居幕后，而现代人还在夜夜笙歌，消耗已经处于辅助地位的阳气。阴阳之间要平衡才能保证身心健康。夜晚休息睡眠是以阴补阳，结果阳不得补、阴不得歇，最终结果就是阴阳错位。

人要跳出世间的欲望不容易，尤其是酒色最能伤人，然世人却乐此不疲。所以佛道两家的方法多是远离红尘自我封闭，先隔绝了这份念想，而后一系列的手段把气脉什么的搞通，气脉通了欲望就淡了，逐渐地内外通透干净。然在家与出家比更为不易，红尘中打滚要能断绝，唯有于拳法之中乐此不疲啊。

人都期盼天天快快乐乐的，可哪有几天是快乐的？反而是小孩子天天乐呵呵的没愁事，为什么？因为人家还在先天的状态里头，气脉还都是通畅的，除了吃饭睡觉没有别的欲望。你等到了青春期生理、心理一变化，愁事就来了。所谓"闲愁万种无语怨东风"，都是欲望搞得鬼。反过来，把欲望放平看淡不就快乐了嘛！我们练拳是主动地寻找快乐，虽然内家拳是奔先天去，先天有了后天也就有了，并不专意去修后天气脉，但气脉畅通了之后整天快快乐乐、精力四射的状态，确实比这世间的酒色财气要开心得多了。所谓精满不思淫，气满不思食，都是功夫来了才会知道。佛家讲于静定之中得内触之乐，如春江水暖非过来人不知啊。

为什么很多前辈老了之后不良于行，甚至到中年就已经要换膝盖？因为先天与后天要匹配，先天有多少本钱，后天才有多大作为。泰森可以打到世界重量级拳王，绝大多数人不行，因为你没那个本钱。所以说，先天不济，后天又使劲消耗，特别是站桩、行拳磋磨筋骨肌肉过分的，到一定年龄段身体本钱就跟不上了。体育锻炼是不是消耗？我的回答是：不能过度，要讲究火候，过度了就是消耗，不过度才是健身。这个火候，不以时间短长为关键。比如跑步，感觉心里头有鼓劲上来了，跃跃欲试，特别兴奋，还想继续跑，这个时候火候基本就到了。如果再练你感觉累，那就过头了。感觉累，是身体给你发出警讯。

孙公禄堂在《形意拳学》里讲：人生下来本自禀赋先天之元气，但

鹿飞雪解密《形意拳学》

于后天气拘物蔽昏昧不明，以至于体质虚弱阳极必阴阴极必死。就是说人出了娘胎本钱就这么大，普通人也就活个七八十岁，你这又没完没了地每天捶自己，看似强壮，其实身心内部早已被假阳所伤，性命上已然亏欠太多了，早死早衰也就是一定的了。明白人都是逆反回真于后天返先天，把先天的本钱再去做大，在这个基础上去锻炼筋骨，才能保证性命不亏，而且能延寿长命。懂了这个道理，回头再去看过去老前辈的著作，拳理当中无不是包含易理，几乎没有不谈阴阳五行先天后天的，这都是人家练明白了才说出来的话，只是于今渐为绝响耳！

形意、八卦和硬功练法探究

形意拳命名的来源，即是"象形取意"四字。形意拳的核心是五行拳。金木水火土者，金有锋锐劈物之意，木有伸展腾达之意，水有曲曲流形之意，火有腾发开合之意，土有厚重不动之意。故知其本意，方能尽其拳性。天地之曰象，人心之曰理，研究之曰数。理、象、数三者合一，即易也！

学形意拳，一开始只管按着规矩找安静地方练去，只是记得浑身都不要较劲，便越打越是兴趣盎然，身内气机愈是旺盛，兴头也就越来越大，渐渐地周身内外空空静静，无一丝一毫的念头起来，便返了先天绝了后天，身体里头就开始自己长东西，易骨易筋便来。所以功夫是自己来的，求是求不到的，求来都是假的。

一口气打500个崩拳，不喘不累腿也不酸不痛，仍然还能再打500个，飘飘欲仙乐此不疲。练到这种程度，就把原来肌肉做主给改了。练拳肌肉不可主动做功，所谓意气君来骨肉臣；其次心中不可努力较劲，而应始终是空空静静。心里头较劲，筋肉上做功，打不了几十个崩拳就气喘吁吁了，是所谓后天功夫，日子久了难免心火上炎，心脑血管会发生病变。

过去听评书，讲这人功夫高，练完一套拳是"脸不变色气不喘"。这句话的意思实际是指练拳的方法，从内家拳的角度就是要返先天而不是在后天上消耗，但凡是后天上消耗的，只要动心、努意、肌肉做功，不管你是多强壮的人也一定会气喘，因为气喘是人在后天的生理本能。换句话说，只有练对了才不会喘。

还有一种气喘的情况，是练完拳不懂得收功。练拳气脉畅通心里高兴，有鼓劲往上拱，不由自主地想说话甚至唱歌，可此时丹田气还在动，一张嘴这口气就泄了，立马就会变得气喘吁吁。这是非常要不得的毛病。练完拳不是练功的结束，还要收好功为己所用，应紧闭口舌多溜达溜达，把这口丹田气消化了才是要务。

练八卦掌也是如此，不管你练的是哪家，董海川他们家的根只有一个，便是在转圈里头讨生活。合上了天道左旋地道右旋，身心内外一尘不染，功夫便自己来寻你。太极拳呢？一气即太极，太极即一气，太极拳就是直接练内劲用内劲的拳，或者说直接在内劲上练，所以它最高级。到孙公禄堂加上了形意、八卦的东西，里头就有了易骨易筋。

八卦掌作为内家三拳之一，骨子里和形意拳、太极拳并无什么区别，用孙公的话讲，是"一气之左右旋"，也就是内劲激发下通过左右旋转克敌制胜。从练法而言，就是一个转字，转圈如推磨有去有留，脚下如滑行悠悠起落，心中空空静静一无所着，渐渐步入意识和呼吸都不起的空灵状态，到此方才入港。

练八卦掌有很奇妙的身心体验，但一定要从心平气和开始，转到空空静静呼吸若有若无，便能真正入港。八卦掌的核心是转圈。这种练法是很巧妙的，从道理上讲合的是宇宙星体的旋转，所谓天道左旋、地道右旋。故孙公禄堂在《八卦拳学》中明示，阳日左旋阴日右旋，而左旋实际上是往右转，右旋是往左转。

内家拳不练后天气血，就是气脉、穴位、周天这些东西。内家拳走的是先天的路子，先天有了后天也就有了，无需刻意造作。郭云深说过，明劲练到极致是六阳纯全刚健之至，这个六阳纯全说的是乾卦，也就是六个爻都是阳爻，这个状态只有婴儿刚刚出生时才会有。所以练拳要奔着先天大道而去，莫落在后天小径。

很多人喜欢练硬功，其实硬功的作用是促进局部的血液循环，丰富局部的组织功能，说到底还是气血筋骨膜的事。而在内家拳中是统一解决的，返了先天之后气血旺盛，通过方法催动筋骨膜的再次生长，要软得软，要硬得硬，而且对身心不会造成戕害。说白了就是合上了天地万物生长的本质规律，无需刻意强求。

内家拳是不练硬功的，因为内家是通过气血筋骨膜的内壮达致技击瞬间的身体强度。平时软如棉，用时硬如铁。所谓髓满骨沉、筋韧膜腾乃至骨见锋棱，都是内壮的结果。而硬功的练法，实际上是通过外在的刺激，促进局部气血循环加速，使筋骨膜更加强韧，此为外壮。内壮与外壮是本末的关系，有内何须用外？

很多人认为硬功必须要通过排打之类才能练出来，其实正好相反，内壮才是主因，内壮决定外壮。气血筋骨膜这些东西，都是身体自己生长出来的，强健与否完全取决于气血的旺盛程度。人在被激怒的时候浑然忘我，你拿大棒子敲他都不知道疼，就是一口气血顶上去全身如罩金钟。所以功夫不离生理，也符合生理。

脱离了人正常生理的所谓功夫，等于是禅宗里头说兔头寻角，本来不是你的非要加一个上去，就硬性改变了人的正常生理秩序，结果无非是对身心造成损害。我们练拳一个生理一个物理，生理就是近取诸身，物理就是远取诸物，不会超出物理、生理的范围。

人在后天的认知毕竟有所局限，自己性情上的认可或者喜爱，与全部的真相对比还是有偏颇的。只要是偏颇的东西，练些年头之后难免会有后遗症，我们看到更多的是既没有办法解决，也无法舍弃自己追求了一二十年的东西。毕竟人否定自己是最难的。要多读前辈的著作，有了疑问就去寻找答案，不能给自己留遗憾。

无为有处有还无

—— 论开合

内家拳之道，只在空空静静返先天，则一气也罢，内劲也罢，功夫自会到来，是无须刻意追求的。故练拳就是悟道，学艺就是做人，生涯就是历练。

内家拳对身心改造的过程，其实就是逆反回真这四个字。一如婴儿的成长需要大量的睡眠，也像植物拔节都在半夜。当我们练拳对路了，生理开始逆生长，所谓易骨易筋开始，就会出现生理上的困倦，需要通过睡眠来调理阴阳，促进生长。保证良好的睡眠，是练好功夫的一部分。

学拳总是一开始的时候状态好，长功夫也快，但是越往后越觉得总出问题，好像还不断退步了，一段时间会陷入莫名其妙、不知所以然的状态。其实原因很简单，就是动了"有所得"的心，患得患失了，便舍了先天入了后天刻意。切记要不忘初心，始终空空静静不动心，便是火候关键和入道法门。

功夫上身是一种什么表现呢？易筋易骨这些都是后天有形有相上的变化，体能、速度、力量、体质等，会有脱胎换骨般的变化。最主要的其实还是精神层面，身心内部像藏着一头豹子一样，随时会一跃而起，总是有这种劲头。到这种程度就不是你练功夫，而是功夫来练你了。

明劲易骨，主要是骨密度增大，筋肉史加粗壮坚实，体质体能快速增长，身心内部生出一种庄严浩大之正气，此即明刚；暗劲易筋，开始是全身筋络连为一体，如网兜一样密布全身。而后身体内部会生出更大的行程，整体能够自行伸缩，但外表并不显现，发力于无形无相，此即暗劲。

太极拳常有论开合者，若开与合有先有后，便是假的；一块来的，才是真的。孙公禄堂在《太极拳学》开篇中讲：太极拳乃一气之开合，所谓有无不立，有无并立。也就是有一而没有二，便是我说的，开与合一块来的才是真开合。开与合分先后的都是后天造作。太极者，只当中那一点子运用。唯此一点子运用当中，孕育开合也！

孙式太极拳的根骨，其实就是孙公禄堂所说的"有无不立，有无并立"，只有一而没有二，也即都在先天一气之中，而不落后天阴阳。孙式太极拳三拳合一，在形意就是顾打一体，在八卦就是化打一体。也一如之前我说的，如果开合还分前后就是假的，开合一起来的才是真的。

太极拳，实则是太极+拳。拳，可长可短，可快可慢，可刚可柔，唯里头的核心本质不变，这个本质就是太极。孙公禄堂云："太极即一气，一气即太极。"太极者，内劲也！种种的拳法套路都是服务于本质，也就是内劲的流布运用。故练太极拳，要直奔核心主题而去，返先天悟内劲。

武当一脉太极拳的心法，其实根子里是道家的性命双修，和无极、混元桩法本质是一致的。首先必达到心肾相交、水火既济，也就是道家的立炉鼎、调水火。这个东西骨子里是返先天，是一切修行色身转变的起点。包括形意八卦的心法，也都是由此而起。若没有这个，纵然辛苦半生，最终也是两手空空。

我所传承内家拳学之最大不同，便是真正之拳道相合。所以多少患病之人，苦无良医良药，到我这里都转变了身心，治好了顽症，道理便是在此。所谓性命双修，从治病的角度，其实就是奔着生命的本源而去，从最根本上完善了，则一全百全。后世医学指向后天，西医指向局部，都不是本源之学。如果懂得这个道理，太极拳只要一动，内中气血便会自动，吾心如如，可观照种种身心变化。尤其心气一降，与肾气凝结而所谓结胎，便生出无限欢喜，此法喜也，喜不自胜，无由之喜。此境界与无极、打坐所能达致之内触之乐同也。故练武当一脉者，不知此关窍是入不了门的。

孙式太极拳是三拳合一，除了武当太极拳之性命双修外，孙公把形意八卦之长筋腾膜融入其中，故孙式太极拳有时让你松开肩膀，有时让你缩住肩膀，便是这两点不同。若无人指点其中关键，此奥妙恐终其一生也不易得也。由此倒推当年三峰创拳本意，确乎是如故书中所载，太极拳之发明，只为调理身心而已。后世走入技击之道，其实是太极之旁技，不是主流。

传武技击与内家拳的内功修炼

这些年对武术技击的看法很极端，一部分人认为传统武术技击不行，还有一部分人则认为武术技击很高妙，其实这两种看法都不对。武术的技击来自先民对猛兽捕食的模仿，以及几千年战场厮杀的磨砺，简单而直接。老话讲"不招不架就是一下、犯了招架十下八下"，真正的武术技击就是两人一个对撞的事。赢了的站着，输了的躺下。老话讲"丑功夫俊把式"，丑功夫就是说打法并不好看，俊把式是指演法可以美轮美奂，但这二者不能等同并论。但并不是说丑功夫就是王八拳。王八拳是人的本能出来乱打胡抢的，普通人被挤兑急了出来的都是王八拳，它不是武技能力的高度集合。真正的武术技击就是简单实用，一拳一脚的功夫，着上这人就完了。

打法和练法是并行的两套东西，不是说你会练就会打，练到一定年头自然就会打了，没那个事。功夫大的也不一定会打，因为你没掌握系统打法。从练法到打法之间要有个过渡，就是实战的训练，而这个训练从一入门就开始了，通过打法把自己练的都结合出来。打法其实是多少辈先贤技击技巧和经验的总结。1949年以后国家推崇套路，加上民国时候的那些大家们历经运动都受了迫害，真正的打法官面上基本消失了，民间还有些许的流传，但也逐渐没有了实践的社会环境。如今你想着和人动点真格的，首先得考虑法律责任，就算是朋友之间不在乎，还有家

属在那儿等着，所以大环境和小环境对武术技击的传承都是不利的。

技击的训练从一入门就开始。未学拳先学打，形意门还有"形意一年打死人"的说法。过去练武术指着打人吃饭，这点上从来不敢含糊。你含糊，轻了武术行里立不住脚，重了比武丢了性命。进门了师兄弟之间每天都要真打实凿，一是培养实战经验，二是系统学习打法，再把打法与练法结合起来体悟。武术技击往大了说是战场厮杀，往小了说是街头论命，拳头底下见生死，如果用规则约束了，很多东西就使不出来了。当然，如今也很难看到真正原汁原味的武术技击，要么是王八拳，要么就是武术架子与拳击散打技术的结合。这个更多一些，因为不会打，所以从拳击散打里头去找东西。

真正的武术打法塑造一个善于技击的人并不比散打搏击慢。因为武术打法植根于街头或战场实战，时刻为打架或要人命做准备。如果一个普通人掌握了打法，虽然本身没什么大功夫，但要动起手来也不是三两个匹夫可以抵挡的。比如一般人搏击都是防守与反击分开的，一下是一下。而形意拳的打法偏偏是一块去，谁能挡得住？练过形意拳的人都知道五行拳是一手防一手打，防与打是同步进行，所谓打顾一体。一般人动手的意识都是两下，即先防守然后反击，或者先攻击然后预备着对方反击，这里头就有个时间差。比如搏击就是对方进攻我方防守，然后我方反击对方再防守，你来我往互有进退，但是到了形意拳这儿，防守反击一起来，对方根本来不及反应，这就是打法的基础。民国时期南京、杭州、上海三次全国性武术擂台赛，前二十名里大多数都是练形意拳的，那个年代的比武打死人不偿命，所以也来不得半点虚假。当然，光有打法没有功夫也成不了大器，功夫就是一下能要人命的本事，好像李书文一掌能把人脑袋拍到腔子里头，尚云祥一个崩拳就让人吐血，自己说这还是轻的。

前面说了传统武术技击的话题，再谈一下武术功夫的修炼。首先要明白一点，这个自然界从来都是强欺弱，没有弱欺强的道理。武术的功夫修炼，是把自身功能变得更加强大的过程，简单说就是易骨易筋。但是在具体方法上，传统武术主要是内炼，而搏击之类是外练。

为什么三四百斤重的老虎，能够蹿起来四五米高猎杀动物？仔细观察就会得知，老虎蹿起来也只是靠后面两条腿而已。除了人家是腰胯驱动之外，更主要是筋骨强健。食肉动物并不耐跑，相反食草动物倒是能够长距离奔跑。老虎狮子都是短距离一击必杀，就这一瞬间以十几倍于对手的速度，就足以取胜了。

武术技击也是如此，一个照面的事。而人类在后天的能力是有局限性的，搏击是通过长跑强化体能，通过负重等强化肌肉力量，还有诸如跳绳、速度球之类强化速度。李小龙通过电击训练瞬间反应。这些都是后天外部手段，起效很快，但越往后越慢，到一定程度就上不去了，然后伤病就随之而来，伴随终生。

对于筋和骨的研究，越是强壮的动物，骨头越重，筋也越韧。练武术的人敛力入骨，看着体重一百四五十斤的人，一上称却有一百七八十斤，所谓藏肉，其实是骨头密度大，髓满骨硬，骨骼强壮于常人。我们都见过动物的筋，就是煮熟了也不好嚼，而生的时候用刀子都很难割断。所以筋骨强健，才是运动功能强大的主因。

我们的前辈很早就发现了筋骨的道理，才发明出了易骨易筋的系统训练方法，把筋骨的强健结合在一起，塑造超强的体质体能和力量硬度。最有名的就是"易筋经"，以及衍生出来的各种练法。传说达摩创造易筋、洗髓二经，由岳飞归纳总结，加上了一步易骨，并与岳家军拳法融合，形成了后来的形意拳。故形意拳有易骨、易筋、洗髓三步练法。

那么如何易骨、易筋呢？传统武术里讲究先天和后天，孙公禄堂讲是"先后天要相交"，比如我们五行拳的练法、六合九要、二十四法等就是后天方法，而无极桩、混元桩等就是先天方法。把先天与后天结合在一起，才能实现系统的功夫修炼。当然，后天中也有先天，先天中也有后天，先天后天并非各自孤立存在。

比如五行拳看似动，其实内中一片安静，所谓身形应当似水流。站桩看似静，其实里头孕育着一片蒸腾，所谓静极生动、生生不息。先天和后天，根本的区分并不在外部形式，而是心之归属。若心动时，便是后天。若此心如如不动，便返先天。所以欲练拳，先修心。心里头乱七八糟、欲望横行，练拳是没指望的。

搏击通过跑步和负重的训练增强体质体能，是被动刺激身体适应的一种方法。身体有适应外部环境的功能，当你不断用运动量来刺激它时，它会主动提高身体机能来适应。但这种适应有个限度，不可能超越人生而有之的本钱，如果超越了，生命也就到头了。所以不管是西方体育还是我们传统武术界，都有早死早衰的。

传统武术练对了可以强身延命，但练错了也等同于慢性自杀。西方体育适当锻炼有益身心，练得过头了也等于自戕生命。像孙杨和傅园慧都有心脏病，这么年轻就得了这种病，就是消耗太大，生命的本钱已经托不住了。普通人锻炼身体只求有益身心，一定要注意度，也就是所谓的火候，不要贪心，过头了有害无益。

下面就涉及拳法的核心，也即"内功"为何物？知道了要易骨易筋，也知道了先后天相交的原则，但具体方法上是怎么做到的呢？这就是传统武术与西方搏击最大的区别。我们是内炼，就是自生长，重新开始生命成长的过程，易骨易筋以及所有的功夫，都是身体自己长出来的，而不是外在的可以练出来的。

传统的生命科学与西方科学完全是两条道，西方的实验道路，至今无法解释传统文化中对生命本质的诠释。所以熟悉了西方科学原理和定律的现代人，常常对老祖宗留下的东西嗤之以鼻，不过出于几千年文化血脉的遗传，对鬼神之类反而是半信半疑，大约也相信人死后还有个去处，不然也没这么多人信佛信道了。

天地宇宙的运行是有规律可循的，所谓天命难违，宿命难改，这就涉及运数，易经讲理、象、数，展开就太多了。人的生命与天地宇宙的运行是同体一脉，但天地无情而人有情，所以天长地久，而人只能活七八十岁。所以一个情字，实际是害人的妖精。但人的生死也只是自然现象，庄子曰，方生方死，方死方生，生死如花朵绽放和凋零，总是循环往复。

和天地无情相比，人就是陷在有情之中无法自拔，所以生下来思维、情欲一开，就迅速走向衰老死亡，然后再开始一段新的生命旅程，如此循环不已，是所谓轮回。如果人也做到如天地宇宙一般无情，是不是就可以克服这种生命的轮回，走向长生久视呢？这其实就是我们道家修行的大原则，甚至佛家也是如此。

人出生半年后思维、欲望一开，先天元阳就开始消耗，如果这个元阳始终不泄，就会始终保持童子的状态，但这是所有人都做不到的，因为从出生到悟道这一阶段，人是被欲望习气牵引着走的，自己做不了主。比如你开车被人别了生气了，事后想想也很有趣，凭什么生气啊？佛家讲对境生心，就是这个。

外部环境和你的欲望习气结合在一起，引导着你的生命沿着酒色财气的道路，往最终死亡的归宿大踏步前进。所以悟道的人会戛然而止，所谓"香象渡河截流而断"，不生心，不动心，此心如如不动，外部也影响不了你，内部也牵动不了你，如达摩所言："心如铁墙可以入

道！"人什么时候悟道呢？那就看你的积累了。

首先的步骤是断，或者说停，或者说止。其实儒家也是大密宗的，人家自己都说了：知止而后有定，定而后能静，静而后能安，安而后能虑，虑而后能得。断了之后是不是停在那里不动了呢？也不行，你光不动也没用啊，没有解决生死问题，所谓生死事大，还要解脱。如何解脱？就是道家讲的逆反回真，往回走了！

这个在内家拳里就叫"顺中用逆"。因为拳法总是要动的，不可能像修佛修道的打个坐几天不动。拳法是动中静，虽然动但里头安安静静，也就是外形虽然动，但内心已止。同时通过具体方法，把周身散乱之神气顺中用逆收回丹田，内外合一，顺中用逆与逆中行顺结合，先后天相交，就完成了对身心改造的第一步。

为什么说功夫是自己生长出来的呢？刚才说了一大堆就是告诉大家，之所以后天停止发育，就是因为情欲一起，生长就停止了。女孩子在14岁，男孩子在16岁，之后的生长只是之前生长的余事，基本就停了。人的个体禀赋不同，后天环境不同，生长会有些许的差异，有人早发育有人晚发育，但大体不出此框架。

性欲一起，性机能成熟了，发育就停止。试想如果能继续发育下去，那么身体的强健是不是会逐渐超过甚至远超普通人呢？外国人不敢想，但咱们的老祖宗彻悟玄机之后，不但敢想而且敢干，搞出一套性命双修，种种方法。而内家拳呢？道家之余脉也！形而上道艺，形而下武艺，根子上就是道家，结合了技击。

天地宇宙无情而人有情，宇宙仍在不断生长，因其无情。人寿命短，因其有情。故圣人以百姓为刍狗，天地以万物为刍狗。有情有义不是圣人考虑的问题，那是有情众生执迷生死的窠臼。简而言之，我们练拳首先要做到心不动，把思维情欲逐渐都停了，则身心自会合上天地宇

宙自我生长的规律，先天元气源源而来。

孙公禄堂的体系是拳道合一，入门就是无极桩做到空空静静，然后再谈其他。当然不练无极桩，从其他方面入手也可以做到，但无极桩是大窍门，过去很多人忽视无极桩是因为自己没悟透，以为无极桩没用。其实孙公不会平白把一个没用的东西放在自己著作的首页上。空空静静了，是为返先天；先天一返，本能即出。

过程中涉及身心的具体改造就很精密了，所谓"入门引路需口授，功夫无息法自修"，得有过来人带你，慢慢自己练明白了就可以自修了。所以形意拳不能无师，但也不用天天跟在师傅屁股后头。形意拳主要在个人体悟，有过不去的关节赶紧找师傅给点窍，一句话就过了关。逐渐功夫上了身，智慧也开发了。

这个世界上大多数人都在找有为，却不知道大道无为，功夫是自己来的，而不是你可以找来的。当然拳法得每天习练，因为拳法是渡河之舟，没有这个舟你也成就不了。但等你彻底明白了，拳法可练可不练，所以过去老人晚年都只是站站桩、走走劲足矣。这几年我的学员们对于自己身心的变化，都有着客观的描述。其实于宇宙规律面前众生平等，不管有情无情，人还是动物，都秉持一法而生。内家拳也好，传统武术也好，表面上是传统文化的一个层面，本质上是道法衍化的一个缩影。练拳能悟道，悟道后也可以练拳，此心如如，逝者如斯！

内家拳练法解密之

—— 腰胯驱动与劲上脊背

传统武术是先民对猛兽捕食的模仿，来自他们对大自然和人自然生理的观察，所以对传统武术的正确理解要建立在客观世界的认知上。动物大抵都是用腰胯的，而人则是用四肢。比如一条二三十斤重的狗发飙，一百五六十斤重的人拽不住，这似乎不符合人所认知的物理规律，但事实确乎如此。为什么？就是动物用的腰胯带动全身整体之力，而人只是四肢局部之力。其实人在婴儿时期还都是用腰胯的，观察婴儿在床上爬来爬去都是像蛇一样匍匐的，一旦站起来会走了，慢慢就忘记了腰。成年人就只知道用胳膊腿，腰的本能已经彻底遗忘。传统武术、特别是内家拳完全是返先天用本能，要想把拳练出名堂，首先要找到腰胯，返回腰胯，使用腰胯，忘记四肢。

有人把杨澄甫的拳照和当下人的拳照做对比，发现杨澄甫的上半身都是有所倾斜，而当代很多人打太极拳都是身体笔直，到底哪个对？其实毫无疑问是杨澄甫对，人家毕竟家学渊源，怎么可能错？这种误区是对中正的片面理解，以为中正就是身体始终垂直于地面，这是忽视了腰胯的核心驱动作用，把身体变成竹竿一样平移了。所谓"时刻注意在腰间""命意源头在腰隙"，虚灵顶劲还要配合塌腰坐胯，形意门里还说"大龙"，就是要体现出腰对全身的驱动作用。一

动无有不动，这个一就是指腰。腰是从有形有相上讲，无形无相的就是丹田。如果要实现腰胯驱动，身体定然有所倾斜，虽然角度不大，但内意外形总是有所体现。

通过一定的方法把腰椎尾椎练活了，大龙腰胯就都出来了。这个时候一动都是腰先动，丹田内动，带着全身骨节层层运转，也就是一动无有不动，运劲方如九曲珠连绵不绝。练腰的方法，有的门系单独拿出来，有的则融入拳架里头。比如心意门的蹲猴桩，孙氏拳的太极式，都是单独提点。李存义一系的是通过起式体现腰胯，太极拳也是通过起式。这些日常都是不显眼的东西，不是过来人明说，根本不会有人重视。起式入门那些东西最重要，基础不牢，地动山摇，每一步都有讲究。杨式太极拳起式一起一落，其实就是要练腰，有多少人练到胳膊上去了？必须把四肢的功能忘掉，突出腰胯的驱动，慢慢就能找到腰的原始力量，逐渐把后天胳膊腿发力的习惯改过来，这个才是"换劲"。对于老是搞不明白的学生，我就让他们把手脚捆住躺在地上，说好了胳膊腿不准使劲，然后想办法坐起来，结果都是挣扎一阵就找到了腰，才恍然大悟。再举一个例子：比如小孩怕打针，我在医院看见过不想打针的孩子在床上乱滚，四五个大人控制不住，最后我说了一句"你把他腰箍住"，就马上解决问题。这个时候人的本能出来了，腰就用上劲了，胳膊腿也忘了，这力量得有多大？

除了腰胯之外还有个重点，就是脊背。形意门里有句话叫"劲上脊背"，就是把腰胯练出来了，大龙也出来了，这个时候从后天转了先天，从四肢用力转化成腰胯脊椎带动全身的整力，此方为换劲。老虎、豹子走路屁股高高耸起，一撅一撅的，身体是个S形，整体就像个弹簧，随时窜出去。人在后天只会用胳膊腿，不知道用腰胯，那里的骨头也长死了。但人是直立的，老虎、豹子是卧着的，怎么把腰胯的横力通过脊柱转移到两臂上去呢？就是所谓"劲上脊背"了。

老虎、豹子的脊柱方向和四肢方向是一致的，所以来自腰胯的力量可以很顺畅地传递到四肢。但是人的肩臂和脊柱是十字交叉的，按道理从腰胯上来的力量到这儿就中断了，所以普通人只会用两臂的力量，而不懂得用腰胯整体，这也就是为什么人控制不住一条发怒的二三十斤重的小狗的原因，因为犬科动物的脊柱与四肢也是同一个方向，所以虽然人家只有二三十斤，但肯定比人两条胳膊的劲要大。那么我们人类就没有办法做到如猫科、犬科那样的力量传导吗？有，就是打开肩背一带的筋骨结构，而这也就是形意拳"熊膀"的来历。

形意拳四象，即"鸡腿、龙身、熊膀、虎抱头"，其中的熊膀一直被认为是所谓直立之能，但真的这么简单吗？人也有直立之能啊，干嘛要和熊学？其实熊膀是指熊在发力时把两个肩胛骨横向打开贯通肩膀，把腰胯之力顺着脊柱传导到两臂的功能。熊这种动物是既能如虎豹般四肢着地奔跑扑咬，也能直立起来用两臂两掌搏斗。熊直立起来的时候力量更加惊人，从上往下用两掌扑击，足以打断任何动物的脊梁骨。那么熊是怎么做到力量传导的？就是肩背这一块要打开，也就是两块肩胛骨在发力时横着往两边走，从而把脊柱与两臂实现连通。熊的站立发力和猩猩的站立发力类似，只要一使劲，肩背部位就会瞬间膨胀，肌肉高高耸起，说明这里是做功的重点。孙存周曾经说过一句话："脊柱中两臂交叉的中心点是发力的中枢。"后人多不解其意，其实就是熊膀的这个力量传导。

腰胯力量是如何传导到下肢呢？通过塌腰坐胯。其实这些秘密任何一本形意拳著作都写得清清楚楚，六合九要、二十四法等，只是文字简明扼要，没有过来人给你解读，真不知道是怎么回事。腰的力量通过脊柱传导到四肢是这个原理，但还有个最重要的前提就是开肩开胯。人在

后天关节基本都长死了，特别是肩关节和胯骨轴。所谓长死是关节里头的筋长死了，关节就固定在很小的范围内运动。比如猎豹在高速奔跑中前后肢关节近乎脱臼的状态，其实人家那是最大限度地开肩开胯。形意拳其实也没什么，无非一个生理一个物理而已。要实现开肩开胯，第一个要通过混元桩做到专气致柔，回到婴儿的极柔软状态，关节里头的筋就打开了。同时通过劈拳的撤啦步每年几十万次重复的练习，把胯关节打开。胯关节是全身总开关，胯关节一开全身关节皆开，肩膀关节也就打开了。肩关节开了才知道含胸是怎么回事，才有后面的功夫进阶。

关窍、火候与空空静静

　　练拳讲究火候和关窍，都是需要过来人指点的。所谓关窍，可能你一开始学得不错，但是到了一定阶段就上不去了，还会出偏差，这个时候就需要老师给你点拨一下，过了这个关口，功夫就会继续往上涨。功夫不断上身的过程，就是不断点窍的过程，所以自学真是不可能出来的。尤其是内家拳，练拐了会出事。火候也很重要。刚开始学拳不要练很长时间，尤其是所谓苦练更不能提倡。因为规矩没上身，架子也不标准，练的都是错的，练得多对身心反而造成伤害。所以高明的老师都是培养你的兴趣，今天给你透一点，明天再给你透一点，勤练着点，但绝对不能多练，逐渐地越来越规矩，架子越来越板正，兴趣也起来了。

　　所谓苦练是对身心的戕害，西方竞技是这么练的，八九十年代的武术杂志里也是这么提倡的，但那都不是真东西。人类在后天的能力是有局限性的。拳法要合上人的生理和心理，比如伸懒腰，全身绷那么紧，可人却十分舒服，呼吸也十分顺畅，这就是合上了生理和心理。练拳也是如此，要把骨子里那个舒坦练出来，就越练越有兴趣，舍不得放不下了。那么人在什么状态下最舒坦呢？其实就是婴儿的状态，专气致柔，脸上始终带着笑，看什么都开心，走啊跑啊也不累，哭几个小时嗓子也不会哑。我们练拳要返先天，就是返这个先天。还有一个最重要的，就

是生长！婴儿是生长最快的，我们要易骨易筋，不也是生长吗？其实是逆生长，所谓逆反回真，再次发育！内家拳就是练这个，没这个和体育就一样了。

回到火候的话题。一开始要勤练但不要多练，也是为了防止你练不出来憋闷而失去兴趣，一旦陷入苦练的恶性循环就出不来了。慢慢地你把身心里头这个本也就是先天的愉悦练出来了，这个时候没人逼你，有空你就会去练，所谓功夫出来催着你练，里里外外都舒坦。这时仍然要防止陷入苦练，要留有余兴。一碗饭不能都吃了，留下点明天再吃。练我们这个拳基本上是越练越精神，比如练了一千个劈拳，还想再打，但估摸着差不多了，就休息。孙氏门里收功是无极桩，空空静静地化于虚无，才能散于血脉筋骨，成就功夫。

如今很多人练拳，注重肌肉的力量和硬度，打出拳来振地有声，气势惊人，实际都是后天造作出来的局部之功，平时练得又硬又强，真动起手来在零点几秒的对接刹那会束手无策。练拳最忌讳肌肉做功，只要肌肉一做功就会气喘吁吁，心肺负担就开始加重，凡是这么练的，日子久了心肺会衰弱的。我们练拳是飘飘欲仙，里头美得很，外头看着脸上挂着笑，和婴儿状态一样，怎么练也不会喘，是所谓神意做功，也就是意气君来骨肉臣，骨肉都是从属跟着走的。练拳就是在休息放松，这才是练法。虽然你不练肌肉，但肌肉会自己长出来，身体会越来越彪悍健壮，筋骨更加粗壮结实。它们都不是练出来的，所谓逆生长。劈拳练一段时间，心肺功能自己就强了，然后就可以去用长跑测试，十几公里小意思。我们跑步是越跑越自在，呼吸若有若无，心跳始终平稳，一开始有汗，后来基本没汗。

其实无论是动还是静，里头的东西都一样，无非是空空静静之中有

个做主的，源源不断地提供给你动力，这个生生不息用不着你练，它本来就在那。孙公管它叫一气，也有叫内劲的，还有叫金丹的，还有叫虚无一气的，还有叫太极的，其实都是一个。真正的内家，何以为内？就从这句"绳捆索绑"里面去体会。我们练拳、用拳，都是在寻找或者回归生命本能中的自然反应能力。如果有人把你的手脚绑住要害你，你处于生命的本能肯定要极力挣扎解脱，这个挣扎解脱任何人都是一样的，并不需要你平时去练什么肌肉负重。就是一个弱小的女子在面对生命危急时刻也会迸发出前所未有的巨大力量。形意拳或者说所有的内家拳寻找的就是这种力量，简称"内力"。

练拳不要刻意地去求什么劲，你作为生命本身就具备巨大的能力，只是需要通过一定手段把它激发出来而已。那么先辈一句"绳捆索绑"，有智慧的人马上就明白什么意思，而且能够立马从身上做出来。所谓找明白人"给句话"，一句话功夫就上了身，也就是这个道理。内家拳不是去制造，而是彻底地回归！郭云深说一层功夫一层道理！这个拳门确乎如此。必须自己练到了这个境界，才能真正体会到拳理是怎么回事，回头去看前人的著作，比如《拳意述真》里先辈的体会，才有知音的感受。如果没练出来，就如同雾里看花了，皆是揣测！所以用后天的思想来思考先天的功夫，或者研究先辈的境界层次，都是千里之远。

练拳心要静，心静则自能转化后天而为先天，其中妙处难以言表，唯过来人知之。心不静，便入后天，筋肉做功，气喘吁吁，心肺皆为消耗矣。何为心静？心不动，所谓"身形似水流"，外面虽然打得热闹，可里头这颗心始终安安静静地在那待着不动分毫。心不静，也不能去找个静来，找来的静是假静，还是念头烦恼。只放下身心，看着念头，但

269

自心不起，一两个月后自然逐渐清静。如水中投沙，徐徐沉淀自净。非要弄个网子去捞，其实还是不干净。孙公创造无极桩是天大方便，把重心放脚跟，膝盖一松，轻松自在，便是实践"至人之息以踵"，只空空静静可也。静不下来，便是先后天分野，一辈子便只在门外转悠。孙公云：虚无一气，金丹也，形意拳之内劲也！若不得空空静静，又何来虚无一气呢？这是根本的主题。故此门中但凡练出来的德行都厚重，因为大慈悲心从如如不动中来，也即是拳道合一之道理。

内家拳里的 "性命接续" 与身心改变

　　这些年我们见过太多武术家伤病的例子，心脏病的、脑溢血的、换膝盖的，越是出名的大家越是这样，因为他过去几十年下的功夫大，功夫大就意味着伤损更严重，至于里头更深层次的原因就不明说了。

　　武术是系统工程，身体只能越来越好，功能会越来越强大，部分强大部分衰退是不对的，系统练法的失传是主因。道家有个词叫 "接续"，因为人的生命都是在向终点走的，娘胎里带来的本钱用光了，就进入了暮年。此处再把生命的阳能建立起来，就是 "接续"。我们再怎么锻炼身体都是消耗本钱，年轻时本钱大，经得起消耗，到了中老年，哪还有本钱经得起消耗呢？体育锻炼给人一个假象，就是短期似乎强壮，但却经不起时间考验。道家讲致虚极而守静笃，静到极点就会由静生动了，这个动可不是肢体运动，而是先天元阳发动，身体的本钱就又会找回来了。老子其实说得很直接、很简单，只是过去的文字不好懂。动极而静，比如长跑，跑着跑着心里头就空了，思维渐渐不起，呼吸也若有若无，喜欢长跑的都有这个经验，过了五六公里就不累了。

　　站桩可以快速增强体质体能，但却不是靠熬腿子，也是靠 "接续"。不懂 "接续"，光熬腿子吃了很多苦，最后得不到什么。从孙氏门里来说，跑步其实是一种动桩。虽然我在动，但里头的景象和站桩没什么区别。同时通过劈拳强肺，二者结合在一起，所谓拳桩合体，才能

271

在跑步里头印证功夫。楞跑是没意义的。最早我练少林拳的时候，为了验证四平马功夫是否属实，用两个多月站到了半个小时，其实七八分钟以后双腿就没感觉了。后来练形意拳，为了验证三体式是否那么神奇，也站到了半个小时。再后来为了验证孙公禄堂每天早晨跑一百多里地的传说开始跑步，结果也跑到了十几公里。功夫都可以练到，唯看你是否用心。

普通人谈不上"接续"，更谈不上"逆反回真"，也就没有延寿长命。形意门里出高寿，或者能预知生死并不神秘，只是天地宇宙中的客观现象，西方科学还没有涉及。对普通健身而言，稍微出点汗，心里头有股劲上来，就可以溜达溜达休息。每天来一次，也就十几二十分钟，一个月过去体质就上来了。

过去都是武医并传，师父教你武功，同时也教你医术。武术门里的医术，大多是正骨、揉筋、点穴这些，针对练功过程中可能出现的伤损，或者平时自己有点小毛病马上就能解决，不会养痈遗患以成大病。比如膝盖问题，懂得揉筋手法就很简单，找对地方捏一捏就会治愈。武术是系统工程，医术保障是不可或缺的。练太极拳强身健体，多数人也做不到，倒是十个里头九个膝盖有问题。一要心静，心不静气血不动，就谈不上新陈代谢蔽旧生新了。所以有人发明听音乐打拳，用音乐一念代万念。从养生的角度，这个发明不错。如何体验心静？口水源源不断就是做到了，那是天一之水，从上丹而来。普通的口水是臭的，那是从脾胃来的。消化系统里能有什么好味道？但如果是做到了空空静静，甘甜之水自来，所谓"自饮长生酒"就是此意。这种口水是不臭的，因为源头不同。练完拳把口水都咽掉，继续保持空空静静的心态，舌顶上腭然后干梳头，就有口水自来，吐到掌心搓热擦脸，没味道的就是长生酒。

对于练拳伤膝盖的问题，还是对规矩的理解不到位，主要是"立身中正"。首先，身体的重心要放在大腿上部肌肉群上；其次，迈步时身体的中正不能动，腿出去的距离才是正确的，距离太长身体歪斜，重心就会前移，膝盖就会承重；第三，前脚尖一定要对着要去的方向，与后脚之间的角度基本是90°；第四，当身体转动影响到膝盖，就一定要转动，转动一定要以脚跟为轴；第五，以上所有这些要有提前准备，动作不能先于意识，所谓意气君来骨肉臣。过去有练功架的，架子比较低，那是在盘了多遍基本架以后，浑身龙虎涌动，精气横溢，这个时候才能放低重心练功架，不然上来就是功架，有几次膝盖就会落下暗伤。

武艺、道艺与西方体育

　　正确的形意拳练法，一是体质体能快速恢复到十八九岁，原来身体孱弱的迅速转强；二是生理心理上反转年轻。形意拳练出来的和真实年龄看上去都差个二十岁左右，这是逆反回真的生命现象。我自幼体弱，最怕跑步，如今也能一次跑个十几公里。大自然从来都是强欺弱，没有弱欺强的道理。形意拳练的就是这个强！在形意拳里是通过无极桩达到专气，通过混元桩达到致柔，通过五行拳达到极致，也就是郭云深说的"六阳纯乾刚健之至"，是明劲的极致。刚健之至，是指婴儿刚出生头半年那种纯阳无阴的状态，不生病健健康康。半年之后思欲一开，阴来剥阳就开始生病了。成年人都是在阴剥阳的状态，我们练拳就是要返回去。到了一定程度，呼吸都会变得若有若无，这就是至人之息以踵、常人呼吸以肺。呼吸一微秒，生理就微妙，只有到了这种程度，易骨易筋才会到来。刚出生的婴儿睡眠几无呼吸，而且脸上永远挂着微笑，那就是先天的本然状态。在这种状态下，婴儿才会快速成长。一旦到了青春期性欲做主，成长基本就停滞了。

　　形而下武艺，形而上道艺，如何是道艺？若能常清静，天地悉皆归。要说不同，我们中国人的自我修炼是以静定为核心的逆反回真，找生命的源头，从源头上扭乾坤转气机，再次获得生命的原动力。所以贯穿中华民族几千年的儒、释、道三家文化，又有哪个脱离过这个最基本

的原则呢？静坐常思己过，人前莫论是非。此中有真意，欲辨已忘言。

孙公云：空空静静最难求！练到此心如如不动、瞬间入定，同时转化了后天呼吸，拳法才能入道。深入进去，便觉此心与天地一体安静，天地之心便是吾心，于是生出无穷喜悦而乐此不疲，是为法喜。虽身处茫茫天地亦不觉孤单，因天地与我同伴，此即与天地精神相往来！定，是一种生理和心理现象，当放下所有的尘劳思欲，身心内外干净明澈，自然得定。定亦分深浅程度不同，入定即还，是初步定，逐渐深入。但终归是它自己来的，不是可以追求造作，但凡造作便是假的，后患无穷。定非究竟，毕竟只是现象，能出能入方是真汉子，那个能出能入后面指挥的才是真归宿。得定后有个好处，就是白天随时能够空空静静，所谓"南台静坐一炉香，终日凝然万虑忘。非是息心除妄想，只缘无事可思量"。但到此还只是前进了一小步，因为一到夜间入梦就做不得主，空空静静也没有了，便会随着习气流散。故须打破阴阳重返先天，所谓神满不思睡，始终于大光明中存身，才算真正解脱。什么是解脱？就是能做自己生命的主人。

我们练传统武术的怎样验证自己是不是练对了呢？有一个标准就是"转性命"。就像傅剑秋在《形意真诠》里说他的老师李存义，七十多岁的人像五十多岁。还有就是虽然你四五十岁，体质体能仍然和十八九岁一样，特别是肾脏系统功能鲜活强大，就练对了。西方体育对传统武术最大的荼毒，就是一味苦练，认为苦练就能出功夫。苦练，不就是不断上量吗？传统武术的习练不辍，是在自身精气勃发的基础上，自觉自愿自得其乐地锻炼，就是练一天既不会累也不会衰，更谈不上苦，而是心里头美乐在其中。说白了就是不能违反生理规律，心不能剧跳，呼吸不能剧喘。西方体育就是不断上量，逼迫身体不断去适应更高的强度，过程中用各种手段进行身体的调补，调补不上去了就用兴奋剂。西方体

育也认识到人的身体条件是有限度的，所以很多体育项目都分量级，而且岁数一大全身功能就开始全面下滑，运动员就面临着退役的选择。1949年以后中国传统文化受西方文化影响巨大，其中西方体育对传统武术的影响更加刻骨铭心，练法上基本已经被西方体育的一套给替代了，终于使官面上的武术成了舞术。传统武术在锻炼方法上与西方体育最大的区别，在于我们是从生命的本源上去提高身心的强健，也就是返先天。在生命的源头上几乎没有消耗，而只是源源不断地补充。所以我们有易骨易筋洗髓，有筋长一寸寿长十年，有七八十岁仍闻鸡起舞的不老传说。西方体育基本是在后天上磋磨身心，就是一味地自我消耗了。

人在后天的认知毕竟有所局限，自己性情上的认可或者喜爱，与全部的真相对比还是有偏颇的。只要是偏颇的东西，练些年头之后难免会有后遗症，我们看到更多的是既没有办法解决，也无法舍弃自己追求了十几二十年的东西。毕竟人否定自己是最难的。多读前辈的著作，有了疑问就去寻找答案，不能给自己留遗憾。我自16岁开始习武，外家内家、武术散打、摔跤拳击，都经历过了。人选择一门艺业，有时候并不是因为它是否正确，而是能不能合上自己的性情。很多人就喜欢像舞蹈一样的太极拳，伴着音乐打起来飘飘欲仙。有的人就喜欢练硬邦邦的功夫，比如各种硬功、泰拳等。其实这些也都没什么错，毕竟快乐才是根本。100多年过来，当我们回头反思传统与西方的一切，就会从盲目相信西方的思想枷锁中走出来，辩证地看待这两者的优劣。传统文化的糟粕是里头夹杂了很多迷信乃至神话的东西，直至如今。当儒释道的圈圈绕绕遇见西方的简单高效，马上就败退得一塌糊涂，诚可叹也。斯是陋室，惟吾德馨，作为传统武术的承继者，当下乃至今后，能够抱守这一点真艺留之后世不使断绝，已经是善莫大焉了。

拳法中的规矩要素

在形意拳中被反复提到的双重和单重，薛颠其实说得很全面，双重可以练得周身似铁，力大无穷，但缺乏灵动，故取单重而舍双重。其实双重的功夫在单重里头一样可以实现，只是方法手段的问题。单重于生命健康的妙处在于用时硬如铁，平时软如棉，绝大多数时间身体都在放松状态下休息。而双重则是始终坚硬，对血脉运行是有影响的。老子曰：专气致柔如婴儿。身体越来越硬，是气血不经的贻害。所谓"切莫学排打、天然本能失"，老虎、豹子都是非常柔软的，只有捕杀那一瞬间如钢似铁，这个才对！

规矩就是关窍。六合九要，就是行气的法门。虚领顶劲与塌腰坐胯是一对劲，做到位了大龙才出来。虚领顶劲，我看许多人是百会穴往上，其实是脑后高骨虚虚上领。百会穴往上顶，下颏一定会上仰，就把任脉从十二重楼处断开了，气血不得下行，就会阻滞在上丹田，小心得脑血管病。人后脑勺左右各有一块对称的骨头高出表面，是为"脑后高骨"，此处似有绳从虚空领起，才是"虚领顶劲"。这里一吊，任督二脉上面才会接通。

塌腰坐胯主要是尾椎，要往下、往前一兜，则上下齐备，大龙就较上了劲，也即所谓"头尾竖立"，则下颌自然微收，十二重楼直下膻中，任脉才会畅通。

277

身备五弓，大龙是最主要的一个。较上了劲，尾椎骨就是周身运动的起点，所谓"命意源头在腰隙"，又所谓"时刻注意在腰间"，就是说这里。如果比喻为搭弓射箭，扣弓弦的地方就是尾椎骨，两头一个是脑后，一个是脚后跟。懂了这个，再去看看老虎、豹子的跳跃窜蹦，其后胯高高耸起的发力点，登时明澈！

最容易犯错误的就是含胸。含胸并不是两个肩膀往前送把胸口含住，那就成佝偻背了，气血会阻滞在膻中一带不得下行，日子久了还会驼背。那什么才是真正的含胸呢？一定要打开了肩关节，两个肩膀松开了，两片肺叶就解放了出来，如包含在胸腔中一样。而打开肩关节必须先开胯，胯开则全身关节皆开。

塌腰坐胯，尾椎骨整体往下、往前去，二阴会自动闭合，会阴穴自动上升，任督二脉从下面接通，是所谓"龟尾上升，督脉之意"。此处有练成尾巴骨往后撅的，不但体现不出腰胯的核心催动作用，而且断开了任督二脉。所以说练拳入门重规矩，哪个地方差了都不行，差一点全局上就不完整，功夫就会偏差。

练拳很重要的一点是松肩，前提是开肩，肩关节打不开，肩膀就松不下来。人成年后肩关节长死了，是往前去的，就封闭了肺的大部分功能。打开之后肺部就完全解放了，两个肩膀能往后来。松开了往两头一放是扣肩，往后去是缩肩，但前提都是要打开肩膀。开胯开肩是通过专气致柔的方法打开，而不是通过拉筋。

拉筋的练法是打不开关节的，只是把关节之间的筋脉拉松了。真正把关节打开之后，封闭在关节里头的筋才会松开，是所谓"筋长一寸，寿长十年"。如果仅仅论拉筋，没有拉得过体操运动员和游泳运动员的，人家两个肩胛骨都能靠在一起。所谓专气致柔就是婴儿状态，所有的关节都是松开的。

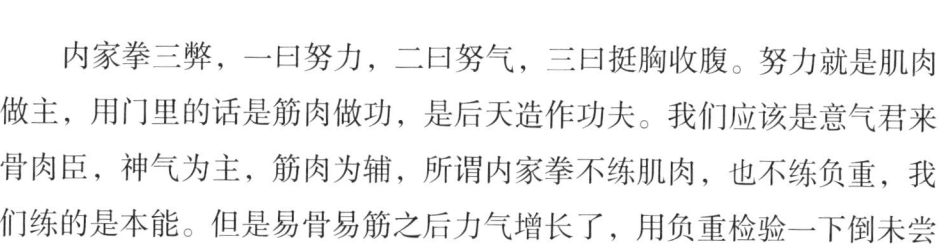

内家拳三弊，一曰努力，二曰努气，三曰挺胸收腹。努力就是肌肉做主，用门里的话是筋肉做功，是后天造作功夫。我们应该是意气君来骨肉臣，神气为主，筋肉为辅，所谓内家拳不练肌肉，也不练负重，我们练的是本能。但是易骨易筋之后力气增长了，用负重检验一下倒未尝不可，但也仅仅只是检验而已。

努气，就是造作后天呼吸，比如深吸一大口气憋住使劲抬东西，或者憋住气不呼吸，又比如呼吸不够了强自支撑，都属于努气。内家拳要返先天，转化后天呼吸为息，呼吸会变得若有若无，也即"至人之息以踵"，身心永远处于休息放松状态。而努气会损伤肺功能，严重了会崩裂毛细血管，俗称炸肺，就得不偿失了。

挺胸收腹，这个动作会把气血引领到膻中穴以上，造成上实下虚。脚下无根不说，心火不降，肾水不升，水火不能交汇，永远做不到炼精化气。且气血长期处于身体上半部分，会引起心脑血管疾病。真正的练法是上虚下实，把上半身松松快快地放在下半身上，肩膀一松则气血自然下行，任督自然接通，水火自然交融。

孙氏体系之真练真打、强身健体与延寿长命

　　传统武术门派与散打搏击相比确实保守，练法和打法基本都是择人而教，一方面有怕不得其人出去惹事乃至危害社会的担心，另一方面也看师徒之间的缘分感情。孙公禄堂对于求教拜师者有句名言："若是想强身健体防守自卫则绰绰有余，若是想打天下第一请速速另寻高明。"那个年代有真东西都是如此，何况如今看不到多少真东西。我们看待武技要客观而全面，我认识的专业散打运动员，平常一个人打十几个普通人是小意思，因为普通人根本就不懂得防护，冲上来也只是把脑袋给人家打的，好像网络上流传的那个拳击冠军一个人打躺下十几个是一个道理。但是搏击频道做过一个节目，请了几位搏击世界冠军到特种部队去体会，在拳台上特种兵根本就不是冠军们的对手，可换到野外环境玩偷袭，这些世界冠军几乎都不堪一击，瞬间就被特种兵打倒，那种威胁生命带来的心理崩溃也不是一般人能承受的。所以环境不同，要素也就不同了。

　　我个人对武术的认知也有一个转变的过程，从最早的盲从盲信，到接触实战后的客观清醒，再到对武术返璞归真的原点认知，不是那么简单地可以用能打或者不能打来概括。武术是个大宝库，谁都可以从里头找到自己需要的。我们不能要求几千万武术爱好者都是实战高手，但也必须是真练真打才行。还是孙公那句话有道理：强身健体，防身自卫，

足矣！要说强身健体，练武术的会比不练武术的活得长久，就算是寿命一样，但身体素质得更强，不然练武术能强身健体就是骗人的。那么现实如何呢？我就不举例子了，这东西也没法骗人，群众的眼睛是雪亮的。要说防身自卫，我们不去招惹别人，但是真有人挑衅咱们也能应付不吃亏，最起码不能给自己老师丢脸。

按照孙公禄堂对拜师学艺的界定，一是强身健体，二是防身自卫，那我们就谈谈强身健体。首先得清楚身体健壮来自哪里？人们习惯于把肌肉结实、骨骼粗壮、劲大力足、耐力浑厚作为身体强健的标准，其实这都是身体健康外在的表现，是果不是因。那么因是什么？就是五脏。身体发肤无一例外都是五脏滋养，肾主骨，脾主肉，肝主血和筋，肺主气力和皮毛，心主思维意识。五脏各有功能，五脏强健与否决定了你身体功能是否强大。那么五脏的强健又是由谁决定的呢？从后天而言，是气血。从先天而言，是元气。气血旺盛，则五脏得到滋养，才能保持自身功能强大。先天元气充足，决定了出生之后五脏保有的状态。强身健体，有本有末，本是先天元气，末是后天气血。先天后天必须相向而行，在拳法里叫"先后天要相交"，共同作用，才能把强身健体做到极致。强身健体和防身自卫又是前后顺序相承接的关系，唯有身体强壮才能谈到防身自卫。这个自然界是物理的、客观的，从来都是强欺弱，没有弱欺强的道理。两人徒手搏击，力大身强者胜。举个简单的例子，大人和小孩打闹，就是小孩练过跆拳道之类，也无法与大人抗衡，因为大人的身体功能是小孩的十几倍。传武的训练体系，就是把个人的身体素质不断做强做大。练习传统武术第一步是改造身心，简单说是易骨易筋，这就是所谓的"练法"。历经几千年的自我发展，传武在强身健体、改造身心方面是卓有成效而且独具一格的。

普通的体育锻炼，通过加大身体负荷，比如跑步、游泳等，使心

脏被动加快跳动，推动血液更快运行，从某种程度上加大了气血的输送能力，在一定程度上，也就是不超出人体生理范畴的基础上，能够起到一定的强身健体作用，如果超出了就会走向反面。所以体育锻炼要讲究度，对身心也是有益的。传统武术的方法是哪些呢？前面说过先天和后天。先天元气也就是人出了娘胎之后的状态，用孙公禄堂的话："人自出生以来禀赋先天之元气"，这个都是已经固定了的，所以孩子有身体壮的，有身体弱的，就是先天元气禀赋多少的差异造成的。肾主先天，脾主后天。先天元气不足，肾的整体功能就弱，连带着脾胃功能也差，所以身强体壮的孩子都能吃，身体孱弱的孩子吃两口就饱了，如此走入循环，强者更强，弱者更弱。那么源头在肾，在于元气，如何把它补回来呢？西方生理学认为是无法改变的，唯有通过后天体育锻炼。但我们中国人的老祖宗则更进一步，深入形而上的领域，发现先天之元气就是道体生发衍化天地万物的功能，而其本质就是"空空静静"，所以中国的文化，儒释道三家的修行，无一例外的都是要从空空静静开始。儒家讲"知止而后有定，定而后能静，静而后能安，安而后能虑，虑而后能得"。道家讲"清静无为"。佛家讲"应无所住"。孙公禄堂用两句诗说得就非常明白了："道本自然一气游，空空静静最难求。"所以恢复先天元气，而且更进一步做到源源不断，首要之功就是个"空空静静"。在传统武术，入门先站三年桩，这个桩不是让你去熬腿子、练肌肉、比耐力，而是要找回空空静静的生命本质，把本钱接续回来。

形意拳站桩传统就是混元桩，到了孙公禄堂这里又加上一个无极桩，是为了直奔先天空空静静这个主题，给后学开一方便之门。站桩的秘诀就是"专气致柔"这四个字，因为之前已经讲过太多，这方面就不再赘述。通过站桩启动了先天元气，把道体功能与人的肾脏系统连接起来，则肾功能逐渐开始变得强大，带动其他脏器也不断强健起来，气

血、筋骨也都越来越旺健，易骨、易筋也就开始了。所谓易，是改变的意思。源头充沛了，下面的河流必然也充沛。王芗斋发明意拳，以站桩作为核心锻炼的手段，其用意也就不难明了。但意拳的桩在混元桩基础上又加入了六合九要和拳法规矩的内容，是对形意拳原来的桩法体系进行了改造，王芗斋是从站桩上有所体悟练出来的，所以他的路子算是独树一帜，但殊途同归，最终练出来的东西都是一样的。所以，站桩是形意拳的核心。尚云祥也说站桩是个宝，只是具体怎么站，特别是里头怎么回事，可能就是法不传六耳了。不过，只要是空空静静别动心只管站去，对于强壮身心是没问题的。

跟我学习形意拳的学员有很多，无一例外都是从无极桩站起，而后进入混元桩，对身心改造的程度是非常明显的，一般站一个月无极桩身体的变化就很明显了，进入混元桩，几个月身体素质就会出现飞跃般的进步。这方面有他们的个人体会登载在我的公众号上（god8sun），前后有四五期，有兴趣的可自去查看。传统武术或者说内家拳的东西和西方体育最大的区别在于：体育是刻意去求去想着制造些什么出来，而我们的体系是自生长的，只要你做到空空静静，掌握了站桩的方法，身体健康乃至功夫都是自己来的，无需你刻意寻找造作。你想练点什么或者练出点什么都不对，功夫自己会来找你。相当一部分传武爱好者，就是这个点上不得其法，所以练来练去可能都练在表面，始终不得拳法三昧而入。本来这些东西也不是秘密，只是1949年以后主管部门推崇套路，对传武进行了阉割，而民国那些有真才实学的前辈历经运动也都凋零得厉害，所以真东西就越来越看不到了。唐山孙氏门因为张玉书对革命的历史贡献，以及第一代中央领导人太极拳老师的身份，一直是四平八稳地走过来，所以把原汁原味的真东西都留了下来。

那么再深入谈到内家拳著名的"延寿长命"到底是怎么回事？其

实很简单，人的生命健康或长寿与否，大部分取决于先天元气的厚薄，禀赋差的早夭早亡，禀赋厚的健康长寿。当你不断地把先天元气补充进来，五脏器官始终保持着鲜活青春的状态，生命的存世时间就更加地长远。其实这也是道家和佛家修炼"驻世存形"的秘密，只是他们的要求更加严格，必须于欲望、习气、思想上不能有丝毫的泄露，作为常人是很难做到的。普通人只需要清静一些，欲望清减一些，通过具体方法把元气始终能够补上也就很好了。我的很多学员原来身体不好来找我，站了几个月桩，就快速地康复，他们自己也感到很不可思议，认为形意拳这东西太神奇。其实这些东西你在后天思维上无法认知理解，因为它是先天层面形而上的，所以只要踏踏实实跟着老师练，好处自然是越来越大。就怕瞎琢磨爱动心，尤其是以前学过三招两式还放不下的就很难办了，耽误的都是自己。

其实呢，人的宿命并非不可改变，天地宇宙中也没个上帝来决定你的生老病死，生老病死都是人自己造作出来的，其实也是客观真实的，既然你能前头造作，后头也是可以改变的，改变的方法就是与道合。人活着每天都要合上道，所谓"朝闻道夕死可矣"，古人都有这种精神，现代人就差很多了。但真的悟了道，延寿长命都算是小事。关键就在于从源头上去改造自己的生命，你把后天的生命与先天的本体功能实现了"接续"，生命就可以实现更加鲜活健康。张三丰有首著名的"无根树"写得就很好，人的生命就像一棵看不到根的大树，因为出生以后进入后天就和先天的根断开了，把娘胎里带来的资源耗尽也就死掉了。但是你把这个根重新连上了，生命力不就又来了嘛。张三丰的诗句说得很隐晦，我这里简单直白就说完了，回头再去看他的诗，就没什么不明白的了。

说一千道一万，人活着，健康才是最大的本钱，有富贵自己没福消受，是个人最大的悲哀。练形意拳改变气质这话谁都知道，怎么改变气质以及为什么能改变气质就没几个人知道了。其实无非是从先天源头上入了空空静静，消化了后天的习气欲望，人变得从容恬静，大慈悲心生起，自然造福于人类社会，那么原来命中注定的灾祸或能躲过或能消减，而福报也随之而来。所谓性格决定命运，原来是人见人烦变成人所敬重，社会上就没人会害你了嘛。做人最悲哀的事情是处处树敌而不自知，所以人无论顺境逆境都不要狂妄，狂妄了就成了万人之敌，是要倒霉的。你说我做的是正确的事，倒霉就倒霉吧，所谓千万人吾往矣，这种勇气值得敬佩，但其实还有其他更合适的道路，为什么不去走一走呢？何必非要荆棘丛中踏足？虽然可能维护了真理但也付出了自己，儒家可能提倡这种精神，但道家和佛家是不提倡的，入世有入世的法门，不一定非要钻牛角尖，条条大路通罗马嘛。君子不立危墙之下，你不把自己先保护好了，又如何去济世救民呢？这就是匹夫与丈夫的区别了。人都喜欢算命测测灾祸，其实善易者不卜，明白了这个根本道理就不用去算命了，因为我命在己不在天，你把自己做好了，命运自然也就好了。生命的健康长寿与命运的福祸趋避其实都是一根同生，马克思主义哲学辩证法讲究做事要抓主要矛盾，在我们这里就是直奔主题抓住根本，返先天续本元，则一通百通。

拳法入道与动静有别

"诸行无常，是生灭法，生灭灭已，寂灭为乐。"文字般若的手段也有局限，比如此处的"寂灭"二字，其实是个很快乐的本质，却给人以青灯古卷万古凄凉的感受。其实真要达到寂灭的程度，内心那种快乐是难以言表的，就是穷尽人生所有奢侈享受，也不能及之万一。

生灭灭已，就是打碎阴阳返回先天，寂灭就是空空静静。释迦牟尼说了那么多，道家几句话就说明白了。倒不是人家不高明，而是当时的人大概民智不高，需要掰开了揉碎了讲解。不过后来发明禅宗，直指人心见性成佛，那是高明得不得了的。

这种寂灭之乐是一种无由之喜，身心内外每一个细胞都充满了快乐。之前说过练拳不要硬逼着自己苦练的问题，若是返了先天见了真心，那种快乐充斥了全身，就想着一直练下去。这个在禅宗里头打坐入了一禅境界见了法喜，也是同样的征兆。坐禅的嘴角泛着微笑的才是入了港的，你看人家坐着一天不动，其实里头快乐得很，十分精彩。

孙公禄堂是先学拳后修道，最后拳道合一，所以才有今天我们所见到的孙氏体系。你练到了才能体会其中的妙处。念佛要念到一心不乱才见端的，禅宗要悟到底掉才见本心，孙公这个上来就站无极桩，告诉你空空静静别动心，所谓性命双修，气脉上与见性上就都齐了。

气脉也是不修而修，主动去修是有问题的。先天有了后天就有了，先天没有专注于后天气脉，好像大树无根，修来的都是镜中花水中月。因为我在接触孙氏体系武学之前有十年修禅、研易，所以由道而入拳，发现唯有孙公的学术是系统而彻底的大智慧之学，在孙公之前的前辈们虽然术业有专攻，拳法上的高度令人高山仰止，但唯独在形而上道艺方面总有所欠缺，不能解决宇宙和生命的根本性问题。故当年一见孙公著作便拍案惊奇，此非佛道之本质精神乎？故穷追不舍十数年，终于得其全豹而能融会贯通。

后世之于内家拳道二途有志者，须于"静"字上多下功夫，此处即是先后天分野。若能做到空空静静见诸本心，配合系统之锻炼方法，则气脉自通，身心自变，筋骨自易。若总是于后天思维习气中不能解脱，就算耗费数十年而终无丝毫之成就。所谓外家，就是后天刻意功夫；所谓内家，则全是先天本能。郭云深公言：练拳不能带丝毫血气。

孙公禄堂言：空空静静最难求。功夫与智慧是一体两面，返先天了内劲自来，智慧也相伴而来。过去有"洞庭波送一僧来"的名句，作者是个不识一字的禅僧。所谓智慧，是不思而得。思而有得，是后天小聪明。常人灵机一动，计上心来，都是智慧生发，但可遇而不可求。于拳道之中，先天境界空空静静，则智慧长存常在，想用就用。先后天分野是无法理解的，用释迦牟尼的话是"不可思议"，能思议的都是后天造作，先天智慧不能动心思，动了的就是后天。故佛陀云"不与无缘之人讲法"，并非释迦刻薄，而是常人智慧不足，讲也是白讲。总有朋友夸我文字般若厉害，其实亦是此理此道，非我刻意为之。

那么如何才能做到这个"空空静静"呢？对于绝大多数人而言可能就太难了。禅宗就一句"放下"，《金刚经》中讲"应无所住而生其心"，其实也是让你放下，但你放得下吗？所以有个方法，就是从有为而入，无为而终。密宗有这个方法，道家其实也有这个方法。很多汉族

人喜欢修密宗，里头酒色财气都有，其实那个是以毒攻毒了，你自己不懂以为真是好东西，又修佛又不耽误享乐，其实到最后还是要扔掉的，只是过程中让你厌离而已。如果迷入其中不能自拔，下地狱比谁都快！

所谓有为而入，就是从后天练起，其核心就是动中静。动中有静，静中有动。阴中有阳，阳中有阴。要学会善用阴阳，不然老祖宗留下的宝贝就白瞎了。比如我们练拳就是动中静，虽然练拳热热闹闹，可里头是一片宁静。人要让他站个桩或者打个坐静一静那是很难的，但要让他动起来安静一下就更容易些。给你找个安静地方睡觉可能还睡不着，要是找个机器轰鸣的地方，一会儿就鼾声大作了。动静不是孤立也不是隔离的，动中一定有静，静中也一定有动，这是阴阳互易的道理。人就是这么奇怪，动动静静，静静动动，有时候一条路走不通就到对面去看看，说不定有条路可以走。引申开来，人生倒霉的时候其实孕育了生机，忍耐一下机会就来了；顺利的时候也不要太狂，否则月满则亏，水满则溢，是要倒霉的。我们练拳的时候，不管你外头如何动作，里头要始终做到空空静静，脑子要空，心里头要静，好像闹市之中隐藏着一块净土一样。就只管打去，打多少？比如一千个劈拳，一开始做不到宁静，打个几百下之后慢慢就放空了，这是用形来影响意。比如过去讲小资情结，无语怨东风，其实就是闲待着不运动造成气血壅塞影响了五脏，只要让这人去干一天体力活，保管累得脑子里是干干净净，就想着晚上回家吃顿好的赶紧睡觉。所以知识分子大抵闲愁较多，劳动人民就直爽大气没那些闲事，其实都是气脉的事。我让你一天打一千个劈拳，打着打着就把自己忘了，心也放空了，是一个道理。

其实西方科学都源于对大自然的观察，咱们形意拳或者说内家拳也无非一个物理一个生理，所谓"近取诸身、远取诸物"，要学会观察。从这个角度说，形意拳非科学。西方科学于物理研究的透彻，对心理、

生理的研究还有很大差距，这方面我们中国人的老祖宗就很厉害了。西方科学的局限在于只认识到后天，还不知道先天的层面。对于先天，西方人更多地寄于所谓的神，交给上帝。科学一词可以用，但不能限于所谓的西方科学，东方一样有科学。

回到练拳的话题。形意拳所谓"动静有别"，练拳是动中静，阳中阴，逐渐心定。所谓"知止而后有定，定而后能静，静而后能安，安而后能虑，虑而后能得"，打劈拳打到一个劈拳出去，身心刹那就定在那里，呼吸思维全部停止，才是入道景象。上面那段大学里的话，虑是指智慧而非聪明，是不思而得，而不是思而有得。真到了这个境界，智慧生发，各种般若源源而来。再往下，便是老子的那句"专气致柔能如婴儿"，逆反回真，走向纯阳境界了，也就是郭云深说的"六阳纯乾、刚健之至"！

那么有了动中静，还有没有静中动呢？有，就是站桩。站桩外表看似平静，里头孕育着一片生机，气血川流不息，此是先天带动后天，气血自然发动，血脉自通，阴阳自平，是为静中动。我看很多说站桩的，有作意的，有关注穴位经络的，这些都是后天刻意造作的功夫。其实人自出生就具有先天元气，种种的一切早已经是齐备的，何须再造出一个自我来？道体衍化生命自有其规律，是不可能违背的，违背了就要出问题。我们能做的就是顺应道法，接续上先天元气，使我们的生命能够源源不断地得到补充。而道体本来的面目，就是空空静静自自然然而已。所谓自然，就是它本来的样子。所以站桩的本质就是一句话："别动心！"切记，找来的功夫都是假的，自己来的才是真的。

孙禄堂内家拳练法解密之
——站桩

"入门先站三年桩"，其实何止三年？站桩是一辈子要做的功夫，甚至可以说是"须臾不可离也"。所谓"行走坐卧皆是拳"，功夫大抵都是从站桩中来的，却和"拳不离手，曲不离口"没什么关系。

孙禄堂的内家拳体系由形意拳、八卦拳、太极拳组成，其实八卦拳和太极拳最早是没有站桩的，唯独形意拳有站桩，而形意拳最被人熟知的桩是三体式。从孙禄堂的体系而言，是"三拳合一"，所以无论是从形意、八卦还是太极起步入门，也都要经历站桩的过程。孙氏体系内的桩都是什么呢？第一是无极桩；第二是混元桩。三体式，谈不上是桩，但可以当桩来练。

首先要清楚为什么站桩？有相当一部分人以为站桩是为了增加腿部力量，对四平马、三体式这类腿部肌肉吃劲的桩很迷信。如果是为了增加腿部力量，可以去跑步和做负重蹲起，效果要比单纯的静力桩好得多。从实战角度而言，力量与速度一定要有机地结合才能发挥最大效用。事实上，四平马或者三体式所增加的也仅仅是肌肉的耐久力，而非肌肉的绝对力量。肌肉长时间保持紧张状态，还会失去敏感和灵动，所以凡是站四平马或三体式的，起桩后都要通过快速踢腿来舒张肌肉纤维。更何况，内家拳本身并不以训练肌肉为根本，甚至连筋骨都是附带的，我们追求的是先天神意指挥下的本能激发，所谓"拳无拳，意无意，无意之中是真意"，把内家拳练到肌肉上就错了。

练内家拳一辈子都在追求这个"真意"，到底为何物？比如急刹车，瞬间身体自动反应，踩上了之后才会反应过来。自动反应这个就是"真意"，它是自己做主的，不需要人的后天故意去支持操作。如果回忆踩刹车的一瞬间，就会发现脑子里是空白一片，思维意识全停，完全是生理本能的自我激发。如果这一刹那还想着怎么刹车，是一定要出事的。都说妇女柔弱，但如果当街有人打她的孩子你试试，心里头一股劲上来能把对方撕烂了，这股劲也是自己来的，所谓"忘乎所以"，一瞬间没有了自己全是护犊子的心，本能就激发出来了。平时你可以欺负一个柔弱女子，但一个柔弱女子要是发起性子，四五个男人也抵挡不住。换作男人也是一样。战场上的战士一忘乎所以就会变成野兽，所以下来了要找没人地方消停几天，不然直接进入社会就要出事。说这么多就是要告诉大家，所谓内家拳并不神秘，对应于外家，内家是发掘人自身本来就有的生理本能，这种本能出来了就叫作"内力"，用这种本能做功就是"内功"。而且这种本能人生而有之，一辈子都带着，只是人们在后天自我磋磨把它给遮蔽掉了。所谓百姓日用而不知。我们练内家拳，不是去制造，而是在回归！

回到一开始的话题，站桩的目的或者功用，就是要把本能给找回来，同时通过本能做功来提升体质体能，把身体的本钱不断做大。如何才能实现这一目的？我们回顾踩刹车的分析，本能是植根于空空静静的状态，用郭云深的话是"不能带丝毫血气"，血气统指思维和习气，其实就是空空静静不着一尘，这个状态我们叫"先天"；反之，思维欲望泛起的状态就是后天。我们可以再做个试验，你让某人面对墙壁站好，距离大约一尺，你从背后突然推他一下，几乎所有人都是自动把双臂伸

291

出来抵住墙壁。这种自我保护的本能和踩刹车、蔫人出猛虎等都是一个源头，等回过神来你问他手臂怎么出去的？他自己也不知道，手臂就自动出去了。所以，人的身体里有先天后天两套系统，用西方医学的知识，就是主动和被动两套神经，平时人在后天都是故意或者刻意去做事，就都是主动神经系统在指挥。被动神经系统在人的一生中绝大多数时间都在睡大觉，除非遇到危险才会自我激发出来。我们要做的，就是把被动系统变成主动系统说用就用，这个过程，就是内家拳的整个锻炼过程。说到这里，也就可以理解我之前反复提过的"内家拳不练后天气血，先天有了后天也就有了"的话，所以讲经络、穴位、脐下聚气、大小周天等的练法，都非先天大道。"狮子扑人，韩卢趁块"，找到了最根本的源头，其他就都迎刃而解了，又何须兔头寻角去找那些本来就不存在的虚无呢？

本能的激发是从空空静静中来的，所以孙禄堂拳学体系中首站无极桩，次站混元桩。无极桩和混元桩一个是专气的功夫，一个是致柔的功夫，所谓"专气致柔能如婴儿乎"。简单说无极桩就是个类似立正的姿势，但双脚是90°，膝盖随着双脚松开，重心放在两个脚跟上，轻松舒适地站好无思无想即可。无极桩站到能够瞬间入定，思维意识都停顿了，就能够体会到先天层面不沾丝毫血气是什么样子，而且将后天呼吸转化为先天之"息"，这个是后面身心改变的基础，也是五行拳易骨易筋的根本，呼吸不转变后面的一切都免谈，根本就不会练出内家功夫。无极桩一开始不要练太长时间，每天晚上睡觉前20分钟足矣。关键是要把无极桩空空静静的状态带到生活的常态中去，随时随地都能静一静，这静一静身心就受益，那么除了睡觉吃饭你就都在练功之中，这才叫"行走坐卧皆是拳"。所以我们站桩也好，练拳也好，其实都是引子，关键是要把练功生活化、常态化，也就不练而练了。

无极桩做到空空静静之后，就可以进入混元桩。混元桩主要是融合气血，转变身心，这个时候体质体能就开始增强了。道理很简单，人在后天身体健康强健与否，首在气血，次在五脏，而五脏强健与否起决定性作用的也是气血，所以气血二字妙不可言。无极桩做到空空静静了也会出现改变，比如精力旺盛、手掌胀满等，等到了混元桩这种变化就日甚一日，快速恢复到人在十八九岁时的身体状态，体力、精力、智力日新月异。混元桩的"混元"二字也来自老子的《道德经》，所谓"有物混成、在天地先"。站法也非常简单，就是双脚分开与肩同宽，双手轻松自然在胸前一抱，其他就什么都没有了。大成拳的"浑圆桩"讲究撑抱的，和形意拳的"混元桩"不是一个概念。站混元桩要体会人在水中悬浮的感受，周身上下没有丝毫较劲的地方，身心同时放松到极致，则气血自动，阴阳自调，功夫自己就来了。混元桩是否做到位有两个验证标准：一是会自动微笑，二是身体内部会不由自主地"蠕动"，一如薛颠所言的"以神意慢慢舒展身体增长气力"，注意这个神意不是刻意，而是先天神意。体会混元桩可以去观察刚出生的婴儿，嘴上总是带着笑，身体柔软至极。

通过混元桩快速改变身心，就可以进入五行拳的阶段。再说一下三体式。三体式本身不是桩，只是拳法从先天向后天衍变的一个过程。过去老辈人很少站三体式，徒弟里没悟性不开窍的才去站三体式。如果非要站三体式，具体方法和混元桩一样，但是唯一的不同是要承受后腿吃重的痛楚，这个需要神经相当粗大才可以，有多少人因此半途而废，其实是没遇见明白人传授。对于四平马亦或三体式，我都是有发言权的，因为我对传统武术一直有个考证的心思在里头，虽然老人说过了我也要试试，所以四平马和三体式我都站过了30分钟。可以负责任地告诉大家，单纯的熬腿子，不是没用处，但用处真不大。

三体式原为"三才式"，所谓天地人三才一体，核心是个"静"字，也就是空空静静。拳法从先天衍化到后天有个逆反回真的过程，就是三体，所谓"阴阳和合成三体、三体重生万物张"。比如我们练形意拳从起式开始，起式就是无极，动作一定要慢。起式动作起来以后到了三体式，心里头一定是自然做到空空静静，那么三体就做到位了。这个空空静静与无极桩的空空静静是一样的，后面的五行拳也就在这个空空静静的基础上展开，也才能做到郭云深说的"不着丝毫血气"。所以我们内家拳外表看挺热闹，其实里头安静得很，要是里头也热热闹闹那就错了。

上面说了，如果非要把三体式当桩来站，也一定要按照混元桩的方法来站，如果能克服支撑腿的痛楚，大约七八分钟之后也就没感觉了，周身松柔自在的体意和混元桩并没有区别，出来的东西也是一样的。三体式的另外一个作用是六合九要，也就是所谓的"较二十四法"。在三体式的阶段主要是较二十四法，把拳法规矩在静态拳架上先上身，到了劈拳相对就容易多了，否则跨过三体式的阶段直接打劈拳会浪费很多时间。形意拳所谓事简而功大，里头没有一样是没用的，都有着很深的用意。过去门外的人看门里的人站三体式不动，以为人家是在站桩，其实那是在较二十四法，外头虽然不动，但里头生生不息地在动，从外头是看不出奥妙的，自然人家也不会告诉你怎么回事，以讹传讹地就以为三体式是站桩了。

三体式另一个功用是固定功架，所谓功架其实就是个三角形的力学桁架结构。大家注意拳击或者搏击的间架，都是三角形的桁架，这个中西并无差异，练法上可能有区别，但实战动手面对的要素都一样，所以三角形桁架结构是经过历史检验证明最有效的。当然也有其他桁架结构，比如少林或者八极拳的体系就是四方形的桁架结构。功架简单说就是"拳架子"，拳架子的功能是在技击过程中保持重心和身形稳固。比如对付王八拳怎么打？王八拳都是一开始又快又乱，专业的搏击选手用两手护住头护住胸肋站好了间架，抗过了对方的三板斧然后再反击。拳架子就是这个用处。过去老人动手讲究拳架子不能倒，拳架子倒了你就输了，传统武术以破坏对方重心为第一要素，在三体式上多下功夫，就是为了在技击中保持自身稳固。

三体式还有一个功用就有点形而上了，所谓天地人三才一体，到底是什么意思？就是说天地人都是道体所衍化，可以说是一母三胎。如果你站桩或者打拳，通过那个空空静静能够体会到天地人本自一体，就能了解三才一体是什么意思，其实无非就是个"静"字。真要体悟到三才一体，拳法也就入道了。薛颠讲："三才三身非无因，分明配合天地人。三元灵根能妙用，全体法象亿化身。"对于薛颠的拳学体系，可以用高妙来评价，有他自己独特的一套。但是对老辈人真实的水准，还是要看归宿的，最终的归宿验证了他一生所学的真伪、高低，毕竟生死大事，最后这个关口才是真关口。但是对薛颠的武学我非常喜欢，没事也赏玩研究之，如果机会成熟也会专门写一本书，把薛颠象形拳的秘密都讲出来。

功夫上身的具体表现

功夫上身什么样？或者说这人有没有功夫，具体什么表现？

对于内家武术，功夫分有形和无形两个层面。无形的也就是内劲，说你功夫大主要是说对内劲掌握的程度。有形的属于后天，主要是易骨易筋带来的身体功能的强大，比如力量、速度、硬度、韧度等。有形无形也不是互相分离的，它们一体两面，分别在不同层次上显现。

对于先天层面内劲的掌握，应该是最难的。孙公禄堂在《形意拳学》里明示：虚无一气，金丹也，形意拳之内劲！这话写得明明白白，但能弄明白的估计凤毛麟角。所以后世绝大多数人都没有逃出孙公所说的"抛砖弄瓦"，也即是以为内劲就是腹内运气、心中努力等。李存义跟刘奇兰练了15年没悟出内劲。孙禄堂跟着李奎垣3年，又跟郭云深前后十余年没悟出内劲。李存义是在第16年悟了，而孙禄堂则是在宋世荣处悟透玄机。

李存义怎么教徒弟的咱们不知道，但《逝去的武林1》里，李仲轩先生转述当年尚云祥点拨他的原话在："转身瞪他，心里头也瞪！"这话高明啊，我是佩服得不得了！尚云祥这么教徒弟，估计李存义也是这么教他的，和禅宗悟道很像，不立文字直指人心，一句话拨云见日！世人只知道用眼睛，却不知道眼睛后头的本心才是真相，你把眼睛的功能去了，用自己那颗赤裸裸的本心去试试，看看有没有什么不一样？

讲到这儿说点题外话。佛教说六贼所系也即是眼、耳、鼻、舌、身、意，这些身体的功能，由于它们在工作，所以就把人最本质的原始功能给遮蔽了。比如婴儿刚出生不会用胳膊腿，爬来爬去的都是用腰，这个才是动物最根本的本能。等到会走路了，逐渐适应了胳膊腿的功能，就把腰忘记了。所以练武术入门最难的第一步，就是舍弃胳膊腿回到腰胯上。但是真的非常难，因为你已经习惯了，身体适应了。什么时候这个本能自己出来呢？就是被挤兑急了的时候。比如小孩怕打针，在医院床上滚来滚去几个大人控制不住。其实这时候只要把他的腰箍住，一个人就能制服。小孩因害怕在床上乱滚，胳膊腿忘了，腰胯就出来了，这时候的力量就这么大！

一个小孩把腰胯用出来力量就这么大，我们成年人要是把腰胯用出来，再加上日积月累的筋骨功夫，那得有多厉害？所以过去人说功夫大的力敌百人，如入无人之境，还真不是虚话，那都是练出来的真功夫。孙公禄堂年轻时有过一次力敌百人的事迹，吾师年轻时在唐山也有过空手打百余人的记录。那时候是"文革"时期，最后革委会主任出来平息局面，对方给包了一场电影算是赔礼道歉。所以呢，不是武术不厉害，而是真东西已经很难见到了。

孙公不是说先天一气自虚无而来吗？虚无一气就是形意拳的内劲，其实也就是学佛修道的那个本心、道体（无极）的功能。所以无极而后是太极，太极一变就是两仪，产阴阳了。先天本体无形无相，好像西方说宇宙产生于大爆炸，而大爆炸之前什么也没有，是个虚空。东西方在这点上是有交集的。道体功能衍化天地万物，人类只是其中之一，因为衍化出肉体，就有了眼耳鼻舌身意这些器官功能，而这些功能发挥作用，就把本体的功能给遮蔽了。所以六贼不死，本心不出，这句话就是修道的核心关键。

佛教讲"不识本心修法无益",只是有福德而没有功德,可能下辈子福报很大,但解脱就谈不上了。咱们练拳也是这样,你不懂内劲,练来练去的筋骨皮上有进步,但最核心的层次就上不去。所以回头再去体会一下尚云祥的那句话:"你回头瞪他,心里头也瞪!"用心不用眼,六贼当时消亡,本心出来了,才知道内劲上怎么回事。其实佛、道两家是一回事,手段不同,目的相同,而内家拳是道家的一个法门,所谓十万八千法门,种种途径都能悟道。

到了孙公禄堂这里形成了系统理论。因为孙公从程廷华那里出来云游天下,在四川遇见了隐世的修行人,传给他道法,这才把拳法和道法融会贯通,第一次使内家武术上升到系统理论的层面。孙公其实也不藏私,内家拳的练法他都在《太极拳学》里公布了,而他的道法都在《八卦拳学》里,只是后人看不懂而已。为什么看不懂?一层功夫一层道理,你没练到那个层次,看人家过来人写的东西就像神话故事,当下的人大抵都会嗤之以鼻,以为是瞎忽悠。除非你认个明白人当师傅,你虽然不懂,他给你解说,而且从身上给你做出来,才明白原来古德之不我欺也!

孙公把形意拳的修炼建成体系,从无极道体本源开始,这个是空空静静不着一尘,也就是郭云深说的"不起丝毫血气"。无极道体一动就是含一气,隐隐约约,似有非有,虽然一气还没出来,所谓含一气,但意思景象已经有了,好像夏天雷雨欲来,地平线上隐隐约约传来的低沉雷鸣。接下来一气完全出来,一气就是内劲。你看,孙公安排好了,你只要跟着练,到这就应该把内劲完全体现和体验出来。一气即太极,太极即一气。那出来了吗?没有吧!为什么孙公写明白了后人练不出来?那是因为从无极那儿就错了。不识本心修法无益,无极本源的空空静静出不来,何谈后面的一气?所以孙氏入门要站无极桩,站什么?为什么站?搞不明白后头就全都错了!也就是孙公后面说的,始有毫厘之差,终有千里之谬。白练了!

功夫的核心肯定是内劲,但光有内劲行不行? 肯定是不行。内劲是人的一种生理本能功能,好像你有一桶汽油,没有汽车就只能点火,所以还要给内劲找个媒介发挥作用,就是拳法了。用孙公禄堂的理论,是先后天要相交。光有先天内劲不行,还要有后天武艺的辅助,二者相辅相成才算圆满。所以形而上道艺,形而下武艺,这话就是从这儿来的。

后天武艺,一个是练法,对身心的改造;一个是用法,也就是技击实战方法。内家拳对身心的改造,就是易骨易筋,理论基础是易筋、洗髓经。孙公禄堂交代给后人的脉络,是岳飞创形意拳,他化枪法为拳法,把战场的实战应用与易筋、洗髓结合,创立出一整套内外结合、先后天结合的拳法体系。岳飞之后此拳隐没于民间,后被姬龙峰在终南山发现。易骨,主要是炼精化气,通过把后天精气转化为骨髓,提高骨密度和硬度。易筋,是把全身十二筋脉连接成一体,一动俱动,通过拳法的磨练使之不断强韧。这里头有个核心的理论,就是"筋生气,气生血,血生筋"。那么劈拳强肺,崩拳强肝,肺主气,肝主血,不就一清二楚了嘛!

所以,易筋主要是通过劈拳和崩拳来实现,前提是规矩法要正确,特别是关窍和火候,都是写不到书本上的,必须要过来人时时指点。易骨主要是通过炼精化气,也就是心肾相交,这在之前的文章里已经多次阐述过。形意拳首先打明劲,并不是说刻意去打,明劲阶段是自己来的,总体上逆反回真,元阳回升,精气神不断地补充回来,给你的感觉是身上有了一种浩然正气,身心里有一股劲头不断涌上来,好像十几岁的孩子坐不住呆不住,一定要出去野,把精力发泄了才舒服,这个才是明劲阶段。那么伴随着明劲来的首先是易骨,一个阶段以后把明刚收敛了,暗劲就来了。

依照正确的练法,其实是练一天有一天的进步,练一天有一天的

收获，不存在练了十几年二十年还没消息的，那是练错了。站桩是为了返先天悟彻内劲，劈崩就是易骨易筋的开始，身体就开始健壮起来，而且时间上非常快，一般半个月左右就能体会到明显的变化，三个月身体就脱胎换骨，半年左右感觉就像换了一个人。这个时候可以用跑步来验证，如果平时跑个一千米也比较费劲的，如今五六公里就很寻常了，因为肺强了，气壮了，身体机能就都旺盛起来了。

随着功夫的深入，体能体质是越来越好，精神头越来越足，人也越来越年轻。体现在身体上是骨沉肉厚，因为易骨，所以骨密度越来越大，肌肉越来越发达，但这些都是自己长出来的，而不是依靠负重练出来的。力量、速度、耐力、灵敏性越来越好，而且身体的感受是越来越轻巧，这是身心入虚的初步表现。虽然是骨沉肉厚，但身法愈发轻灵，如雨燕一般，四五十岁的身体敏捷程度比小伙子还要好，反应速度也远远超出常人。这些基本都是明劲阶段身心上的变化。逐渐进入暗劲阶段，周身的筋脉就像一张网在周身上下蔓延生长起来。明劲阶段打拳是有断续的，一拳就是一拳，到了暗劲阶段劲力就有了回环，好像弹簧放出去还有回去的劲。李奎垣用书法叙述明劲和暗劲，说明劲暗劲就像笔锋提顿，有顿有提的是暗劲。这话说得太好了，就是这么回事。

形意拳里有句话叫练拳改变气质，就是说三层功夫带来身心的改变，也必然会带来心性的改变。因为人的性情其实就是五脏六腑气血综合酝酿作用的产物，当气血冲和、五行平顺以后，自然会把人的性格改了。在明劲阶段，人的性情偏于明刚，朝气蓬勃，胆子大喜欢和人比武；到了暗劲阶段就逐渐内敛，人变得越来越平和随顺，是是非非一笑了之。明刚阶段的人脸上洋溢着青春的气息，鹤立鸡群，走到哪儿都招人看；到了暗劲阶段，这些外在的逐渐消平，人变得越来越普通，扔在人堆里没人注意，所谓大隐隐于市了。

形意拳的起横、神打和硬打硬进

　　起为横，落为顺，横顺要知清。何为横，何为顺？横者有三：一为先天之横，即内劲也；二为后天之横，即横劲也；三为周身之横，即球劲也。起为横，这里的起是启动的意思。就是说，形意拳身法一动就要三横合一，内劲驱动，周身球意，浑身横力，三法齐到，才叫起为横。

　　形意拳的起为横，主要是内在的，并不在外形显现。八卦掌就比较明显，典型的是横走竖撞，形意拳要在打上那一刻才露真形，对方如果接不上，一下被打倒，如果接上了，才知道你是横走，他的直劲就落了空。这也就是尚云祥讲"打架得会抢大边"的深意所在。这是讲横劲，那么球劲又作何解呢？比如过去说流氓在街上横着走，晃着膀子横着窜过来，就是生理上带着的球劲本能。打架不能直来直去，搏击都是兜圈子，其实也是在找横，在横里头找机会。形意拳就高明了，这个横都是在意上，不显山不露形，看着是直，其实是横的。动手不能只是照顾到前后，而是要把周身上下都照顾到了，浑身每一个汗毛孔都带着劲，带着凶悍，形意拳就算是有点味道了。

　　看了很多传统武术和搏击动手的视频，没看到能把横劲用出来的。人家练搏击的兜圈子，他也跟着兜圈子，这一兜就出了破绽，人家稍微一变化，你这边跟不上节奏就空了，等着被人打。自然界很有意思的一点，就是弱的跟着强的走，强的能影响弱的精神和心理。小时候孩子都

有个头，长大了都有个老大或者老板，人家比你强的不光是学人家本事，连人家说话语气都能学了去。狮子逮羚羊，如果狮子的节奏比羚羊快，羚羊就没跑了。如果羚羊先启动，狮子慢一拍，在后头紧追，这就比较困难。如果跟着羚羊的节奏，自个儿就丢了脑子，被人家的节奏控制了。这时候羚羊要是来个急转弯，狮子也跟着急转弯，那不是自己脑子能控制的，可论急转弯狮子哪行呢，就让人家跑了。在武术技击之中也是如此。场上遇见比你强的，刹那间就跟着人家的节奏走了，一百个里头一百个被人打。所以我们练形意拳的，强调要有自己的节奏，练也是自己的，打也是自己的。打拳要走出自己的节奏，别人学不去；打要按照自己的路数，你打你的，我打我的，永远不能让别人欺了去，这才是形意拳！

　　竞赛场上最能控制别人精神的就是速度，比如足球里的过人技术，后天要学是成不了大师的。如梅西那样的人物，天生的思维变化的速率乃至带动身体的节奏变化就比一般人快，不是他的技术有多高明，而是他的节奏谁也跟不上。薛颠的五法八象，其中的晃法也就是这样。薛颠的东西要从身心内在或者说精神变换上去体会，光学动作没什么用。李仲轩说他到天津跟薛颠学象形拳，薛颠教他晃法，一晃李就倒了，这个就比梅西还要高明了。其实足球过人的技术无非就是左摇右晃，看谁欺骗性更强。两人对面要动手，本来一方就紧张，这时候对方突然向左边一晃，这边不自主地就跟过去了，毕竟要防着对手打。等你重心都过去了，人家突然又回到那边，一般人就跟不上了，可又想回来救，动作玩得大的不就倒了嘛。这种场景在羽毛球和网球里经常见到。其实不是我让你倒的，是你自己让你自己倒的，我所做的只是欺骗和控制而已。所以拳法到了极高明的境界，就不仅仅只是一拳一脚那么简单了。

　　形意拳里还有个传得挺邪乎的叫"神打"，说隔空一拳那人就被打伤了，可能现在这个全民武术打假的氛围，绝对觉得是骗人的。骗人的肯定是有，但这个功夫却是真的，只是因为太高明，被不知所谓的骗子们拿去骗那些也不知所谓的傻瓜们。所谓神打，必须是一方对另一方心理上有很深的畏惧感，你突然出手，对方心里头猝然一惊，这时候人的精神高度紧张，血液快速流向可能被打的部位，这种血液的流速超过了生理承受的正常范围，造成局部血管破裂，连带着影响到其他的生理组织结构，人就受伤了。其实这还真不是人家打的，而是自己把自己给打伤了，这就是所谓的"神打"。有时候我真是挺佩服形意拳的前辈们，能把人的生理和心理研究得这个透彻，也真是后无来者了。其实这种情况在生活中也很常见到，尤其是师徒间常动手的，徒弟对师父有了畏惧，师父这边说咱俩练练手，师父手刚举起来，徒弟那边就缩一块去了，这种生理保护的本能谁都有，形意拳却能把它拿出来打人，也真是叹为观止。我们再看看各种太极拳的所谓凌空劲，其实和神打如出一辙，只是太极拳的是本能反应，自己把自己扔出去而已。

孙存周过去有过一个故事。民国在上海时，一群消防员和孙存周交流。那时候的消防员都是练家子才能干的，所以都是身强体壮的棒小伙。孙存周和他们比速度，明着告诉消防员要打他们哪儿，让他们做好准备，可任谁也防不住。这个有点像李小龙参加全美空手道大赛之后和冠军比试的那场，李小龙的拳头都撤回来了，那个冠军才反应过来。消防员是百思不得其解，为什么这么快？其实就在于形意拳后头这个"意"字。形意拳从有形而入，无形而终，最后都要落到这意上，这个意就是神意的意。当你把后天有形有相都化了，周身上下内外都能由精神控制的时候，你的出拳速度就不是一般人所能想象的了，所谓神速神速，你的精神有多快拳就有多快，你的神意到对方脸上了，你的拳也到对方脸上了，那么你的神意有多快？自己想去吧。

传统武术的精神本质

"尔曹身与名俱灭，不废江河万古流。"中国人从骨子里还是喜欢七言的，这种韵味比较符合汉民族的精神特质。南怀瑾先生说得好，过去的文人有了情愁，写一首诗就宣泄了，所以才有这么多佳句流传后世。如今是有些情愁想要宣泄，想写点什么又不知道如何写，便是当代人与自己文化的绝离了。所以读读古人的诗句有时候还会有些共鸣，但终归不是自己的。人在囧途穷困陌路，读读苏轼的"人生到处知何似，应似飞鸿踏雪泥。泥上偶然留指爪，鸿飞那复计东西。老僧已死成新塔，坏壁无由见旧题。往日崎岖还知否，路长人困蹇驴嘶"。噢，原来自己遭遇过的前人也都遭遇过，所以人生也不过是个循环往复，也就一笑而去。人都是快要死的时候才知道幡然悔悟，才知道往寺庙里头跑，才知道临时抱佛脚，虽然有点功利主义，但终归要比不抱好，好歹给下辈子留个机缘。其实早知如此，何必当初？多积累点善缘真没坏处，人生便可早早遇道、悟道了。

练拳有很多身心的改变，有些还是蛮有趣的。我们虽然不练肌肉，但是肌肉也会很发达，不是那种健美雕刻出来的发达，而是符合生理自然的丰满结实。宽肩、细腰、腿长、胳膊长，体型总是很标准。脚底板会说话，好像猩猩的脚底板能抓东西，它是另一只手，慢慢就能体会出来。手是连着大脑的，十指连心，心之官主思，当脚有了类似手的功能，说明这项功能已经延伸到了人体梢节。耳朵会转动，大约也是返先天本能出来，这项功能就回来了。脑袋后头长眼睛。入了空空静静，功夫程度深了，眼睛就不光能看前头了，好像后头也能看见，有点风吹草动马上就能知觉。胳膊变重。两条胳膊能感觉到越发沉重，但不是笨拙的沉重，而是肉松骨沉、绵中裹铁那种。平常人的胳膊是轻飘飘的，现在就不一样了，不说全身用劲，就是把胳膊放人身上稍微一使劲，对方也承受不住。手掌变厚，指头肚变圆，手上都是肉。原来手上胳膊上骨头细，肉也少，慢慢骨头变粗壮，肌肉层越来厚实，特别是手特别厚，这是炼精化气的体现。

当年李书文在天津教馆，徒弟们练铁砂掌，他用开水泡壶茶，一直到把茶水全喝完，徒弟们才能休息。让徒弟们练铁山靠，找垛子墙一次就是几千下。专业的搏击运动员，每天七八个小时都是在专门训练打法，每天15公里跑步，各种技战术、对打、负重。现在的人是把传统武术极高端的一些东西当作极平常的东西，以为谁都能掌握，事实恰恰相反。我们是最基础的最普通的都还没有，就开始登台封神了，所以最后把自己作死也没什么不能理解的。武术得走下神坛，从最基本的一拳一腿开始训练，不然最后就会和怪力乱神划为一等，走进历史的垃圾桶。

李小龙发明寸拳还是蛮高明的，所谓寸劲是相对于发力距离比较长说的。李小龙本身个子不大，他就要在速度上做文章。寸劲的发力距离短，就占了时间上的便宜。其实形意拳的发力比这个还要高明，李小龙虽然讲寸拳寸劲，毕竟距离对方身体还有一段距离，形意拳则根本不需要距离，身体任何部位挨着对手一样发力，而且既可以发人于丈外，也可以出手见红把人打坏了。基本上这是一种先天敏感的反应，加上丹田内炸以及腰胯整力结合在一起才能产生的发力形式，而且无形无相，在身体任何部位都能做出来，挨哪打哪，让人摸不着头脑，在日常的防身

305

自卫上能做到防不胜防，突然性和隐蔽性太强了。

这种发力方式可以称作"沾身即跌"，玩到最高明的程度就是对方一碰就让他飞出去。过去孙存周和王芗斋都有过类似的历史记述，其实并不神秘。形意拳从最初的外三合走到内外三合，精神与肉体高度统一之后，所谓拳无拳意无意，无意之中是真意，可以用精神来指引身体的行动，这就是王芗斋创立"意拳"的初衷。"意拳"的站桩，尤其是技击桩，其实就是实战的各种抱架，把实战要素都融合在里头，但它都是静态的。等站到虚化了肉体，内在精神做主了，通过精神诱导把实战要素瞬间激发出来，然后通过大量的实战进行转化，最后才能成就。搏击的训练从一开始就是真打实凿，通过身体素质训练提高进攻能力，意拳是通过站桩提高体质体能，通过精神训练法使身体形成条件反射，最后通过实战具体化，就这么简单。其实搏击最后也得归结到精神反射上，谁这方面厉害，谁打得就更高明。

形意拳从实战本质而言也是这些东西，只是意拳更简单直接了。从简单直接有效的角度而言，我是很理解而且很佩服王芗斋的。王本人形意拳出身，两次出江湖被打回去，回炉了三次才站稳脚跟，他是真打实凿出来的，所以对传统武术的利弊看得很清楚。而且王本人应该是从混元桩里出的功夫，所以后来他发明意拳的整个核心就是站桩，而且把混元桩改造成撑拔挺裹的浑圆桩，不是明白人看不出人家的高明，那些都是实战抱架的需要。我们看传统武术对搏击失败的例子，哪个有坚强稳固的抱架呢？抱架就好像我方阵地，不能散不能乱，过去老人讲架子不能倒，架子倒了就完蛋了。形意拳传统的抱架就类似现在搏击的抱架，稍微再大一些。三角形的桁架结构稳固了，两手护住头护住肋，拳谱上讲"手不离心，肘不离肋"，把中线和两肋都护住，然后"手如车轮"，两臂好像车轱辘那样立圆式的往复运动，护住头、面、胸、腹，

这样才能立于不败之地。回头看看是不是和现代搏击的抱架、防守姿势很像？

　　如今练传统武术的，不管有意还是无意，其实大都放弃了真正高强度的技击对抗，练武术主要是强身健体和防身自卫，还有相当一部分是陶冶自己的性情或娱乐之用。现在我想，如果开一家正统的武馆，招一批身体素质好的学生，每天8个小时的训练，采用传统武术比如形意拳那种系统对抗的训练方式，相信不比散打搏击出功夫慢。传统上形意拳是"未学拳先学打""形意一年打死人"，入门了就教打法，每天要固定时间对抗，真打实凿，积累经验。跑步、身体硬度训练是少不了的，采用靠桩、学员互靠的方式。提高体质体能主要是站桩和劈拳，打人主要是崩拳、钻拳和炮拳，以及相关拳法的组合。其实搏击也就是三拳两腿，直、摆、勾加上正蹬和鞭腿。形意拳技击关键是打法上要先进，启动速度要快，身体硬度也得够，同时要充分运用形意拳出手见红的功夫，也就是手上的玩意得过硬。过去一个崩拳要人命，如今也得能一个崩拳KO对手。每天这么练，有一年下来，手上、身上的功夫就够硬了。其实这还是比较初级的，都是直来直去的打法。再深入一步，走向以横破直乃至精神层面，基本就是广陵散可望而不可及了。如今是基本的没有，却有相当一部分人在玩高级的，也只是玩，或许有点像，其实根本就不是。根基不牢，地动山摇，加上经济社会追求利益无所不用其极，各种乱象怪象也就不难理解了。

形意古传八句拳诀解读

　　"混元一气吾道成，道成莫外五真形。真形内藏真精神，神藏气内丹道成。如问真形须求真，要知真形合真象。真象合来有真诀，真诀合道得彻灵。"此为古传形意拳拳谱所载，为各形意门派所共有、共知。

　　要理解这几句话，其实可以先去看看吕洞宾的百字铭："养气忘言守，降心为不为，动静知宗祖，无事更寻谁。真常须应物，应物要不迷，不迷性自住，性住气自回。气回丹自结，壶中配坎离，阴阳生反复，普化一声雷。白云朝顶上，甘露洒须弥，自饮长生酒，逍遥谁得知。坐听无弦曲，明通造化机，都来二十句，端的上天梯。"首先我们要破除一个迷信，就是所谓丹道是无比高大上而且充满了神话传说的东西，其实这都是因为过去修道成功之人留书隐晦，加上民间百姓的虚言夸大，以至于搞出一人得道鸡犬升天之类的故事来。所谓道在屎溺，极其平常。道为天地宇宙万物生成的本源，我们生活的每时每刻，无不在道体功能衍化之中，好像空气一样不可须臾离也，可离者则非道！而丹又是何物？民间流传说法就太多了，最多的就是说有个金灿灿的大圆球挂在半空，还能进入人的身体，从此神通百变和孙悟空一样。用南怀瑾先生的话说，这个就离神经不远了。倒是想起一件往事。孙公在时，有个弟子好修道，从孙公求索不成就去修藏密，结果有了神通，某次师徒聚会按捺不住演示了一番。此人走后，孙公长叹一声，对周围人讲，吾恐此子命不久矣。后果然早卒。所以不要去相信什么神通，也不要去玩什么神通，大道平直，道本自然，凡是玩弄精神的最后都会害人害己。

那么丹到底为何物？孙公在《形意拳学》里说得很明白："虚无一气，金丹也，形意拳之内劲也！"本来就不是个有形有相的东西，而是道体本身可以衍生万物的功能。丹道，就是要逆反回真把握这个功能，实现道家所谓"我命在己不在天"，实现佛家的出世入世两相便，如菩萨佛陀百千万亿法身、化身。这也就是拳谱里头讲的"养灵根而动心者，敌将也；养灵根而静心者，修道也"。所以，如果给丹道下一个具体的定义，那么在孙氏拳学体系中，就是无极和一气，也就是佛道两家修行的宗旨，本体以及功能。所以练拳也好，修道也好，如果非要把感觉、现象当成是真相，那就走入歧途了。真相是无形无相，有形有相都是无形无相的衍化。那么如何在拳法修行中符合丹道的要求呢？就是孙公另一首诗："道本自然一气游，空空静静最难求。得来万法全无用，身形应当似水流。"老子曰："致虚极，守静笃。万物并作，吾以观复。"这段话就是站桩练拳的秘诀，站桩或打坐到极静处自有先天本元发动，若入后天便是阴阳和合衍化天地万物，且生生死死不断，是为复！若在先天本元处似动非动，便是含一气，亦可称如来。若动而未化，心中仍是一片宁静，便是一气，也即中和，就是内劲发作了。所谓虚无一气，金丹也，内劲也，这也就是所谓的"丹道"！

再回到一开始的那八句诗。混元一气吾道成，就是说形意拳最根本的核心无非是道本质空空静静之中那个功能，也就是虚无一气，孙公讲这就是内劲！"道自虚无生一气，便从一气产阴阳。阴阳和合成三体，三体重生万物张"。这些话都不是白讲的，每个字都有着深刻的含义。你把握了道体本质和一气，就把握了形意拳最核心的东西。在孙公的拳学体系，无极就是道体本质，太极就是混元一气。所谓混元，来自老子

《道德经》"有物混成在天地先"，物是虚拟，实际就是指一气。"道成莫外五真形"，五真形就是指金木水火土五行，这句话的意思是指道体衍化天地万物无非五行，而我们练拳也要从有形而入最终进入无形无相，也就是五行拳的道理了。所以形意拳法中五行拳是最本质的东西，不彻底掌握五行拳，拳法就始终无法入道了。这里有个重点，何为五真形，而不是"五行"？我们普通人练拳都是五行，而不是五真形。就是说五行拳的本质不是简单的形体动作那么简单，要把金木水火土的本质特征练出来，才叫五真形。天地有五行，人身有五脏，人体自身带着五真形，一旦把真形练出来，你才知道什么叫作真正的五行拳！

那么什么才是五真形？就是把五脏的本气练出来。比如劈拳属金，在人身中属肺主气，心中要油然而生重若千钧、力劈华山之真意，这个东西它自己出来的才叫真形，而不是用身体去模拟斧子劈物之意，那只是外在的有形有相，离道尚远。又比如钻拳属水似闪，谁都见过闪电的模样，可闪电的本质又有谁能真正了解呢？如果把钻拳打得沉重无比，就不是闪而是水缸了。闪电无来无去，轻灵倏忽，见首而不见尾，等你见着它已经过去了，所以钻拳的真形出来是无形无相，如云中漫步，又如漫步天梯、飘飘欲仙。炮拳属火似炮，那真是身体里头要响一个炸雷，周身十万八千汗毛孔都带着精神，所到之处如摧枯拉朽所向披靡，打出来威风凛凛如天神下凡，这个才是炮拳的真形。所以五行拳形态简单，但奥义深刻，如不是过来人提点，又有谁知道其中真意呢？真形内藏真精神，神藏气内丹道成。真形出来了，才知生命本质，才见到五行真奥妙。

所以练拳不能练在表面，以为只要每天打着五行拳的架子就能出功夫，还有以为可以自学拳法的，都是在后天故意中的自我揣测，根本连边都沾不上。五行的本质，所谓内藏之真精神，从最一开始引用的道

教诗句就可知悉：道自虚无生一气，便从一气产阴阳。阴阳和合成三体，三体重生万物张。所以逆推而去，所谓真精神，就是一气而已。而一气，便是道体衍化天地宇宙的那个根本功能。在内家拳，即一气，金丹，内劲也！那么你彻悟了先天后天，知道了一气、无极的本体功能，不也就掌握了丹道的秘密。佛家讲见性成佛，回归了本来面目，也就是所谓"丹道成"了。古人云"朝闻道夕死可也"，丹道成就，也就是把握了天地宇宙的根本规则，生死对于个人而言不过是生灭小事，故庄子云：方生方死方死方生。孙公禄堂云：生死于我如游戏耳！故于此，能懂孙公乎？

如问真形须求真，要知真形合真象。真象合来有真诀，真诀合道得彻灵。道家讲修道成就之人是"真人"，咱们这些芸芸众生其实都是"假人"，所以得一真确乎极难。真，就是唯一，也就是大道了。这句话告诉你，想把真东西练出来不要外求，不要往后天去刻意求索，要求真。真从何来？就是逆反回真，所谓顺中用逆了。道者反之动，生命之流滚滚向前，人一出生就意味着面向死亡，所谓方生方死；但如果一个生命结束了，其实是生命的形式结束了，生命的本质还在，会换一个方式继续流浪在这个天地宇宙之间，所谓方死方生。这个是宇宙的规律，不为人类意志所能改变。所以道家讲"顺则死逆则生"，求真就是要回去，逆反回真归溯本源，找到无极本体和一气功能。易有所谓"理、象、数"，其中的象用在这里，就是说拳法本质内有真形，外有真象，象与形相辅相成一体两面，即是所谓"形象"。从此推展开去，就是形意拳的十二大形与五行拳的关系，形中有象，象中有形，而核心的是真意，所谓"拳无拳，意无意，无意之中是真意"，而所谓真意，也即是一气。孙公讲形意拳是一气，是起落开合伸缩，太极拳是一气之开合，八卦拳是一气之左右旋，无非一气作用。

要弄明白真形与真象之间的关系，里头有个最核心的，就是历代前辈留下的口诀，比如"道本自然一气游"，又比如"道本虚无生一气"等。所谓诀，就是断然如此，只有唯一答案，没有第二个。这里讲真诀，就是老子的"道生一、一生二、二生三、三生万物"。所谓道，就是无极；所谓一，就是太极一气；所谓二，就是两仪阴阳；所谓三，就是三体；后面，就是三体重生万物张。那么回头来看孙公禄堂的《形意拳学》，开篇无极学，而后含一气，而后太极学，而后两仪学，而后三体学，而后五行拳，再后十二形，是不是安排解读得清清楚楚呢？那么最后一句话做总结，就是合道得彻灵，此拳法合道，形而上道艺，形而下武艺，最终的结果就是彻彻底底的通达一切，是所谓"灵"！

形意拳各门派的拳谱大同小异，都是从李洛能那儿来的，这首诗应该是前辈古人拳法入道成就后留下的，或者来自道家修炼的世系。现在的人对这些东西大抵不好理解，是因为走了西方科学的实验辩证的道路，对传统文化形而上的本质就不好理解接受了。但如果不走回传统的路子，除非遇见极明白的师父，不然靠自己真是无法取得真正的成就。所以当代有志于传统武术乃至文化的，都要补传统文化的课，最起码四书五经要学会，这样回头再去看前人留下的东西，肯定就截然不同了。

孙禄堂武学体系技击打法概述

如果讨论人之间的搏斗，最激烈的就是战场厮杀了，因为是性命相搏，传统武术的技击实战就立根于此。首先要提高身体的强度，也就是抗击打能力。外家是通过常年的排打，并衍生出金钟罩、铁布衫之类的硬气功，其实归根结底都是提高肌腱、骨骼的强度而已。这是通过外部的力量和硬度刺激，促进身体被动产生生理上的适应，比如骨膜增厚、肌肉强度增加等，但弊病是容易伤及内腑。还有就是坚持跑步，通过多年长距离奔跑，使关节、筋腱的强度数倍于常人。如果身边有专业运动员的朋友会有体会，你碰人家一下会觉得邦邦硬，就是人家的身体强度太大了，包括肌肉的密度等。所以咱们不说专业的搏击运动员，就是专业运动员的身体素质也不是一般人能抗衡的。据说20世纪80年代一群武术大佬与国家散打队切磋，基本没有能扛过一分钟的，特别是重拳重腿基本防不住，人家说的是真话。但这不意味着传统武术就没这本事，而是这几十年缺乏高水平对抗，已经没人愿意下这么大功夫了。

清末沧州有个专门练铁布衫的杨春林，从小到大都睡在一张布满了碎瓷片的床上。许世友回忆在少林寺当杂役每天练功，要睡在四根横插进墙壁的木桩上。每天打沙袋、插铁砂，到了晚年一盆水还可以一掌就拍没。老将军还说他的功夫不到，少林寺有功夫大的能拍飞一缸水。许世友可是上阵杀敌能一次砍几十颗人头的猛将。八极拳每天靠大树，俗

称铁山靠，胳膊腿脚手掌都要打大树，十几年功夫下来的硬度怎么可以去想象。过去练武的人从早到晚就是练，所谓穷文富武，现在的人要上班，每天三四个小时已经是非常了不得了，遑论蜻蜓点水的"玩家"！我18岁练武时还在上学，每天12点睡觉，3点起来接着练，每天练到8个小时，以至于荒废了学业，等上了班每天有2个小时就不错了。好在这么多年我坚持了下来，有多少人因为事业、婚姻就荒废了呢？

内家拳就不练排打了，而是走的内壮的路子。内家拳练法合道，通过逆生长使身体再次发育，不断提高身体的强壮程度，面对技击时就是大人打小孩。同时通过实战时内劲发动气血灌满，好像轮胎打满气一样不怕打。这两点是最基本的。当然也有辅助手段，一是跑步，二是适当的硬功。内家拳也不是不练硬功的，而是作为内功的辅助，必须是身体强壮到一定程度之后再辅助以外部的硬功，给自己装上猛兽的牙齿和爪子。说起这个气血灌满挺神秘的，其实就是人的正常生理本能。人要是急眼的时候，比如有人当众打你老娘，搁谁都得急眼，管你多少人眼睛一红就冲上去了，这时候就算有人拿啤酒瓶子开你脑袋也不觉得疼，什么时候打完了这口气泄了，才会发现怎么脑袋疼？一摸可能还有血，当时是不知道疼，浑然不觉。一般人这口气泄了身体也软了，这是普通人把本能调出来后的情况，而练内家拳的人得说用就用。

这是说提高身体硬度的事。因为实战技击首先你得扛得住别人打，不可能只是你打别人而别人不打你。专业搏击运动员的一个重拳就足以把人打抽过去，一个鞭腿能把人腿扫断，最起码也使其腿部失去运动能力。所以千万不要想当然地以为自己不含糊能接得住，就算是会铁布衫、金钟罩你还得运上气，可实战中就是零点几秒的接触时间，能不能接得住全在身体本能素质和反应，所以没有日积月累的正确训练，谈技击实战太奢侈了。不仅是散打搏击，传统武术也是如此。搏击好歹有裁

判、有规则、戴手套，不至于伤身丧命，传统武术里头真遇上手黑的给你来一下可能会留下病根，那就是一辈子的事了。孙禄堂传下来的形意拳有专门的五行单操手，训练对抗时身体的接触强度，练起来也是非常辛苦的。现在武术最大的误区是以为怎么练就怎么打，这样认知的，真动起手来就会茫然失措，手脚失据，最后都是王八拳。练功是做大本钱，套路招式都是方法原则，还要到具体实战中转化为战斗力才行。真打起来就是一招半式，拳击也就是直、摆、勾三种，这都是千锤百炼出来的，不会再有第四种。当年八极拳界两个"狠子"，大狠子李书文，二狠子马英图，都是出手见红要人命的主。马英图从沧州刚出师来天津找师兄李书文，那时候还不太会打，为此请教李书文，李书文的回答是"找自己最顺手的招只管练，对景了出手就是"。所以套路招数虽多，也要练得明白，但真正动手打人就是那一招半式。尚云祥说：拳不打人功打人。关键是要有独门的东西。

　　还要提高自身攻击力，这是各门练功的主要方向，就不用多说了。通过我对散打搏击的观察，其实他们也主要是通过理顺身体的传力结构来提高拳或者脚的攻击力的，这和形意拳如出一辙。搏击是通过蹬地后的重力反作用力传导到腰胯，再通过腰胯的瞬间拧转与反作用力结合，顺着脊椎骨送肩送肘送拳，这一系列的传导过程使身体内耗降到最低程度，瞬间发出的冲击力就很惊人了。其实这和绝对力量关系不太大，就是平时显得力量不大的人，经过专业训练理顺了传力结构，也能发出气势惊人的重拳。这个我是做过实验的。我有一个50斤的铁砂袋，没事就站个马步，左右手凌空倒着玩一玩。常来我这儿的专业队搏击运动员玩这个就不如我了，但不妨碍人家重拳重腿的威力。形意拳要明三节用腰胯，其实也是理顺发力结构，但二者最大的区别在于：搏击是利用半边身子拧转的抡击，像是抽鞭子；而形意拳或者传统武术是整体的冲击，

像是坦克。MMA铁笼的战斗一开始那种冲击，和形意拳就很像了。

打铁还得自身硬，功夫大了不讲理，你能扛得住打，自己拳脚又硬，具备了一拳KO对手的本事，下一步还要掌握具体的打法，这在拳击或者搏击中涉及具体的技术。泰森某次KO对手，赛后擂台采访，他还愤愤不平地说，如此低劣的技术也来和我打？所以技击实战不仅仅只是练得硬那么简单。孙存周曾经有句话，你力气再大，打不到别人身上也是白扯。这话绝对是真理，所以武术不讲究体重量级，而是讲究身法速度，谁先打上就是谁的。体格壮、力气大但不掌握技术，遇见体重轻、力量小但技术优先的，基本上会被人家耍，抡着王八拳晕头转向找不到对手，最后自己被累得够呛还被人KO掉。散打搏击由于其擂台竞技的特殊性，有很多适合擂台比赛的技术，因为毕竟是两个人面对面，突然性和隐蔽性就不太重要了，更讲究距离、时间、角度等，相对于平地上打架就复杂或者丰富得多。如果落实到打架或者战场厮杀，其实也没这么复杂，就是一个对撞的事，但是对撞也有技术方法，不是你想撞人家就能撞上的。比如薛颠的五法，飞、云、摇、晃、旋都是横劲里头出变化。形意拳讲究起手横拳，起为横落为顺，身法一动就是横力，所以觉得传统武术简单的那是没见到过真东西。

简单讲讲形意拳的打法。传统武术技击肯定是讲究突然性和隐蔽性，就是两人面对面，有人喊开始，也是功夫大的先到，这就涉及先天层面的反应问题。其实这也不是传统武术特有的，就是散打搏击练到一定程度也是这个。你来我往的可能是后天刻意设计，但KO对手那一下绝大多数时候都是习惯养成的自然本能，往往是不经意而发，顺着本能反应出去的，把人打倒了自己还不知道。有兴趣的可以去观察搏击频道的擂台比赛，但凡KO的没有说是设计好了的，都是在不经意间一下解决问题。而传统武术其实自始至终都是练这一下，追求的也是这一下。形

意拳的打法分三个层次，最高层次是瞬间打上，不给对手反应的时间。其次是半渡而击之，就是自己没掌握到隐蔽性和突然性，失去了先发制人的契机，对方已经启动了，那么就要在中途拦截对手。李小龙悟到的就是这个，所以把自己的功夫体系取名为"截拳道"。但李小龙基本都是截击对方膝盖，迟缓对方攻势，然后再快速踢击对手，还是走的国外搏击的路子。形意拳是全身而上，讲究七星，周身上下都是武器，所谓"打人如亲嘴"就是这个层次。对方刚一动手我就要迎上去，所谓"宁思一寸进，不思一寸退"。一般功夫体系本能反应都是后退的，只是这一退就失去了进攻的先机，就永远被动了。形意拳则反其道而行之，所谓"道者反之动"，越是对方想不到的就越是形意拳的真东西。这时候就体现了形意拳打顾一体的本色了。

一般的技击都是两下，也即先防守后攻击，搏击也是如此。但形意拳攻防是一体的，只有一下没有两下，顾上就打上。比如左手防同时右手打，以此类推。五行拳设置都是如此，但凡从五行拳里悟出来的都明白打顾一体是怎么回事。那么在这个层次上，对方已经启动放出劲了，但只是半渡走了一半，我反其道而攻之，对方就是一惊；同时打顾一体，粘上对手的同时也已经打上，对方基本防无可防，这就是形意拳战术体系的高明之处。某年有个武术爱好者来访，手法很快，我出一个手，他瞬间两个手把我出手按住，此时我的另一个手还在休息，我看他没明白，笑笑就过去了。这种层次的高明之处在于对方劲力使到一半，尚未完全施展还没有形成攻击力，但又收不回来了，看似凶猛实际是最脆弱的时候。这时候你要是退步，就成全了他，自己反受其害。当然了，退步的也不是打不了人，形意拳退步打人也有很多讲究，多数在杂式捶里，有兴趣的可以去研究。具体到怎么出拳，怎么出腿，怎么下绊，非常丰富。

我们再谈谈形意拳技击的第三个层次，说起来是最低的层次，但也是最难的。就是自己的身法启动完全慢于对手，连第二个层次也没有了怎办？就是如此形意拳也不退，退了就挨打了，这是形意拳的大原则。此时对方的进攻已经完全展开，劲力已经完全施展，马上就要打到自己身上了，这时候形意拳是用身体去接化，接上对方的劲用横力化去一部分，但自己也实实在在受了一部分，在接力的瞬间我同时发起攻击，这也是打顾一体的另一种形式，只是此时的顾变成了接。在这个层次中，躲闪也是接化的一部分，能躲开当然好，躲不开就拿身体去接，接住同时打。说到最难，是因为第三个层次必须掌握了横劲使用、卸力打力、打顾一体，才能说得上得心应手，不然在瞬间对接的零点几秒内，依然摆脱不了被对方打倒的命运。

讲完了进，再讲讲退。所谓"不知进退枉学艺"，形意拳的打法里到底有没有退？不是退步就要挨打吗？退是有的，但是是以退为进的退，而不是挡不住对方冲击被动的退。形意拳如果是挡不住对手的冲击会走大边到侧面去，而不是一味后退。形意拳的退步就是陷阱，最典型的就是退步崩拳。比如右拳左腿在前，那么左腿往回退步，成剪子股，也就是左膝盖顶在右膝盖窝里，右拳收回左拳出击。我说过，拳法招数都是原则，把技击的意义都涵盖在里头，明白了原则之后，落实到具体应用要懂得变通。形意拳的退步崩拳看似简单，但是里头东西很深。最主要的是这个退步，其实只是前脚回撤而后脚依然在那里，只是退了半步而已，但给人的心里感觉上退了一步，这就迷惑了对手，心里距离错位了。对方连续攻击的时候，我往回退这一步，对手必然要乘胜追击，但是他算错了双方距离，这一下就正好迎在我的后手拳上。那么剪子股呢？是藏了个暗脚在那里，可以截击对方进攻腿。这一招用得好的，过去有个胡凤山，现在有个方便。胡凤山是参加杭州国术擂台赛，那个老

和尚临时报名挑战胡，一路穷追猛打，胡凤山就是一个退步崩拳把老和尚颅骨都打塌陷了。方便则经常使用这招，但他用的是摆拳，特别是击倒马库斯的那一战，身法一退，马库斯追击，却没想到方便的左手摆拳在那里等着，结果一下就挨上了。方便用这招打过不少人了，不知被他打倒的人至今是否明白怎么输的？

　　简单讲了讲形意拳的打法，相对于形意拳的整个战术体系，我说出来的只是最基本的一二三而已。再说说太极拳的技击，其实太极拳是最高明，如果套用形意拳的三个层次，太极拳的技击就是最高明的第一个层次，是完全不给对手机会的，直接就打上，倒了还不知道怎么回事。说白了就是猝然一击，不管对方起没起杀心，我预先感知则一击必杀，那么就要有感知的能力和出手见红的本事。因为张三丰当年创太极拳的时候，已经是站在极高的层次上。太极拳从张三丰时一路传到清末民国，中间历经多少世事人事的消磨，怎么可能会保持其原汁原味？我们现在看到的太极拳，不管这个正宗那个正宗，也不过是继承了三丰原始太极拳的一部分实质而又有发挥而已。说太极拳举手发人丈外，软如棉、硬如铁、出手见红，现在既然看不到这么高的技击功夫，也就说明其脱离本色久矣。到了孙公禄堂那里，孙公体会出太极即一气、一气即太极的太极拳本质，从源头上算是回归了其原始本真。其实招数、招法只是外在形式，内在的本质只有一个，就是太极。区别真假太极拳，只要看他有没有练出一气就能区分了。一气者，金丹也，内劲也！太极拳就是直接练内劲的拳，这个出来了用任何招数配合，或者直摆勾打人，也是太极拳！

形意拳与意拳之比较

　　姚宗勋先生的《意拳》中，引述王芗斋先生的原话："如或论应敌，拳道微末技。"也就是说，技击只是武道一个很微小的部分而已。那么极大的部分是什么呢？浅而讲是文化，大而讲就是道德了。当然，过去的人把动手当家常便饭，当然有资格这么说。而且武技不入道，这个大小之分也无从谈起。意拳的站桩，里头有句话非常好，就是"休息"。在休息中长功夫，这是当代人谁也想不到的。姚宗勋先生讲，精神集中，周身放松，呼吸自然，其实这些也都是形意拳练法中的要求。这个休息，就是我一直强调的返先天。你逆反回真到了那个程度，接续了天地宇宙的精神，先天元气自然是源源不断而来，体质体能就会出现逆生长了。王芗斋先生讲过自己的境界是与天地宇宙精神相往来，也就是如此。后人只知道站桩就能出功夫，是知其然不知其所以然，最根本的原因在背后，也就是接续先天。我们现在学拳站桩，如果只是空守一个架子，既做不到空空静静，里头也全无消息，哪怕一天站八九个小时，又有什么用处呢？

　　意拳的桩法，其实最核心的就是浑元桩，也就是形意拳古传的混元桩，但意拳对混元桩进行了改造，把撑拔滚裹和六面争力这些拳法中的东西加了进去。所以意拳抛弃了五行拳，统一在桩里头出功夫。但不管怎么改，本质上还是混元桩。我个人的体会，一开始站混元桩是体质

体能快速增长，而后结合五行拳的练习，把球意球劲渐渐练出来，结合到桩里头，逐渐就出来了周身无点不弹簧的内在爆炸力。这个时候站混元桩就站不住了，很自然地要转向，变成单重而且想爆炸试劲，因为劲在身体里头已经藏不住了。而意拳的技击桩其实也就是双重的浑元桩侧向一转而已。这不是个刻意制造出来的东西，而应该是王芗斋先生在自己的拳学实践中自动出来的，而后进行了归纳总结。而这种内在的爆炸力，形意拳叫惊炸，也叫丹田内炸，意拳里叫浑元力。不仅仅只是周身一体，周身一体还在有形有相上，属于球意球劲的范畴，还在后天；这个主要是精神内炸，基本上就是一气出来，也就是内劲发作，通过丹田作用于全身。孙禄堂先生讲"全在当中一点子运用"，这一点子就是一气太极或者说是内劲的起点了。到这个程度，是如人饮水冷暖自知，不到此境界则全无概念，想都想不出来。

这几句话是很重要的："意拳只此一站则可于无力中求有力、笨拙中求灵巧、微动中求迅速、抽象中求具体，使内外合一……肢体中处处相互连通，构成一个整体，相互呼应，一动无有不动，无点不弹簧，以便能够在不同情况下随机随势发力应付技击之需。"想起李老师曾经教训我的一句话："形意拳不练硬功，不练筋肉，筋肉也不做功。"如今大体都公认意拳能打，然练意拳的也不练肌肉，也不练硬功，功夫都是一站而得。可能有站不出来的又去练别的，这个不在此列。形意拳所谓拳桩一体，功夫自来，易筋易骨，改变身心，其实意拳也未脱离此窠臼。意拳不练五行拳，而是把五行拳里头的规矩纳入桩法里同练，在静中统一求动，所谓生生不息之动。由静而动，是所谓真动；由动而静，是所谓真静。除此以外，凡是起心动念造作而来的都是假的。一句话，就是本能激发才有用。后天刻意造作，只好看谁练得硬、练得狠了。所谓无力中求有力，这个力是浑元力，而不是筋肉之力，来自丹田内炸，

先天精神。所谓笨拙中求灵巧，是以心帅形，肉体摆脱了后天的羁绊，如虎豹本能一跃毫无牵掣。所谓微动中求迅速，《逝去的武林》中讲过"打一厘米"，就是这个微动。先天精神上指挥肉体的微动，到真打时放开了就是快，所谓"五行合一处、放胆即成功"。抽象中求具体，也就是先天为体、后天为用了。

站桩首先是求整，打拳其实也是求整。一开始腰胯未出，则手脚同进同退，所谓外三合是也，也就是所谓的整体。渐渐地周身大松大软，专气致柔如婴儿的状态，则周身敏感尽出，碰一点而皆有反应。渐渐形成球意球劲，则无点不弹簧。如果不接对手，就是全身整体而上。如果接上对手，也是全身整体反应。而且上下左右自然呼应，确实是一动无有不动。意拳强调技击中的松紧转换，绝大多数时间都是松，只有接上或者打上对手那一瞬间才是紧。所以站桩把自己站硬了也不对，而是要专气致柔能如婴儿，大松大软。只有极软才能极硬。只有极慢才能极快。阴阳互易，动静为根。而这种松紧的转换，完全是自动发生，而不是刻意而为。当我们通过形意拳也好意拳也好返了先天，完全去掉了后天的刻意，则身体本能反应自然发动。比如我们开车遭遇紧急情况踩刹车，都是瞬间踩上了，过几秒钟才回过神来。这个不通过思维就能行动的就是先天，而回过神来之后就是后天。不管形意拳还是意拳，或者说八卦掌、太极拳，练的都是这个先天。通过系统的拳术锻炼，把攻防的技术与这种先天的感应充分结合，则无论对方怎么来，我皆是空空静静，有感而发，顺势而发，猝然一击。此即真内家！

也许很多人把意拳的意理解为思想或者意念，其实是不对的。姚宗勋先生举了一个李广射石的例子，李广把卧石当成真老虎，一箭射出没入石内。这个危急时刻对老虎完全的确认，是先天上的精神激变，而非后天上的刻意思想。所以等他看清了石头再射就射不进去了。那么意拳

里头的意，就是李广之前的那个意，而不是后来看清了之后的意。其实形意拳练到高级阶段，也就是孙公禄堂所说的"得来万法全无用，身形应当似水流"的阶段，已经基本抛弃了形的束缚，而只是意的作用了。所以意拳通过站桩返回了先天，通过种种环境条件假设诱发精神激变，就是要把这种先天的意培养出来为我所用，日久天长形成精神思维定式，一出手就把先天本能调出来，所谓摧枯拉朽轰然一击。意拳用的是先天神意，而非后天刻意。这个先天神意和形意拳的先天神意本质上并无区别，那么意拳大体也就到此而止，形意拳还有形而上道艺的部分，就不在意拳的范畴里了。

意拳的练功体系核心就是两个，一是站桩，二是意念诱导。站桩能够提高身体功能的原因在于返先天，从先天之本的肾源处入手，逐渐强健人的体魄，这也是武林各派站桩的根本所在，只要有站桩的基本都是差不多的。而意念诱导，姚宗勋先生又称为精神假借，也就是虚拟一个攻击对象，来诱发自身从精神本源处的自我防护本能。比如意想有人持尖锐兵器扎来，则人身自会产生一种保护功能，这种自我保护功能是人作为动物的本能，其背后就是孙公禄堂说的一气或者内劲，但这种功能本身不是内劲，只是内劲的一种表现形式。这种意想必须建立在前期站桩已经取得空空静静的基础之上，基本摈弃了后天的思维思想，在完全率真的境界中进行诱导或者假借，犹如李广射石。如果入了后天刻意，就练不出来了。这也是意拳最难把握的地方。先天与后天的分界，因为常人都在后天思维，加上还有习气欲望，就很难把握这种不动之动，静极而动，落入后天的假想之中了。

意拳与孙禄堂形意拳的区别在哪儿呢？孙氏形意拳是直接返先天，从无极起步，直接把握一气也就是内劲，而后顺序展开，从先天进入后天，而后先后天相交，做到形而上道艺，形而下武艺。意拳则是从后天

起步，首先通过站桩返先天达到空空静静，把私心杂念都去了，避免进入刻意造作。而后通过意念假借激发一气的功能，不断接近一气或者内劲的核心，使身体在先天精神的驱使下爆发巨大的冲击力。再结合拳法的各种技术特点，比如六面争力、球意球劲、整体发力等，这些其实都是形意拳所固有的打法。浑元力出来以后，再结合试力、推手、散手等实战训练，逐步进入真正的实战格斗。如果单独把意拳拿出来分析其战斗力，一个是精神上反应，速度比常人要快太多。二是浑元力，也即整体发力加精神内炸，这种冲击力显然也要大过任何后天肌肉的运动，所以王芗斋先生说那些外家或者搏击之术都是局部之力，也说过"意即力也"，就是此意。三是实战训练，意拳保留了过去形意拳每天都要实战训练的传统，基本是在学中打，在打中学。而这些东西，其实也是形意拳最原始的本来面目。回头看看王芗斋先生创拳的历程，他本人必然是从混元桩里悟出了精神内炸，从实战中摒弃了华而不实，逐渐认识到精神意识的作用远超过肌肉、骨骼的后天作用，于是直奔主题，创立了如今的意拳。

意拳的核心，很大程度上就是形意拳从形到意或者说从有形有相进入无形无相后的内容。比如意拳的浑元桩，通过意念假借，胳膊、腿、胸、腹、胯等，好像抱着一棵大树，用意念对这个大树进行提锉、推拉、旋转等，等身体和意识完整统一之后，进入提而未提、拉而未拉。姚宗勋先生的原话，是朦朦胧胧有那么点意思，这个所谓的意思，其实就是孙公禄堂讲的"有无不立，有无并立"。就好像我之前说开合是一块来的，或者说一块发生的，众人皆不知其意，其实就是姚先生说的这么点意思。喜怒哀乐之未发为中，发而皆中节谓之和。孙公云，内家拳无非中和二字，除此无元妙也！用理论来总结，这个发而未发就是太极，也就是一气，或者说内劲了。不管是练意拳，还是练形意拳，从有

形有相进入无形无相，能够最终体认这么点意思，或者是孙公讲的"当中一点子应用"，拳法即从俗入圣矣。

意拳所谓的处处争力，就是及时在身体牵涉到运动发力的部位建立支点，或者说杠杆的作用。阿基米德说，只要给他一个足够的杠杆，他就可以撬动地球。普通人只有直力，一前一后，打架的时候头重脚轻，出拳打人很容易失去重心，就是因为身体既缺乏整体，又缺乏支点。搏击的支点比较简单，脚蹬地算一个支点，腰胯拧转算一个支点，身体左右抡转算一个支点，把这三个支点搞清楚，把身体发力的次序搞顺畅，就能够在瞬间发出几倍于平常的力量。所以不要以为重拳都是从肌肉练习中来的，肌肉练习只是力量训练中很小的一部分，重拳基本来自身体内部运动结构的顺畅。意拳和形意拳一样，强调整体冲击的技击作用，比如大卡车去撞小汽车，大卡车不会分成几个部分去撞，而是一个整体撞上去。那么我们练的就是大卡车。但是普通人的运动特征缺乏这种整体的冲击能力，只要一动身体就是零散的，所以要先通过站桩建立周身一体，简单说就是六面争力乃至于处处争力，最后的结果就是浑元力。浑元力从有形有相上讲就是周身整体冲撞力，从无形无相上讲是先天神意爆炸力。身体内部没有建立起处处争力的机制，很难形成内外一体的浑元。但这种处处争力，又不是自己和自己较劲，它只是神意上的一种显现，处处争力体现在身体的启动，就是孙公禄堂在《形意拳学》里讲的起为横了。

姚宗勋先生在讲到站桩的呼吸时，说得就非常到位了。一开始是自然呼吸，然后进入腹式呼吸，最后忘记了呼吸，好像周身汗毛孔在呼吸，这就是所谓的"胎息"了。一开始的自然呼吸谁都能做到，但一定是要心情平静，心平气和。人总是在思想高度紧张或者欲望特别强烈的时候呼吸急促，这是生理上自来的本能。呼吸带动了心跳，加速了身体

功能的使用，实际上是加速消耗的过程。我们练拳要反其道行之，所谓道者反之动，要做到空空静静，则自然心平气和，呼吸自然平缓舒张，而后心气下降，肾气上升，心肾相交，水火既济，这就是腹式呼吸。而这个阶段仍然在有形有相也即在后天阴阳之中，所以尽管呼吸变得非常平稳舒缓，悠长深入，但仍然是一呼一吸，那么再进一步就是转化呼吸为息，也就是我反复讲过的呼吸变得若有若无，进入先天的层面，也就是姚宗勋先生讲的忘记了呼吸，好像没有了呼吸。到这个程度，身体内部才会发生化学变化，易骨易筋才会出现。有很多武术爱好者下功夫也很勤，但终其一生一无所得，便是在此关窍处没得到真传。所谓呼吸一微秒，生理就微妙，不懂得此处先后天分野，最多也就是肌肉上的功夫。那么如何做到？其实就是空空静静这四个字，再没有其他的了。不管是形意拳还是意拳，甚至所有的传统武术，都要求你静下来，就是这个根骨。你说我根本静不下来，那是你自己的事。师傅领进门，修行在个人。遇见了明师是大机缘，自己有没有这个悟性慧根也是大机缘，这就完全在于自己了。

站桩其实是个很甜蜜的事，比如我都是白天打拳晚上站桩，因为白天阳气做主宜动，晚上阴气做主宜静，而又有动极而静，静极而动，动静有别。我都是盼着晚上回去站桩的，因为身心内部的甜美醋畅不是可以用文字来形容的。初学站桩大多觉得很苦，基本上是两个原因，一是身体局部僵硬，做不到专气致柔；二是内中没有消息，就只是个空架子。体会不到好处，消息也不来，时间稍微长一点肩膀腰背都酸痛难忍，这时候可能有的门派就要求硬挺着。我要说不对，大约信的人不多，不过姚宗勋先生的说法和我一样，内中全无消息站桩实无益处，不能为了站桩而站桩，也不是只要你往那里一站就出功夫。桩和拳一样，只是出功夫的载体，王芗斋先生说要重意不要重形，形式只是渡河之舟

而已。所以站桩一开始要勤站，别久站，久站伤骨，连带着伤筋，确实没好处。比如每次站20分钟，下来走一走溜达溜达，再去站就会有焕然一新的感受。为什么呢？孙公禄堂在《形意拳学》里反复提到"起点"二字，和"一气"二字一样让后人费解。大约在我解密"一气"之前，我还没看到有人清楚说明过"一气"是什么。一气就是内劲。就是有研究一气的，也把一气理解为一口气，一呼一吸，实在是离道太远。那么这个"起点"是什么意思呢？就是无极而始、太极而动。如同我上面的例子，你下来溜达溜达，身体也松快了，心情也放松了，心里头空空静静了，再去站的那一瞬间，就合上无极和太极的功用，这个就是"起点"。不懂这个起点，就要白费很多功夫了。所以有多少人是练错了的，这回知道了不妨改正，看看是不是进步很快。

意拳的发力，是所谓全身发力，意力合一，好像一个大弹簧拧转压缩到极点，砰一下放出去，这个压缩就可以理解为争力，这砰一下就是由松而紧的那一下。这个争力蛮有意趣，既有身体内部处处之争力，也有身体与外部之处处争力。内部之争力逐渐发展成处处皆能联系贯穿，牵一发而动全身，一如王芗斋所言。外部之争力则东西南北四维上下无有不争，无不牵动，颇有与天斗、与地斗、与人斗的意味，甚而到对手身上去争力。一开始之有形有相之争力，最后渐渐无形无相，似争非争，如姚宗勋所言，只朦朦胧胧有点意思，也即孙公所言，只当中一点子运用。至此，则登堂入室矣！以我个人的体会，如果站桩没有达到专气致柔，或者是大松大软的程度，同时找到球意球力、周身一体、各处联系，是无法做到完整发力的。可能有很多上手就练发力的，一是容易落下局部之病，二是对身心有害无益。就是到了这个程度的发力，也仅仅只是有形有相上的发力，还没有涉及内劲，也就是王芗斋说的宇宙之力。不管是意拳还是形意拳，甚至所有的内家拳，其核心是内劲，也即

虚无一气，而内劲在后天身体上的表现，就是爆发力，吾称为丹田内炸力或精神爆炸力，王芗斋称之为宇宙之力，孙公禄堂称之为一气。你只有出了这种最根本力，内外三合为基础的周身整力、球力、胯力，才有大而化之的基础。如果没有这种根本力，就只是后天功架之力，比如通过拳架达到的周身一体，通过腰胯、大龙形成的敏感反应力，通过处处争力形成的矛盾斗争力，这些都是后天有形有相，只是皮相，还需要一个先天无形无相的作骨，便是一气、内劲了。孙公说一气，王芗斋说宇宙力，尚云祥说心里头也瞪。从何而来？从何入手？有诗云：道自虚无生一气。又云：先天一气从虚无中来。故空空静静才是根本，别动心，别琢磨，按照老师教给你的规规矩矩去做，早晚明白。若稍微动心便入后天，永无出路。如果进一步体会到了内劲，那么身躯之中时时潜藏着一股爆发力，也就是我说的精神爆炸力，把这二者结合到一起，才是完整、完美、纯粹之内家发力。然发力对身心伤害巨大，所以不宜多练，平时意走为主，好像尚云祥对李仲轩说脑子里头打拳，每天发几次熟悉熟悉也就行了。这种整体发力打到对手身上足以致其吐血内伤，但同时对自己身心强度的要求也是极高的，发力瞬间那一下身体内部的震荡、冲击非常巨大，故这也是部分喜欢练发力的人们寿不高永的原因所在。故而平时练发力，一定要多站养生桩滋养调理，一味发狠无异于自掘坟墓。慎之！

　　姚宗勋先生承继王芗斋先生衣钵，被赐名"继芗"，足见王芗斋先生对其的高度认可。姚先生之所学所成，意拳之历史溯源，王芗斋先生之功业事迹，从姚先生晚年遗作《意拳》中可窥全豹。拳学毕竟是一门实事求是的技艺，登上擂台或者街头格斗，无非一拳一脚制胜的功夫，若非如此一定会吃大亏。如某老拳师遇上门拜师者，第一句就是"我不会飞"，实事求是的人总是能够走得更远。

形意拳的整劲与内劲

我们传统武术，不管是内家还是外家，都是要先求周身整力的。这个整力，简单讲就是胯劲，也就是以腰胯为总发动机的一套发力机制。一般人都是膀子上的劲，或者腿上的劲，如果告诉他们胳膊腿不准使劲，就茫茫然不知道怎样用力了。很显然，胳膊腿再粗也没有一个人的腰胯粗。胳膊腿的骨头再粗壮，也没有腰胯的骨头粗壮。我们仔细观察猫科动物的发力结构，都是用腰胯作为源头的。不管是跳跃还是用力，屁股都会高高耸起。就是普通的小狗，如果屁股耸起来和主人较劲，一般人也拉不过人家。所以传统武术的前辈们观察到物理世界的这个特征，把它引入武术的体系中来，改造我们自身的发力机制，用腰胯发力来代替胳膊腿的发力，继而用腰胯统帅全身，当然也包括胳膊腿，最终形成浑然一体的发力结构，简称为"整力"。这个整力如果再配合精神层面返先天的本能机制，就叫作"浑元力"。如何体验胯劲呢？我们可以找一个沙袋，把两只手掌贴在上面，胳膊不准使劲，这时候腰胯发力把沙袋推动，普通人是做不出来的，因为他习惯了膀子上用力，根本就没有腰胯。但是经常劳动的，比如推板车的人就有这个经验，是不能用胳膊使劲的，而是要用屁股、腰上一耸起来这个劲才用得顺畅。我们把这个发力机制改了，就叫作"换劲"。而用腰胯带动全身的发力，是要通过脊椎骨来进行传导，这个传导的过程就是用"大龙"。

形意也好，八卦、太极也好，身法的核心都是以腰胯为总发动机，一起势就是在发动腰胯，所谓"时刻注意在腰间"，又所谓"命意源头在腰隙"，这点在孙氏武学体系中特别明显。形意拳中的太极式，又是所谓四象的，就是把启动腰胯单独拿出来点明。可以这样说，不懂腰胯或者没有腰胯，就不是真正意义上的传统武术了。有了腰胯就有了周身整力，这种整力首先体现在技击中的发人于丈外。道理非常简单，如果是普通人的发力机制，都是在胳膊腿上用力，人和人之间区别是不大的，体重就起了决定性的作用，所以搏击要分量级。但如果其中一人掌握了腰胯发力，整体就会超越对方几个倍数，那么在传统武术中小个打大个也就不难理解了。在实战中，只要身体任何部位贴住对手，发一个胯劲的冲撞，就可以将对方打出老远，这就好像卡车撞吉普，其实是很普通的物理现象。我们练传统武术特别是内家拳，一辈子都在找劲，那么首先就要找到这个整劲。整劲是武艺致用的基础，有了整劲之后，才能谈得上继续深入内劲的阶段。整劲还不是内劲，整劲只是身体初步打合了，所谓外三合内三合，一开始六合九要就要把身体打合，目的就是找整、求整，同时把腰胯找出来，建立周身上下浑然一体的发力机制。那么不管什么情景，我们都是全身上下一块出击，包括身体和精神。过去老人有句话：一到全到，连精神都得到。故学拳先求整，有了整再谈功夫。

这种整力的初级阶段其实就是"外三合"，再进一步发展，就是"内三合"。内外三合做到了，就从有形进入无形，从物质进入精神层面。这个时候就出现了"周身球意"。形意拳讲"六面争力"，太极拳讲"八面支撑"，一开始让你这么练不知其妙，等练出了整力，然后再进一步，终于有一天会豁然开朗，就出现了精神控制的一个360°的球体。孙氏门里把太极拳叫作空心皮球，把形意拳叫作实心铁球，到这种程度，只要神意一发劲力也就发出，神意有多快身法就有多快，神意有多深劲力就有多深，是把人发出去还是当下见红，都在一念之间。王芗斋创立意拳，就是自己练到了这个阶段，体会到了神意做主的妙处，于是独创一套，命名为"意拳"。意拳的各种站桩，包括浑圆桩和技击桩，其实都是从有形层面的球形深入无形层面的球意，这个非得自己练到了才能知道，如人饮水冷暖自知。站桩到了一定程度，周身球意坚固，内在精神迸发，如锋芒激烈而出，实现打人不知。神意毕竟快过任何有形有相的速度，这就是当年王芗斋的境界。而在形意拳里主要是通过五行拳的锻炼，在动作中走出球形和球意，异曲而同工，最后练出来的东西都是一样的。

通过外三合实现周身打合，把腰胯劲练出来相对还容易，进入精神层面就比较难了。有些人通过刻意造作场景来实现，这是似是而非的，因为精神不能造作，凡是造作精神，最后的结局都不会好。拳法进入精神层面，最后实现用精神统帅全身，唯一的路径就是"空空静静"。孙公有诗云："道本自然一气游，空空静静最难求。"所以站桩都是要求你空空静静，不能乱想，目的是为了在空空静静中把后天的人为造作去除干净，先天的精神本质才会出现。这种精神本质是一种植根于动物本能的原始驱动力，比如动物天生就有警觉，而指挥这种警觉的功能，就是我说的精神本质。动物是没有思想的，不会思考问题，脑子里是空空静静的，所以本能激发都是纯任自然。而人类生活在后天欲望习气之中，这种本能已经被遮蔽了，练拳就是要返回去，所谓"逆反回真"，这也就是拳法合道的根源所在。只有我们真正做到空空静静了，原始的精神本质才会出来，而本能才会有被激发的可能。这种原始的精神本质，就是拳法内劲！

内劲的另一个称呼是"虚无一气"。孙公禄堂在《形意拳学》里

讲："虚无一气，金丹也，内劲也！"道家所谓修炼的金丹，其实也是这个。金丹就是虚无大道本体创造天地宇宙万物万有的功能，把握了这个功能叫作得道，也可以叫作得丹，修炼这个功能的过程就叫作修道。佛家讲"虚空之中能生万有"，没点明这个功能，只是告诉你要回去，回去了你自然就知道。我们练拳的是道之余末，只是这个功能的一个小小不然的体现，但就是如此，如果不把握空空静静的本质，也是穷其一生而终无所获。这个东西本身虚无，没办法用文字直接说明，只能用比喻。所以释迦牟尼一辈子讲法都在用比喻，生怕学生们听不懂，或者以指为月陷入后天的执迷造作之中。比如你在路上走得好好的，我突然拦你一下，这时候你体内自然会有反应来保护自己，这个自我保护的反应是自己来的，而不是你能做主的，这个东西才是正道的东西。真要把内劲悟出来了，身心处在那个状态中，生理上会有变化，比如周身鼓荡。老子的《道德经》里讲过类似的话，说这东西好像拉风箱一样，鼓荡这话就是从这儿来的。过去的风箱是拿动物皮做的，内劲一发，周身鼓荡，好像拉风箱一推一拉，皮囊瞬间膨胀又瞬间收缩，但人身上这个收放是高频率的。这种生理现象动物身上也有，比如老虎豹子狮子猫狗什么的，在警觉的时候，你看它的胸腔、腹腔都是在高频率震颤着的，那个就是"鼓荡"了。

我们再回顾孙公禄堂在《形意拳学》里对内劲的批判："世人不知形意拳中之内劲为何物，皆于一身有形有相处猜想，或以为心中努力，或以为腹内运气，如此等类不可枚举，皆是抛砖弄瓦，以假混真，故练拳者如牛毛，成道者如麟角，学者不可不深察也。"孙公说的这句话在如今是相当的应景，比如在有形有相处猜想、腹内运气、心中努力，现在大体不都是如此吗？但这些都是错的，正确的是"先天一气自虚无中来"，首先得回到那个空空静静。

内家练法就是不断强壮自己的过程

练任何一门拳法，身体的健壮程度要不断地提高，否则何来易骨易筋？你不健壮又如何去打人呢？这世界从来都是强欺弱，没有弱欺强的道理。老虎吃牛吃马，牛马怎么可能去吃老虎？传统武术都说能强身健体，关键就是这一点，不断提高身体的健壮程度，具体就是易骨易筋、气血筋骨膜的二次发育了。这种变化应该从学武三个月后就会出现，体力、耐力、精力暴涨，力量、速度、硬度倍增，自己能够感受到身体内部的生长，筋强骨壮，肌肉丰满结实，越来越像一头豹子一样，而且这个进程只要你持续锻炼，并没有一个止境，所以岁数大了功夫依然厉害。如果体会不到这种逆生长，以及身体的再次发育、不断健壮的过程，就要回头思考一下自己是不是练错了。

还有一种是用思想练拳，也就是太喜欢琢磨。其实这门里最要不得的就是思想家。传统武术虽然来源于先民对猛兽捕食的模仿，但在发展过程中引入了道家性命双修的东西，才有转弱为强的身心实践，才有愈来愈强的功夫境界，而拳法合道的最关键之处，就是要知道空空静静才是一切功夫建立的本源。连动心都要不得，何况喜欢思考呢？所以武术不喜欢聪明人，而是喜欢踏实人。踏实了，不瞎琢磨，只是按照老师说的去下功夫，自然一月有一月的长进，一年有一年的进步。老人讲，一层功夫一层道理。不到那个层次是无法切实体会真实境界的，而喜欢思

考与坐在家里瞎想并无区别，最是练拳大忌。所以，爱想的人，特别是自以为是的人，都是很难练出真东西来的。

只有极软才能极硬，只有极慢才能极快，这是内家拳练法的一个主要特征。但是不是身上软塌塌的才对呢？肯定不对。尚云祥说"拳不打人功打人"。什么叫功？不就是力量、速度、硬度、反应这些吗？功夫大对功夫小，犹如大人打小孩。小孩随便打大人，能把大人打坏吗？而大人只需要一下就可以把小孩打坏了。这就是功！所以我们通过系统方法实现易骨易筋，身体愈发强壮上去，包括筋骨的坚硬程度，肌肉的结实程度，都是具体功夫的表现。真正有功夫的人，脱了衣服让你看，肌肉像虎豹，背部尤其发达，胸腹如刀削一样，而不是健美那种极度发达。这种硬不是坚硬、死硬，而是坚韧，平常该软的地方还是软，一旦意识勃发瞬间坚硬如铁，也并不需要运气什么的，只是人的正常生理防护本能。那么功夫小的人和功夫大的摸手，只要一粘就能体会到自己的差距，对方你根本打不动，而对方只要一碰你就出去了，这还是客气的。所以练功不练拳，拳不打人功打人。

套路并非无用。套路是模拟实战场景，同时在实战场景中保持身法的严整。练拳眼前似有人，打人眼前似无人，不管哪家的套路都是这么安排的。一般人不动的时候规矩还能到位，一动起来身子就散了，套路就是做这个用的。但打套路不能一味求快，而是在模拟场景中该快就快，该慢就慢，要神意勃发、神意做主，式断意不断。套路距离实战还有很远的距离，因为套路可以预设，实战没法预设，都是突发情况，所以要讲手、试手。讲手和试手是可调节速度的实战，一开始慢着点，以后越来越快，最后完全实打。董海川的弟子平时就互相偷袭，连上厕所蹲坑都拿着桩劲。孙禄堂允许弟子随时偷袭，都是在讲手、试手后过渡到实战的需求。真正传统武术的实战，在试手之后开始。

王芗斋先生说过一句话是很中肯的："兵器，就是手臂的延长。"形意拳也不单练兵器，拳法出来了，稍微一点拨就会使用兵器了。意拳，是把形意拳的打法专门抽出来总结形成的一套东西，在兵器的使用上一脉相承。传统武术植根于野外厮杀，也就是性命相博，最起码也是打架，在随时要命的场景中，任何可预设因素或者条件，都可能成为自己被杀的诱因。所以传统武术的本来面目，就是战场上两边战士一个对冲，不到1秒的时间内本能的反应、出手，在无意识的条件下把平时积累的功力通过简单的招式尽可能地发挥出来，毙敌于当下。这种性命相博，与现代擂台搏击有着根本性的不同。在传统武术里，打擂台是一个要专门学习训练的体系，有很多方法可以用。但落实到战场厮杀，这些方法技巧基本就用不上了。当你一个人面对四五个人的围攻，而且对方要你命的时候，你能唯一留下且指望的就是你的本能。回到兵器的话题。中远距离攻击力最大的，是长枪。近距离攻击力最大的，是匕首。长枪的中平枪无敌，这也是刺刀的道理。长枪能破砍刀，在于以直破横。一寸短一寸险，在外面遇见拿砍刀的其实不难对付，遇见拿匕首的千万警惕。砍刀毕竟还要举起来，但匕首可以不用预备姿势直接连续刺杀，一般人是防不住的，千万不要有空手夺刀的想法，那几乎是不可能的。就是躲过了对方第一刀也躲不过第二刀，自己的步子一乱、重心一丢就完蛋了。所以遇见拿刀的第一时间是扰乱对方的节奏，比如手里有什么直接扔到对方脸上，地上有砖头捡起来就扔，趁这一恍惚的时机攻击对方，或者干脆逃跑。

"活子时"揭密

关于"活子时"，其实有两种不同的类型。所谓子时，就是半夜11点到1点，子时一阳生发，所以谈"活子时"，讲的是身体里的阳气自动升起来。午时到子时之前，都是阴气渐渐做主的，阴气主收敛，所以我让大家尽量晚上站桩，容易入静。阳气主动，所以过去人都是早晨四五点钟起来练功，就是要汲取天地之间的清阳之气为我所用。为什么要面对东方？因为东方属木，木主生发，在身体内属肝主血。这些都是懂得阴阳互易的道理，也就是道者盗也。阴气和阳气都是有用的，晚上站桩善用阴气，白天打拳善用阳气。人睡眠是为什么？就是白天阳气消耗得差不多了，要以阴补阳，通过睡眠把消耗的阳气补回来，阴阳平衡的时候是深度睡眠，等阳气逐渐占了上风，人就睡醒了。那么所谓的"活子时"，一是早晨睡醒的一刹那，身体被阳能唤醒，男子阴茎挺立，这个时候就是"活子时"，也就是身体里的阳气全面焕发了。人随着年岁的增长，渐渐阳气不足，补也补不回来，慢慢地晨勃就没有了。有人说晨勃是尿憋的，这是胡说八道。你平常尿憋得到处找茅房的时候，那地方也没有立起来过，不是这个道理。早晨起来这个"活子时"，绝大多数人基本就都错过了，其实这是天地送给人的大宝贝，你不会用就可惜了。

对于"活子时"的汲取，道家有些门派讲究四法，其实那都是后天有形有相的小道，搞不好还会出问题。先天大道无形无相，这时候只要起来打个坐或是站个无极桩，空空静静几分钟，等它自己软下去，就把这个大药采了。采药这种事，其实就在于入虚。不懂入虚、还虚的道理，弄来弄去的都是玩弄精神。有很多修道的人，别人看他神神叨叨的，就是在这方面走偏了，走到后天小道乃至邪道上去了。真正悟道得道的很平常，该吃饭吃饭，该睡觉睡觉，一样两个鼻孔出气，如果多出一个那肯定是妖怪。一笑！那么采了大药之后呢，就去打打劈拳，劈拳强肺，最是有好处的。凡事不能贪多，这世界上最多的人就是贪心重的。打拳要留有余兴，则精气不堕，不要把自己像个沙袋那样每天使劲捶，那会减寿的。

还有一种"活子时"，就是我们在练功的过程中，或者因为平时的积累，白天会感觉身体里有一股劲头上来了，这个就是另一种"活子时"。对于练拳练功人而言，都在平时的积累，你平时积累多了，白天出来的频率就高。其实普通人偶尔也会有这种情况，但那是瞎猫碰上死耗子，你看这人不知道什么原因特别亢奋，坐不住，总是想出去活动活动，这就是身体内的阳气发动了。这是有机缘的，特别是少年时期比较多，因为在长身体的时候，好像竹子拔节，里头的阳能运化才能让其不断生长。天地间的动物、植物都是这个道理。成长期靠阳能，到了成熟期阳能就慢慢减退了，逐渐到了老年，阳能完全消耗没了，生命就开始走向消亡。我们说这个"活子时"来了，就像李仲轩在《逝去的武林》中说功夫来了你坐不住，总要起来活动活动练一练，不是过来人不懂得这个道理。功夫是要靠体悟的，而不能靠琢磨，现在是思想家、科学家太多，你在后天用思维琢磨先天层面的东西，那不是缘木求鱼吗？这个时候也是先天大药来的时候，起来练一练，关键是心要静，就觉得自己长功夫了。这个也不能贪多，贪多了感觉身体累，那反而就坏事了。为

什么练完拳要溜达呢？主要是入虚。溜达也是讲火候的，你溜达到我说的"活子时"出来，心里头一股劲头来了，这时候就可以休息了。这是反用"活子时"的例子。所以过去的前辈们拳道相合，智慧高深至极。这些东西或者是自己练出来知道，或者是过来人给你讲，否则看着过去丹书上写的那些隐晦的经文，想搞懂是不可能的。

其实"活子时"就是阳气生发，但它一定是自己来的。如果能懂得天地宇宙最根本的道理，这些东西都是小儿科，极其简单。要懂得阴阳，善于使用阴阳，才是活得聪明的。而保持生命长久的鲜活，涉及长生久视，其实也是这些东西。练内家拳入了道的多活个一二十年，这对于常人来讲是非常渴望的。但前提是你得练对了，你的老师自己就是个明白人，不然就是误人性命，练错了反而损了阳寿，如今这样的也很多啊。所谓形而上道艺，形而下武艺，再往深里说，其实和佛、道两家都是一个宗旨。比如说如来，好像来又好像没来，其实就是孙氏体系中的含一气。说白一点就是出世入世随便，说来就来说走就走，才是佛陀气概。明白了我说的这些，最起码就懂得养生了，活得明明白白，这个才叫智慧人生。

今天有这个机缘，我把"活子时"的道理给大家说清楚，你练到身上自己受了益，才知道古德之不我欺。我的很多学生原来身体这个毛病那个毛病，跟我学了半年一年的，都变得健康强壮了，逐渐深入拳法三昧，这就是走在正确的路上。当老师的自己练出来了，本身就是个榜样戳在那里给学生看，然后把自己走过的、知道的告诉后来人，我们中华民族的优秀文化就是这样一代代传承下来的。如今是开放的时代，能有更多的有缘人受益，也是我的心愿。

八卦拳的传统练法

　　一直以来很少说八卦拳，大体上和孙公禄堂到程廷华处学习八卦拳的心路差不多，就是一开始觉得和形意拳劲路迥异，是另一套绝对不同的东西，两三年以后慢慢才将二者统一。统一在什么地方呢？就是一气，也就是内劲。这些年来，对八卦拳功夫的认知有个巨大的疑问，老辈人都说八卦拳只要按规矩练功夫就能出来，可当代人却少有这么实践成功的，所以往里头加了很多外家的东西，比如硬功、站桩等。八卦拳门有一句话："百练不如一走。"这话对不对？其实非常对！八卦拳出功夫的核心就是走圈，关键是你怎么走。而走圈关键中的关键就是那个趟泥步，我管它叫"滑步"，因为只有正确掌握了滑步，走圈才能成为正确的走圈。或者这样说，八卦拳的走圈如江上行船，倏忽千里，轻舟已过万重山，绝无忽上忽下、窜蹦跳跃之势，而是平稳得很。自然门徐矮子教杜心五走圈三年，在我的认知中和八卦拳走圈道理是一样的，这一走就把功夫都走出来了。

　　形意拳里有"迈步如犁行"，后世人多以为是犁铧入地，其实这也是讲滑步。犁铧因为经常使用，表面光滑异常。如果是脚插入地，身法会多么呆滞呢？就失去了灵动。所以唐山孙氏门把形意拳叫作直八卦，不懂滑步的运用身法就会差一截。到了孙式太极拳，脚下走的都是八卦步，其实就是滑步。孙振岱曾经作诗咏叹孙式太极拳，其中有"身

似桅杆脚如船"的词句，奈何后人不悟！有句话叫"教拳不教步、教步打师傅"，就没人想想这个步会不会就和普通人走路那么简单？一笑！因为人走路迈步有起伏，这个起伏里就包含了向前和向上或者向下两股劲，就部分消耗了向前的冲击力，而且也因为有了起伏，对于身法启动的敏感、速度都有了延误，故于形意八卦拳中是不用踏步的，而是改以滑步，这个才是真正的"步"！回到八卦拳的话题，走圈是核心，滑步是核心的核心。其实拳法招式架势都是后天衍化，说句大白话，走着八卦步，打拳击也一样赢人，可能比传统招式更直接更好用，因为简单直接。关键就是走圈和滑步。现在一些练八卦拳的已经走不出滑步或者趟泥步了。有的看着像滑步，但却是造作出来的，不是上下一体的滑行，而是用脚带着身体的刻意步，这些都不对。滑步必须走得上中下三盘一体发动，虽然你没穿着旱冰鞋，但走起滑步来就好像全身在滑旱冰一样。不但练拳时走滑步，平时生活里走路也是滑步，只要身法一动就是滑步。但有个原则，就是内心安静，不能惊动丝毫气血，这个才是八卦拳内功心法的关键。

那么"百练不如一走"的功夫到底是如何出来的呢？之前我曾经说过，孙公禄堂写的几本书，功法在《太极拳学》里，道法在《八卦拳学》里，形意拳因为有郭云深的形意拳心法刊载在《拳意述真》里，所以只讲拳架。八卦拳和形意拳的统一，都在一气上，也就是内劲都是统一的，是一个来路。一气即太极，太极即一气。那么一气从何而来呢？"道自虚无生一气""道本自然一气游"，要从虚无本质中来，简单说要从空空静静中来。内家拳用的是人的先天动物的本能，而不是后天刻意练造出来的本事，所以有那句话"切莫学排打，天然本能失"。先天有了后天都有，后天刻意先天全无。所以八卦拳走圈的秘密就四个字："空空静静"。一开始走圈心浮气躁，呼哧带喘，甚至头晕目眩，这些都是过程，不必多言。此时只是力求心平气静走去，累了便休息，精神头起来再走，但始终应留有余兴。这样走过一年半载，甚至要走三年，便慢慢走出了内在的精神。何为内在精神？渐渐地呼吸越来越微弱，直到若有若无，这便是转化呼吸为息，所谓至人之息以踵，不转化后天呼吸，易骨易筋是不会出现的。所以你练几十年的功夫，仍然是后天皮肉之能，不懂得先后天分野，练一辈子也是白费蜡。继续转下去，虽然身法仍在不断转动，但内心一静如水，不起丝毫波澜，甚至如打坐、站桩、入定一般，超脱世外，这时候初步功夫就到了，身心便从后天入了先天，渐渐接触到虚无本质，一气也就是内劲渐渐出来。此时有个生理特征，就是鼓荡来了。鼓荡，全身如拉风箱，它是自己来的，可不是能造作出来的。但凡造作，就都是假的。

在这里要特别强调一点，先天层面只有一气精神，没有什么经脉、穴位、气血、丹田之类，这些都属于后天层面。后天是依托在先天基础上的衍化，先天有了后天就都有了，用不着刻意追求，你一追求就废了先天，只能在后天阴阳里自我消耗。所以练拳玩呼吸、玩气脉、玩丹田都是错的，最后不把自己玩出毛病来就是好的。过去几十年间那些早死早衰的大师，大体是从这里出的毛病。南怀瑾曾经说过，不要意守什么丹田，守来守去把气血凝注于一处，早晚会出毛病。气血凝于上丹，早晚脑溢血。气血凝于中丹，早晚心脏病。气血凝于下丹，男人遗精走马，女人崩漏带下。气血的本质是循环，气血只有更加地旺盛运转，对人的生命才有好处，任何的停滞凝聚都是危险的，病害即从此而来。幼儿气血鲜活，身体柔软。年纪增长后气血衰弱，身体越来越硬，柔韧性越来越差。等到死翘翘，气血不动了，身体就成了一块硬板，所谓死沉死沉。所以老子讲"专气致柔能如婴儿"才是正道。凡是违背这个本质的，都是跟自己的生命健康过不去。我们练内家拳正确了，就是"专气

致柔"这四个字。

拳法本质在先天，但应用是在后天，所以讲究"先后天要相交"。先天有了，后天也有了，但后天如何在先天基础上有的？这个是有讲究的。比如"百练不如一走"，怎么走着走着力量、速度、硬度就都出来了，就易骨易筋了呢？其实就两个字："规矩"！形意拳里六合九要，八卦拳里种种身法规矩，其实都是行筋走气之法，你按照拳法规矩都做到了，自然身心变化。所以功夫都是自己来的，不是你能练出来的。易骨易筋也都是自己长出来的，不是你每天"撸铁"使劲捶自己能捶出来的。这里有个验证，先天功夫来了轻易不会退步，除非你被酒色财气熏染了。后天功夫有几天不练就退步，所谓用进废退。先天功夫是本能，人的身体里有先天、后天两套系统同时存在，功夫本来就在你身上存着，只是你平时用在后天都遮蔽了，自己也使不出来，所以觉得这东西神秘不好练不好懂，其实只需要你逆反回真就行了，无需造作。但凡刻意造作，就会离题万里，一辈子也没指望。为什么过去老辈人最终不是归于佛就是归于道呢？其实佛、道两家讲的也都是先天、虚无本质、一气运用，如此而已。天下大道只有一条，没有第二条，但邪路却千千万万，林林总总。所以释迦牟尼圆寂前说到了如今这个时代密宗盛行，人们在后天磋磨得太深了，只懂得不停地索取，却不知道回头，看看来时的初路，那个才是自己真正的老家！

形意拳改性命之解密

　　几乎所有的中国人都相信"人的命，天注定"，寿命基本都是定好了的，所谓"七十三八十四，阎王不叫自己去"。用周易预测的方法解释，就是几乎所有人都会在"七十三八十四"遭遇岁运并临，不死自己死亲人。其实这都是天地宇宙的客观规律，是谁也改变不了的。庄子云：方生方死，方死方生。生死只是我们这个宇宙生命的自然现象。只要一入后天阴阳，就会有生长衰亡。但无论是活着的还是死去的，都只是生命的存在形式，而不是你的本来面目。所以人晚上睡觉做梦，白天不睡觉未必就不是做梦，只是梦的形式不一样而已。总结起来一句话，生命是客观的。

　　生命的长度由谁决定呢？由出娘胎后秉受的先天元气。这个元气的厚薄，决定了你的生命鲜活旺盛的程度。所以都是十月怀胎一朝分娩，但半年之后孩子就能分出强壮与否了。婴儿出生的头半年，还处在空空静静的先天无极状态，这时候与道体本源的联系还未切断，所以元阳输送不断，这半年孩子基本不得病。半年之后思欲一开，与先天联系就截断了，此时就是完全开始消耗既有的禀赋。从这个时候开始，病痛、灾难、困难不断而来。个人所承受的那点禀赋，就好像家里孩子的存钱罐与银行相比一样渺小，而实际上，道体的功能是无限的，不然哪来的天地宇宙、诸多星球、种种生命现象？

个人禀赋的厚薄，决定了生命里程的长短。在成长的过程中，女子7年一个阶段，男子8年一个阶段。女子14岁天癸至，男子16岁性发育。所以女孩总是比男孩要早发育两年，但是衰老得自然也比男子要早，基本上42岁就开始明显衰老了，所谓黄脸婆。而男子要到48岁才开始掉牙、掉头发，开始变得有心无力。但是现代社会这个过程提前了，因为各种物质享受提速了这个过程。等到女子49岁，男子56岁，就进入了正式的老年。随着先天禀赋元阳的逐渐耗尽，生命也就慢慢地走向了终点。

那么如何延长生命的里程呢？就是道家讲的"接续"这两个字。接，就是接上道体那个功能；续，就是把元气再延续上。接续上了，元阳就会源源不断而来，那么生命就会重新开始进入一个崭新的生长轨道，这个就叫作逆反回真，也就把固定的性命给改了。这也就是佛、道两家留形驻世的最大秘密，也是我们老百姓想多活十年二十年的唯一办法。但绝大多数人都是活得稀里糊涂的，一生都是在做梦，从来没醒过。唯独内家拳与道法相合，从拳道一体中走入性命双修，才能有过去那些老前辈活到九十、一百的神奇事迹。唐山孙氏门程秉钧先生93岁了，依然每日练拳不辍。80多岁时一次不小心从楼梯上摔落断了小腿骨，去医院治疗时检测骨龄只有30多岁。

过去道家这些东西不往外传，记载于道藏书籍里的说得也很隐晦，什么立炉鼎、育婴儿、调铅汞。过去人觉得天机不可泄露，随便泄露了会遭天谴，这倒让我想起一个佛家典故。某个寺庙冬天没有柴禾，一个和尚就说把木头佛像劈了取暖，掌院和尚就斥责是大胆妄为，结果最后掌院和尚遭了因果掉了眉毛。所谓天机，就是我们这个天地宇宙客观固有的规律，你说与不说它都在那里摆着，本身也并没有什么神秘可言，让它神秘的是人固有的那颗有为之心。所谓"大道本夷而民好径"，越

是搞得神秘兮兮且超出人类正常生理认知的，就越是假的。

于入世法而言，性命双修的一个最高境界是预知生死，无疾而终，比如孙禄堂，比如支燮堂，都是预知生死。孙禄堂的预知生死只是他家人后来传出来的，那么支燮堂的事迹却是实实在在就发生在20世纪80年代。天津还有个说相声的白全福，号称白大善人，也是预知生死，最后盘坐一笑而逝。其实这些东西也都是很客观的，白全福虽然不练形意拳，但是行善亦是修行法门之一，儒家所谓"止于至善"，儒、释、道三家骨子里其实都是一个。人怎么来的自己做不了主，但怎么活和怎么死倒是可以的，唯此才是真正的大丈夫。过去有"学佛大丈夫事，王侯将相难为"的话，确乎是如此。光是一个酒色财气，几乎就坑掉了所有众生。

从形意拳自身而言，形而上道艺，形而下武艺，道艺者顺中用逆，武艺者逆中行顺，所谓先后天要相交。但不管道艺还是武艺，都要返先天合道体接续本元，否则就谈不上易骨易筋，也谈不上转性命了。孙公禄堂其实把所有的秘密都写出来了，只是如今的人看不懂而已，也只有过来人才能体认体知，只要你在后天一动思维就是错的。所谓小聪明大糊涂，我们用的是智慧。而智慧的另一面就是功夫。人活在世界上，最宝贵的就是生命了，但我很少看到真正爱惜自己生命的，而更多的是怕死。关键是缺乏正念，慧根也不算深厚，所以常为自己所误，也时常为他人所误。其实只要看结果、看疗效，就能判断一门艺法正确与否，这比起用自己的见识来判断要高明太多了。

水流而境无声，得处喧见寂之趣；
山高而云不碍，悟出有入无之机

　　为什么要静？因为静极生动，阴极阳生。练拳不懂阴阳，不会使用阴阳，是入不了门的。后天生命始终在消耗，婴儿时纯阳，逐渐过了二十五六岁阳能消耗过半。体现在身体上，就会感到体质体能逐步下降。运动员特别明显，二十五六岁基本就退出现役。因为生命是客观的，不以人类意志为转移。你说人定胜天，在后天消耗里头是没指望的。那么阳能可以补回来呢？当然能！道家讲逆反回真，佛家讲留形驻世，我们形意拳里头出高寿，通过练拳把性命改了，这都是一回事。婴儿出生后一直生长到十六七岁，这个生长的阶段是客观的，也是自动的，并没有一个背后的神仙主导他的生长，说哪段可以长哪段可以不长。天地宇宙的规律就是这样设计的，只要符合了这个规律，生命体就会不断成长起来。反之，脱离了这个规律，成长就会停止，衰老即会到来，而衰老的终点无疑是死亡。这就是佛、道两家性命双修最大的秘密了。

　　那么这个规律是什么呢？佛家讲空，道家讲静，虽然都是言语般若的比喻，但是告诉世人，唯有在空空静静的状态下，才符合天地宇宙生生不息的规律。因此佛家修行要四禅八定，道家修行讲究清静无为，都是从己身空空静静开始的。这里既是起点，也是终点。故此，佛、道

同源，拳道一体，都是一个出处，一个归宿，只是方法不同耳。我们练拳，有所谓形而上道艺，形而下武艺。武艺无非厮杀决胜，最重要的前提就是强胜弱。那么让身心变强的最有效方法是什么呢？就是生长！而生长，必须在符合了天地宇宙生长规律的状态下才会出现。如今的搏击类武术，通过加大运动量刺激身体被动适应而强壮起来，其实也是体现这个强欺弱的原则，但这种后天锻炼的方法徒增消耗，等于是预支生命，30岁过后还要找方法解决伤病问题。故中华武术取内而不取外，取先天而不取后天。

那么知道了空空静静的道理，是不是只要能静下来就出功夫了呢？不是！因为功夫体现在后天，体现在先天的只是向道体本源的回归。如果只是为了求解脱，空空静静就可以了，双腿一盘四禅八定，色身自然变化。但其中种种境界危险，需要过来人时时提点。故道艺也不能自学，须有过来人引路。否则于境界中被身心感受带走，就会误入歧途了。形而下武艺要强壮身心，就需要通过后天的方法手段结合先天的精神本质，是所谓先后天要相交，也即所谓顺中用逆还要逆中行顺。体现在一门武术中，就是各种练法。基本上分为桩法和拳法，其中各种细节、关窍、火候，非门内而不能传授，非过来人而不能掌控。所以武艺也讲究师承，就在于性命上的事来不得半点马虎，练错了当老师的要有因果。如《逝去的武林》中李仲轩说的，没拜师情分上就差，人家就是给你讲讲拳，也都是蜻蜓点水而已。故于武艺一途也不提倡自学，如果仅仅是玩玩就罢手的倒无所谓，若是真想下功夫得到大好处，必须要寻明白人踏实深入。不然得了一点真东西自己就开始玩味探索，你只知道开始是什么，但过程中的种种变化，靠个人想象永远找不到门，有因为练拳变得神神叨叨的，还有种种身体上的伤害暗疾，不一而足。

每一门传统武艺都有一整套关于性命双修的练法，大体上都是易

骨、易筋、洗髓，而形意拳把它浓缩提炼了出来，直奔主题。有些门派不是很系统，但骨子里也是这个，没有形成理论。形意拳是既有实践又有理论，既有道艺又有武艺，既可怡人性情，又可上阵杀敌，真所谓事简而功大，所以清末以来巨擘频出，武林事迹层出不穷。相对而言，太极拳最高级，也最难练，如果是白丁，从太极拳起步就比较难，如果在其他拳术上有了较高造诣，最终归宿到太极拳，就很容易融会贯通。这也就是为什么民国时很多大师岁数大了都学了一门太极拳的原因。事实上，不管哪一门武术，练到最高境界，都是太极拳。太极即一气，一气即太极。一气者，内劲也。这个内劲，就是中华传统武术最核心最根本的东西。诸多武士终生追索的就是这个内劲，凡几十年最后逐渐悟彻，再一接触太极拳，就会直奔主题了。

所以功夫都是自己起来的，你练对了它就来了。练得不对，它永远不来。因为不来，所以就到后天上去寻找，练得硬、练得猛、练得快，以为这样就是功夫，须知这样的练法都是束缚了自己的身心，不但消耗了元阳预支了生命，而且一到用的时候就使不出来了，这样的事太多太多。武术致用的原则，是只有极软才能极硬，只有极慢才能极快，也就是阴阳互易转换的道理。不懂这个，想着把自己练成一个铁人刀枪不入是不起作用的。须知战场厮杀情势瞬息万变，两人对面出手也就是零点几秒的瞬间，刹那全是依靠本能，全无任何可以思考预设的空间时间，所以一些人遇到真章就傻了，面对凶猛冲击手足无措，变成了让人家随便捶打的沙袋。

郭云深把一生拳学所得写成文章，赋予孙公禄堂以示衣钵传承。孙公并不藏私，将其全文刊载在《拳意述真》第一篇。郭云深公开篇即讲，练拳心里头不可起丝毫血气，要顺着真意萌动练去。这已经是把练法秘密公之于众了。不起丝毫血气就是空空静静别动心，顺着真意萌

动，就是一气激发。所以孙公禄堂一脉相承，有诗云："道本自然一气游，空空静静最难求。"两代大师，已把拳学宗旨解说得明明白白，为什么后人就是练不出来呢？关键是不懂先后天分野的道理。就好像这么多专家、教授解读《道德经》却没有一个靠谱的，因为老子写《道德经》是在描述先天境界没有阴阳只有道体和其功能的境界，也即禅宗修炼到一定程度觉明"大地平沉虚空粉碎"，你在后天阴阳有所求的境界里解说先天的清静无为，不是滑天下之大稽吗？所以不返先天是无法练好拳的。

孙公禄堂拳学思想的核心就是"返先天"，而"返先天"也不是孙公首创，自中华武术与道家性命双修结合后，就是如此的宗旨。我们不是在有所求，我们只是回归而已。得来万法全无用，身形应当似水流。所谓十万八千法门，不过是走向明心见性的条条大路，一旦明白了大道若何，所谓渡河用舟到岸则弃，也只是有感而发无用之用而已。而心内不起丝毫血气，始终是一片空空静静，则无论行走坐卧，无论站桩打拳，亦不过是水流而境无声，得处喧见寂之趣；山高而云不碍，悟出有入无之机啊。

内家拳是什么？练什么？出什么？

不管是什么门类的武术，最终目的都是作用于技击，而技击的不二法则，就是以强欺弱。这世界上从来只有虎吃羊，没有羊可以吃老虎的，大自然的法则就是优胜劣汰，物竞天择。所以武术要打人，自己功能要强，无非速度、力量、硬度加上适度的技巧。如果我们不靠撸铁来增长力量和硬度，靠什么？首先得知道力量、硬度来自哪里？无非是筋骨强壮，所以在搏击界或者在体育界，先天条件是决定性的。天生力量大、体力好，几乎就是王道。靠后天撸铁只是局部、极小程度提高，就是再努力也进入不到专业选手的行列。这就很清楚了，筋骨是身体功能的发起者，那么传统武术通过易筋易骨来实现身体功能的增强，借以提高打击的功效，不就一清二楚了嘛！这才有易筋经的存在。其实易骨易筋是几乎所有传统武术内功的核心，包括太极拳在内。

我们练武术有两个结果可以检验自己，一是身体是不是越来越强壮，二是能不能技击。所以不看广告要看疗效，有因才有果，你的果是正确的，你的因才有正确的可能性。你的果没有，前头的努力就一定都是错的。所以练武术不能被人灌迷魂汤，也不能自己麻醉自己。之所以如今大多武术既不健身也不能打，就是在易骨易筋这个最基本的手段上缺失了。练搏击的每天撸铁磋磨自己，刺激身体，其实也是逆向生长筋骨的一种手段。比如瑜伽，就是通过外部的刺激，来激发筋膜的自生

长。但这种方式弊病比较大，火候不好掌握，所以就会出现各种运动病、瑜伽病。武术拳架子谁都可以玩，外头都可以玩得美轮美奂，但里头是如何运化的，有吗？这个没有，其实就是体操。

传统武术讲究拜师学艺，老师肯定要比学生强得多才行。老师练出来了，自己身体就是标杆，他是不是显得生命状态年轻，身体是否极其强健充满活力，一动手是不是让你觉得一点生的可能都没有？这几项指标有了，才说明是个明白人、过来人，再去和人家学，才不至于耽误自己。

形意拳对于人生理和心理的研究，以我个人的认知，是冠绝于当代所有生命科学的，特别是在接续先后天、旺盛气血、筋骨膜自生长、心理与生理的结合方面，西方科学基本是空白。比如易骨、易筋、洗髓三步，其实是分两个层面的，第一个层面是练法上逆反回真的逆生长，第二个层面是在用法上筋骨膜髓瞬间的作用和反应。过去的前辈其实不藏私，在书上都讲过，但文字这东西有局限性，加上过去人写书一字千金反复推敲，不像我啰里啰嗦生怕读者不明白。非得你遇见明白人，他教给你真东西，你自己练上身，这时候才会恍然大悟，原来生长是分步骤的，但使用是同时出现的等。

什么才是真正的内家拳？其实速度、力量、硬度这些东西每个人身上都有，无须刻意修炼，只需要一定的条件让它们自己出来就行了。比如两个人分别坐在一个长凳子的两端，如果这头的人突然起身，凳子就会瞬间倾覆，那头坐着的人按常理就会摔倒，但是轻灵敏捷的人瞬间就会跳开，而且跳得还挺远，等跳出去站稳了才回过神来，我是怎么过来的？这个速度，这个敏捷，比后天刻意去练要强得多了。像开车踩急刹车一样，遇见危险，脚不由自主就出去踩住了，然后才回过神来，那么你本能上的速度与后天刻意的速度最少就差了几秒钟。如果在技击实战

中，你是用先天的速度去和后天速度的打，一瞬间都可以打倒对方好几次了。这就是先天胜后天的道理。这是讲速度。

我们再说说力量和硬度。比如你一个人出去，如果遇见小流氓骂你，可能一低头就过去了，如果你和孩子或者你妈出去，有人打你的孩子或打你妈，你会怎么反应？北方话讲叫"激了"，瞬间浑身的血一下子涌到头顶，一下子好像变身成绿巨人了，冲上去一顿砍瓜切菜般猛打，这时候你是又硬又粗，身上好像带着金钟罩、铁布衫，五六个老爷们弄不住你。等打完了冷静下来了，你一回忆都不知道刚才怎么打的。怎么自己那么厉害，别人打到你身上也不知道疼，你打别人一下就能把他打躺下，这就是所谓蔫人出猛虎的道理。所以这个力量和硬度你身上本来就有，还需要再练吗？我们内家拳，就是要把这些本能调动出来说用就用。凡是向这个目的而且能够练出来的，才是真正的内家拳。既然是我们身上都有的，你把他找回来，这就不是后天刻意所能练出来的，而只是回归而已，因此内家拳的练法和后天所有搏击、外家肯定都不一样。也正因为是我们人类生理上带的，所以内家拳不会伤身，只会养生长寿。当然，练错了除外。

说个最基本的心肾相交的例子。普通人保持生命鲜活一个最重要的手段，就是心气和肾气要交汇在一起，也就是水火既济，身心内部就能保持阴阳和合，始终健康。但普通人是做不到的，因为思想习气、心气都往上走了，又因为性欲、肾气往下走了，而且随着年龄的增长，欲望习气思想的增强，消耗的程度越来也强，心肾二气也就越来越衰弱，表现在身体上，就是睡眠越来越差，头发白了，牙掉了，性功能衰退了，慢性病也来了，一发而不可收拾。近年来患心脑血管病的人越来越多，就是与现代人爱思虑、习气欲望重有绝对的关系，也因此，心气就会横亘在膻中不下来，时间长了心脑血管产生病变。

练武术的因为心脑血管病死的也是非常多。他们这个群体里还有练法错误造成的，比如说含胸，把肩膀往前含住，任脉就被挤压堵塞在膻中一带了，气血一旦凝滞不动，就会出现问题。还有练法上手型臂形比较高的，特别是高于肩膀的，也会把气血凝滞在膻中以上。有时候我挺不理解的，这30多年武术界很多知名的所谓大师接二连三因为心脑血管病变早死早衰，为什么普罗大众却像吃了迷药一样，继续往他们的坑里头跳而乐此不疲？只能说是智慧不够，花不迷人人自迷吧。所以有句话，人非自度，谁也救不了他。

先天后天如何补

脾胃是后天之本，这话谁都知道，但重要性可能一知半解。其实也就一句话的事，因为脾主肉，而内脏器官等都是肉做的。脾胃一虚，内脏功能全部衰退。所以脾胃不好的，真的要好好考虑生命质量和长短的问题。健美冠军怎么死在心脏衰竭上了？因为肉赖血养，肌肉多了心脏负担就重了。生理都有个自然的限度，一个体重有多少骨头多少肉，生理上的健康标准大体是有上限的，超过了人体就要增加支出，长此以往心脏肯定出问题。人老了为什么眼睛会花？人体喝了水以后，肾脏进行解析，水里的精华会吸收输送到眼睛里，保持眼睛的滋润。人过四十肾脏就开始虚弱，这个解析输送的能力就差了，人眼睛里管调节焦距的东西缺了水就不好使了。大体上头发白、掉牙、眼睛花、性功能衰退都是同步的，根源都在肾虚上。所以说肾为先天之本，消耗大，衰老得就快，这没什么说的，而且从普通人的生理上讲是不可逆的，消耗没了就没了，没有回头路可走。人老了才知道活着艰难，慢慢骨骼筋肉也不行了，所以人老先从腿上见！一个先天之本，一个后天之本，你不好好维护着它们，有一天就要吃苦头了。

后天脾胃可以用后天手段调理，比如多吃面食，多喝米油、面糊涂、陈皮泡水。注意饮食节制，少喝酒，睡眠要充足。先天之本的肾后天就没法补了，那是从娘胎里带来的，除非你再投一次胎。现在所谓补肾，都是那些温热性的药物或者食物给人吃，吃完了身体里发热，虚火起来了，给人感觉好像补上来了，其实是假象，再出去消耗，犹如烈火坩埚，这是个恶性循环。先天需用先天补，先天是什么？就是空空静静而已，你把尘劳思维都放下，能静个几分钟，就补回来了。你要是每天都在空空静静里头不动心不动情，就等于重新投胎一样，好处大了。所以先贤说"若能常清静，天地悉皆归"，就这么简单。你说我空空静静做不到，一想静脑子里就乱。其实那个乱的不是你，而是假象，真正的你就是知道乱的那个，空空静静从来没动过分毫！佛法十万八千法门，道法也一样的。佛道同源，只是名词说法不同而已，骨子里是一个。无极桩补先天，混元桩补后天。得感谢孙公禄堂留下这么好的东西，有了这两个桩，形而下延寿长命，形而上悟道解脱，这个好处千金不易。

单重双重、三昧真火与九转还丹

　　单重和双重，是两种截然不同的练法。如果用动物来比喻，双重练出来有点像犀牛，单重练出来像豹子。双重的用法是横冲直撞，因为他练得硬，周身似钢浇铁铸。单重则是灵。比如猫科动物都是非常柔软的，家里养猫的都知道，可以说是柔弱无骨。虽然这么柔软，但猫科动物是食物链的顶层。但凡是把自己往硬里头练的，基本都可以划入双重。练得硬，战斗力非常惊人，薛颠说过，双重练到极处也可无敌于天下，但是练到极处可能身体就会出问题。过去的大宗师都是练单重的，就是取一个灵字。家里的猫只有七八斤，但如果猫撒了疯想挠你，任谁也防不住，你要想抓它也抓不住。网上有印度豹子伤人的视频，比起豹子的机敏迅捷，人类在后天的运动速率太慢了。灵，里头也包括速度，但不全面，还有身体瞬间的各种姿态转换。其实练双重的十二形是练不出来的，十二形练的就是动物内在的灵。懂这个，十二形才有入门的可能，不然就是模仿，毫无意义。

　　单重的功夫一定是把身体练得极其柔软，所谓专气致柔如婴儿。只有极软才能极硬，瞬间发作那一下，作用到对手身上那一下，就像老虎、豹子逮着猎物瞬间那一下，只要是致命就足够了。所以练单重的，百分之九十九的时间都在休息，而双重平时身体也都是刚硬的，其实对养生不好。道理很简单，只有气血极其旺盛的状态，好像婴儿那个状

态，身体才会是非常柔软的，也是最健康的状态。随着气血亏欠，身体就会越来越硬，岁数大了气血虚了，身子骨就都不灵便了。等人死了，气血一停，就变成铁板一块硬邦邦的。所以就能明白，为什么过去那些大师都练单重而舍弃双重了，一是用起来有缺陷，遇见灵的就不好使了；二是于身心性命健康不利，身体容易出毛病。所以你说我朝哪个方向练？其实就是朝老虎、豹子那个方向练。你要动手任谁也拦不住，你要躲闪任谁也逮不住。

不管你多大岁数开始练，身体一定是先开始柔软，然后进一步灵活。灵活到什么程度？有句话叫"练得骨节通灵处，一身龙虎任横行"。身体骨节处好像有万向节，想怎么用就怎么用，这个我个人是深有体会。虽然我是16岁开始习武，但我真正练习形意拳是这八九年的事，而身体的巨大变化是这四五年的事。一个是走路变快，这不是你要故意走快，而是一动步就是快。二就是身体愈来愈灵，极尽灵活之能事。等到有一天你身体的变化到某种程度，你看豹子、看猫的动作，突然一下就感悟了，这就是十二形的道理。先天本能上人和动物是一样的，你练出来了就合上了人家的功能，这时候十二形才练出味道来。你能想象一个快50岁的人，除了身体健壮超过十八九岁的小伙子，还会像豹子那样极其灵敏灵活吗？只有内家拳或者说形意拳才能把人练成这样。你的身体一直这样走下去，形意门里出长寿不是很好理解吗？我们可能脸上看着老一些，但里头生命很鲜活。我师大爷程秉钧，87岁时给我示范劈拳进身，一丈开外嗖一下就到了跟前。老爷子今年92岁了，每天还是练功不辍，要说生命质量有人能比得上吗？所以说练拳给人希望，是生命的希望，这是根本，千金不易。

老人讲"练得丹田长命宝，万两黄金不与人"。这个丹田长命宝可不是后天什么丹田气，而是道家性命双修里头的立炉鼎、调水火。所

以师父领进门，修行看个人。师父的就是师父的，这个东西给不了你，但可以告诉你方法，你自己练出来才是你的。西游记是本修道的书，里头很多隐喻。比如太上老君炼丹炉，把孙猴子扔在里头用三昧真火炼，是为了练出丹来。啥意思？太上老君代表的就是道，炼丹炉就是人身立炉鼎，孙猴子代表心猿意马，意思是人的七情六欲，你不修它就要出来作乱。把这些东西用三昧真火都给消灭了，丹才会出来。什么是丹？孙公讲过：虚无一气，金丹也，形意拳之内劲。说白了就是返先天得道了，那个虚无本质才是真正的丹，既不是有个明晃晃的大金丸子挂在天上，也不是有个什么具体的东西在你肚子里。三昧真火是什么？人要是胡思乱想特别是性欲起来身体会起虚火，这个火是假的，比如说焚身欲火，是坑害这个肉身的。十八层地狱里头有火刑，其实那个火不是阎王爷点的，都是你自己的情欲点起来的。地狱这地方说有就有，说没有也没有，你被欲望牵着走了它就有，你空虚静寂返了先天就没有，所以地狱是什么？就是你的心魔。如果你一心清静，天地皆归，这时候就会出现一种生理现象，佛家讲"暖"，这个热自己出来了，其实是接续了先天，催动了后天气血，这个东西才叫真火。"三昧"是什么？就是古梵文的"三摩地"，意思是清静无为。所谓三昧真火，就是你真的清净了，身体自然发生的这个现象。什么叫"九转还丹"，就是形意拳讲的明劲，练到六阳纯乾、刚健之至，也就是道家讲的纯阳状态，那么真正完全返先天了，首先是身心返回纯阳，也就是乾卦，六个爻都是阳爻，也就是婴儿刚刚出生的状态。同时也证悟到先天一气是金丹的道理。把这些东西都弄明白了，回头再去看形意拳老前辈、特别是《拳意述真》里郭云深的遗作中，关于形意拳三层道理三步功夫三种变化，第一层明劲的讲述，不就清清楚楚了嘛。这时候才知道形意拳真的是道拳，是性命双修的，自己身心上验证了，都练出来了，才知道古德之不我欺也！

练出毛病怎么办？

有感于这几年不断有练出毛病的朋友来找我，大体都是在后天气血经络上出的问题，以为那些所谓的大小周天才是性命之学的根本，其实是大错特错的。之前我发了个志顺道长的视频，以及我的一篇结合文章，就是告诉大家，儒、释、道三家都是先天大道，不是后天小道，但凡刻意到后天的，就都是错的。这几年我所写的文章，无不是贯彻这个主题。但80年代之后这几十年错误思想的灌输，使人们对伪道学的认识根深蒂固很难改变，殊可叹也！

今天讲一讲如果出现了问题怎么处理？比如把气血练到上丹田下不来怎么办，这种情况非常多。南怀瑾曾经说过，看这人练得满面红光，鹤发童颜，都觉得有功夫，其实离脑溢血就不远了。真正道家的性命之学，是要逆反回真，生命体征往回走的。别人50岁白头发，掉牙齿，你仍然保持20多岁的生命活力，才说明你初步达到了。大道唯一，只有这一条路，没有第二条。从练内家拳而言，是把拳术和道家性命之术结合了，所以才会有几倍甚至十几倍于普通人的体质体能，也才会有越老但生命越年轻的前辈故事。其实这些都是非常客观的，关于这方面的话题，可以参考我以前关于宇宙起源以及天地万物成因的文章。

人身气血的本质是循环，如果不流动就要出问题了。当全身气血都停止流动，那就是生命死亡的状态。所以任何的意守，也都是错的。后

天气血的流动自有路径和规律，无需人为刻意调度。气血旺盛，生命体征也健康；气血衰弱，生命体征就不健康，气血淤塞，与之关联的部分就会发生病变，因为无法做到新陈代谢。关于养生乃至出功夫的练法，后天都指向气血。但气血从何而来？如何推动？在于先天元气。此气无形无相，天地万物因此气皆可相通，且也都由此气衍化而来。不管是佛家、道家、儒家，都是通过种种方法接续先天元气，从而性命双修，启发智慧，悟道得道，解脱生命。

先天元气的特征，就是在空空静静中自来。后天气血的特征，就是不能刻意造作调度。当你的身体因为意守，导引导致气血淤塞而出了问题，其实不需要你用另外刻意的方法去解决，只需要在空空静静当中，不要任何的调度干扰，它自然就会按照既有的轨道逐渐循环而归位了。那么我们普通人一般都会怎么做？因为生理联系着心理，所以一定出来各种焦虑、急躁、害怕，然后病急乱投医，练各种功，吃各种药，还有请大仙的，总之都是火上浇油，扬汤止沸，最后越来越严重。

孙公所谓"空空静静最难求"，便是从此处而来。世人都觉得繁杂的才是好的，其实越是繁杂越是后天，只是先天道体衍化出来的现象，越复杂离真相就越远，后天下的功夫越大就越是无可救药。唯有逆反回真走回先天，才是唯一正确的道路。

谈内劲

时至今日，仍有很多人对内劲认知不清。内劲，孙公叫它虚无一气，道自虚无生一气，它是从虚无之中自己来的，不是任何人后天刻意做作出来的，但凡刻意做作就都是假的。形意拳讲究拳桩一体，拳在桩里，桩在拳里，不管练拳还是站桩，都能把内劲练出来，严格说是悟出来。因为它本来就在你身上，百姓日用而不知，只是需要你把它找出来而已。这一段时间我写了一些关于意拳的体会文章，这些文章也得到了意拳界朋友的认可。武道同途，孙公禄堂早就说过武术本不分内外家，没练到本质上才会分出你我他。我之所以对意拳感兴趣，是我在站桩过程中身心内的变化，逐一验证了王芗斋先生著作中所叙述的事实。老人讲，"一层功夫一层道理"，没有练到层次，那个层次的道理是无法真正体会的，有的也只能是臆测。王芗斋先生是从站桩里悟出来的功夫，他这一路留传下来就是如今意拳的面貌。但这不意味着意拳的内容就能包含形意拳的全部，尤其是孙氏拳的全部体系。不管是从桩上悟出来，还是从拳上悟出来，找到内劲这个最根本的武器，才能谈各种应用的可能性。找不到内劲，就只好练到肌肉功夫上，那就不是真正的内家了。真正的内家，肌肉不主动做功，是神意精神做功，肌肉只是从属作用。如果肌肉上升为主要作用，拳就练拐了。

当内劲找到以后，身体里就深刻蕴藏着一种隐隐的力量，在腹内蛰伏着随时以爆炸力的形式出来。这种爆炸力是根本，用出来则各种形态，这就涉及形意拳的"神打"。关于神打，函授班的学员面授时我都教过了，其实如今社会上传的种种力，不过是原始爆炸力外在用途的衍化而已，是果不是因。好比20世纪80年代以来各种内功气功修炼，都把注意力放在经络、气脉、穴位上，其实那些都是内功运化产生的现象，而不是内功根本。凡是把现象当作根本去练习的，入得深了难免就要出问题，包括大小周天的说法。形意拳各种力，真要是捅破了窗户纸非常简单，只不过是在原始爆炸力基础上，按照用途环境不同随心意而变化的力的现象而已。执着于现象，就会离本质越来越远，永远都找不到真相在哪里。因为内劲本身是无形无相的，所以形意拳本身在技击中的应用也是无形无相的，所谓不立一法，但万法从之。最高级的打法是"不接"，过去讲打人不知，也讲不招不架就是一下，或者说千金难买一声响，都是这个意思。这种最高级的打法取决于身心整体在返先天后敏感运动的程度，好像狸猫虽小，但犯了野性人想抓住它非常难。狸猫就在你眼前，甚至在你怀里，你伸手去抓也不一定抓得住它。动物只在先天，所以一动便是全体灵动，它们反应的速度远远超过人类的反应速度。当我们通过返先天把自身调整到越来越接近动物本能时，这种灵动就出现了。所以练拳身心改变第一步就是轻，而后是灵。越练身体越笨重的，觉得自己力大无穷，其实是笨拙，一只小猫要蹦起来挠你，是绝对挡不住的。

形意拳谱里讲"打上还嫌慢"，就是如上意思。这种最高级的技击手段，必须拥有一击必杀的打击功能，像尚云祥说的："打你上头让你吐血，打你下头让你拉屎，这还是轻的。"过去老人几十年反复磨炼一招半式，形成自己的独门绝招，不是从招式上而是从功力上说的。当年韩慕侠打康泰尔，韩慕侠一米八几，康泰尔两米，两人绝对差着好几个量级。康泰尔如狼似虎扑过来，韩慕侠用转掌的技术瞬间走到康泰尔侧面，一个掖掌就把康泰尔打翻在地起不来了。韩慕侠的这种水平，堪称最高技术水准。这是不接，那么接上会怎么样？比如王芗斋在意拳著作中谈到的种种手法，几乎都是接手的应用，这就涉及形意拳半渡、进打、退打等打法应用了。

内外三合的道理

　　练拳为什么讲规矩？规矩那么重要？一入门就都是规矩，差一点都不行。因为拳法讲究内外相合，身体内部的气血筋骨膜与外部的肢体动作并不是二，而是一，他们是一体映衬，内外结合，互为反映。说到底是个阴阳平衡，气血融合，内外合一，这种状态只有刚出生的健康婴儿才有，也就是形意拳讲明劲的极处，所谓六阳纯乾，刚健之至，也就是身体纯阳的状态。老辈人创拳，自己练出来了才明白这个道理，教给后辈人，又没法很快就练到这个境地，又怕他过程中走弯路，怎么办？就把这些内外相合后的肢体动作作为规矩定了下来。虽然你的功夫没到，内外还没有合，但可以先照着做，最起码没坏处。等到功夫一天天起来了，内外逐渐融合了，也就慢慢理顺理解了。很多人练拳一开始觉得别扭，哪哪都别扭，这时候老师每天给你纠正规矩，更让你觉得别扭，但老师的权威在那儿，又不敢辩驳，于是只能跟着傻练。但这一傻练反而好了，把心放下了，内里空空静静，气血就逐渐融合，内在与外在逐渐统一，这在外家叫打合了，在内家就叫相合，此后便越练越顺手，身体逐渐走向轻灵。为啥呢？小孩都是感觉不到自己身体存在的，小孩子平常只有一个"我"的意识，甚至连我的意识都没有，只是跟随着自我习气或者别人的引导随波逐流而已，所以孩童时代要接受正经的教育，不然大了就容易长歪了。等到身体有了毛病，才会感觉到身体的存在。成年人也是同理，就是不得病的，因为七情六欲消耗，阴阳不平衡，气血不平和，这地方那地方堵了不通了等，都会时刻感知到自己身体的存在。我们练拳到了内外合一，就走回到孩子那个感知不到身体的阶段，最突出的表象就是轻灵来了。身体过去有问题的，这个阶段就已经完全恢复了健康，因为身体有自我修复机制。内家拳把这个机制重新调动起来，说白了就是启动元阳，这是道家性命双修的东西。所以练武术强身健体治病的根源在这里。

我这边过去三年来的学员里，很多都是身体有问题来找我学拳，很多人在很短时间内就痊愈了，而后走上了强筋壮骨之路，身体越来越好，他们的体会都在公众号里，有兴趣的可以往前翻看。其实治病强身对于内家拳只是小小不然的事情，除非是急病我们时间不够，只要稍微从容些都有办法。因为我们是冲着生命的根本去的，你把根本问题解决了，后面的表象问题都迎刃而解。人最怕精神垮掉，自己把自己吓死，这样的就是孙禄堂来了也没办法。练拳外三合主要是实现肢体动作的统一，内三合才是最重要的，孙公禄堂在形意拳学里没直说，只是讲让学者去找明白人练自然就知道妙处。内三合就是为了启动元阳。内外三合最后达到内外合一，肢体动作与内在精神气血完全统一了，才叫真正的六合。所以过去管形意拳叫六合拳，是有着深刻道理的。那么明白了这个道理，练拳把规矩做到位，明白的老师也一定会把内三合的方法教给你，一开始别扭不要紧，以后会越练越合，最后达到我说的内外合一。

《近今北方健者传》中关于孙公和尚公的叙述

《近今北方健者传》又称《拳勇见闻录》，初版于民国十二年，由济南才子杨明漪先生撰写，是一部直隶武林的结绳之书。用现在的话讲，这位杨先生属于独立撰稿人，其所见所闻记录于案，应该是非常客观真实，而且极其宝贵的，可以一窥当年武林大豪们的真实风采。现摘选孙禄堂和尚云祥的部分供大家参考。

孙福全

孙福全，字禄堂，晚号涵斋，直隶完阳人。形意师李魁元、李存义，逮事郭云深，八卦师眼镜程，太极师郝为真，为真师亦畬先生（逸其姓），亦畬先生师武禹襄，武受之河南怀庆府陈氏清平，盖与杨露禅同源也。

八卦、形意两家之互合，始自于李存义、眼镜程；太极、八卦、形意三家之互合，始自涵斋，涵斋于三家均造其极，博审学笃行者四十年。

近着三家拳学行于世，其言明慎，一归之自然，而力辟心中努力、腹内运气等说。因拳理悟透易理及释道正传真谛，经史子集释典道藏之精华，老宿所不能难也，旁及天文、几何与地理、理化、博物诸学，为新学家所乐闻焉。

民国十一年冬，遇之津门，亲授三家精意于同门，自黎明谈至午夜，指画口说，无倦容疲态，十余日如恒，问之，则曰是吾常也，倦则温太极十三势一遍，即解耳。

先是孙之弟子某，盛道孙设教某县某寺时，以狸猫上树势，手足贴墙上，身离墙外，如弓形，可一时许，足痕去地丈余，学者至今保之，以为矜式。面询孙，孙曰儿童辈饶舌哉，言次，手足贴墙上，今只能若斯而已，予老矣，不能践前迹。乃下，视之，足离地可四五尺，此则中西学理所不能明，盖重心在背，人之手足无吸盘之构造，不得吸定也。又云郭先生虎拳，一步可走三丈，罄予能仅及两丈五，先辈之难及，斯其一端耳。请试之，果两丈五。时年孙已六十一岁，体不及五尺，貌清癯，骨如柴，腹如饿状，无怒张之致，而力无穷也，所述各家拳理拳势极博，拟皆著录尚未也，近有出世之想，亦未决。

问以形意力实，八卦力巧，太极力灵，何以可合。曰譬之物，太极皮球也，八卦铁丝球也，形意钢球也。惟其皮，故无曲无伸，不生不灭；惟其透，故无失无得，无障无碍；惟其钢，故无坚不摧，无物不入。要皆先天之力也，皆一气之流也。先则不后，一则不渍，干健也，则视为纯刚，坤顺之，则执为纯柔，固无此理，如执血气为人之素，或执肌肉为人之素，岂通论也耶。余所载着之拳学，请各探讨焉可也，然予老矣，吾道赖诸师弟光大之。

明漪曰：涵斋形意拳学，所谓心意如同人在平地立竿，将立定时一语，与净宗所谓如垂纶钓深潭相似之言正同。八卦拳学，所述程先生，神化功用之言，与丹经无异。太极拳学，述五字诀，可谓兼释道两家之奥。而涵斋犹曰，以力生血，以血化精易，以精化气，以气归神难，此中不有甘苦可言，直有生死之险矣。学者可于力上求，勿轻向气上觅，一入歧途，戕生堪虞。古人不轻传人，匪吝也，不忍以爱人之术杀人

耳。无明师真诀，切不可盲从冒险。

三家拳学，为内外交修之极则，然向无图解。涵斋精心结撰，拍照附图又全书出自一手所编录，形理俱臻完善，掬身心性命之学，示人人可由之途，直指本心，无逾此者。邓完白以隶笔作篆，康南海论书，至以儒家孟子佛家六祖谀之。夫完白以汉篆结胎成体，汉篆固多隶书，完白无破法之嫌，亦不得谓有尊古之功，一视孟子六祖，阐发之绩，噎乎后矣。涵斋之于拳勇，阐明哲理，存养性命，守先开后，功与禹侔。如以康氏谀邓之言誉涵斋，可以不愧，顾安得好学敏求心之其意者，而与之论定之哉。然从此衣钵不传，而三家拳术遍布宇内，有必然者，至涵斋功候之纯，学问之遂，予浅陋未能窥其深，不敢赞一词也。

尚云祥

尚现年六十余岁，山东乐陵人。初习鞋工，慕形意，从学于李存义。去李教拳所三十里强，途间往返练崩拳以行者三年。其练拳每跌足焉，逮事郭云深。其蛇形一式，后臂上伸，全身腾跃，作蝙蝠飞状。连环拳一气贯注，观者不见起止之迹，体刚无柔，腹瀊瀊气实其中，为侪辈冠，当之无幸胜者也！孙禄堂所著《八卦拳学》（第二十一章）盛推尚得刚健之功，非虚语。

明漪曰：闻尚名未得面焉，尝以为憾。李星阶曰：数年前，自奉天归，遇尚师兄，师兄询学力，使予击之，予以崩拳进，击尚腹，觉其腹似两层，外柔内刚。尚以右手略捏予胸，腹稍震，予退至数十步外，几仆，骤不知其力之何自，其腹力之充若斯。存义弟子，得刚劲者推尚，众口一辞。

周祥曰：尚师兄之力，由郭先生所调理，不尽存义师所教，吾辈罕及之者。

何为内家，兼及内家如何治病

何为内家？若懂"意即力也"，即懂内家。若能实做出来，即踏入门庭。若能体会"内开"，即懂筋骨膜。若能实做出来，便是易骨易筋。若能把此二者融合为一，便是登堂入室。若能于空空静静处有感皆应随意而为，便是直入高台见得宗祖。练拳先求整，而后六面争力，然后出球意球力，此时周身上下浑然一体，触一发而动全身，即为浑元整体。同期，练出内在爆炸力，此力来自先天，自觉生成，与丹田做合，隐隐而来。爆炸力与浑元整体结合，便是混元力或浑元力。此时便有了原地发力，其力如巨炮轰击，其势猛烈，摧枯拉朽。结合形意拳神打，或发人丈外，或原地钉钉，一举手皆是妙处。然原地发力只是懂劲初步，尚不能应用于实战，再下一步则须从原地发力进入行进中发力，周身不散不乱，从容运作，便可于电光火石间应用了。再进一步，全是神意内炸、身体敏感之反应，到此处则可于各种情景中自由发力，身心再无束缚矣。

猫科和犬科动物，在受到惊吓准备攻击的时候，就会出现这种生理形态。猫科特别明显，脊柱会瞬间弯曲，后胯高高耸起，同时脊背上的毛会根根竖立。炸毛，就是四梢中的发为血梢。其实另三梢人家也同时到位，特别是爪子，猫科的利刃会一下子伸出来，这就是筋梢。那么到人身上呢？就是大龙和力上脊背。内家拳的功夫分先天、后天两个层面，先天就是一气，也就是内劲。后天就是气血筋骨膜髓，加上以尾椎为驱动，以大龙为中枢，以脊背发力为特征的技术体系。所以从练法而言，要先舍了两臂，寻找整体，而后找到腰胯驱动，顺着找出大龙，再然后逐渐找到脊背发力，到此则登堂入室，始终知内家之妙。尚云祥曾言:劲上了脊背，发力时后背一动，对方就飞出去了。此透底之言，然非过来人不可解悟知之。如功夫还在膀子上，始终未入门也。腰胯大龙，可从太极学徐徐寻之。劲上脊背，可从鲐形悟之。若不知鲐形为何物？终不能入真法三昧。此非耳提面命而不能得，纵然自以为聪明盖世，也猜测不得。

杨澄甫反复和郑曼青讲:要松，不松就是挨打的架子。松，就是不要用拙力，由着本能触发去反应。但凡稍有刻意，身体中正就会被打破，明白人瞬间就会抓住这个漏洞。故"意气君来骨肉臣"，此拳练到后天毫无用处。孙式太极拳是三拳合一，简单地说，是八卦步、太极身、形意劲。身如桅杆脚如船，一动便是滑步。有人描述程廷华的身法，是倏忽来去，一动离着你一丈远，一瞬就到了你跟前。为什么八卦步有这样的效果，凡是看过我亲身演示的都能明白是怎么回事。所谓太极身，就是引进落空，不丢不顶，粘黏连随，顺人之势。玩太极拳永远不要对抗，要先机一步，虽然是顺着对方的劲路走，其实是你领着他，所以粘上他就走不了逃不掉甩不开，全在先天神意。把八卦步与太极身合在一起，那就是倏忽变化，如鱼戏水，忽左忽右，捉摸不定了。形意劲呢？便是欺身抢中，如虎扑食，决然一击。别以为会个架子就是孙式太极拳，技术上不懂，里头气血筋骨膜不知道怎么运化，那只是太极操。

关于入静的问题，大约是困扰几乎所有人的问题。因为做不到空空静静，就返不了先天，功夫就无从谈起。首先不能去求静，用故意压制的方法本身就是烦恼，用一种烦恼来替代另一种烦恼，最后收获的不

还是烦恼吗？所以这条路是走不通的。文字都是有局限的，我一般说空空静静别动心。动了心就是后天，不动心刹那就是先天。后天死了，先天就来了。最好的方法是放下，当把所有的尘劳都放下了，空空静静也就实现了。就像一杯清水本自干净，扔一把沙子进去瞬间浑浊，你是用抄子去捞，还是用纱布过滤？其实只要不管它，慢慢也就沉淀，水清自现。所以对于烦恼念头尘劳，你不要管它，顶多看着它们别动心，慢慢也就远离。你越是招惹它们，它们就越是来招惹你，不理它们就是了。那如何又能放下呢？需要堪破。数数自己那些烦恼，有哪一个是永恒存在真实不虚的呢？其实都是过眼云烟一般的现象而已，连自己这个身体都不长久，遑论酒色财气？都是空的。哪怕一时放不下，练功时放下也可以啊，有什么大不了的？也就慢慢放下了。孙公禄堂创造了无极桩，是伟大的发明，特宜入静。我从16岁习武，后10年研易修禅，寻找这个空空静静凡20年，最后也是两手空空。直到进了孙氏武学的门，知道了先天后天的区别，也明白了本体虚无的真相，再加上无极桩的用功，很快就返先天悟本元归于无极了。真东西都简单，复杂的都是后天。本体不易，道法简易，后天才是变异。我走过来了，告诉大家真相是什么，老实跟着用功，便是最大法门。

之前我举过一个例子，说明后天生命的品质完全取决于气血是否旺盛。比如一块肉要是长在人的身体上是好好的，要是割下来放着几天就烂了，原因就在于里头没有气血的循环。其实这个道理也就是佛家留形驻世或者道家延寿长命的秘密。比如病人或者老人体味就比较重，那是因为气血虚弱，无法有效循环带走机体运转带来的废物。如果一个老人身上有臭味，就要小心他的健康了。平常人如果不注意休养生息，比如酒色过度，体味也会骤然增大，这时候你也要小心了。一个绝对健康的人你是闻不到他的体味的，比如五六岁健康的孩子。三国里说赵云此人

是极其雄健，内家功夫是自己来的，这个极其雄健也是自己长出来的，而不是撸铁撸出来的。其实以前没有内外家之分，传统武术都是内炼内求，没有使劲撸自己的，那叫熬干锅，只能死得更快。从过程上讲，如果你练对了，首先是体质体能快速崛起，恢复到十八九岁的状态，身材相貌也跟着逆转。然后是继续深入，肌肉丰满，骨骼强壮，筋膜坚韧，气血充盈。所谓一身龙虎任横行，龙虎者，气与血也！到这个阶段，因为自身验证了，基本就开悟了天地宇宙的真理，拳法如斯入道！

说起生理的种种变化，若是对后天生命本质了若指掌，便不再有逝者如斯夫的慨叹了。年轻的时候两腿溜直，尤其是有运动才能的孩子们，挺拔得像一棵小白杨。四五十岁这两条腿就开始打弯，想直也直不起来了。为啥呢？因为气血弱了，筋膜硬了，缺乏了延展度，于是腿打弯，脊椎骨也打弯，从小白杨变成歪脖树了。内家拳要逆返回真，四五十岁了体能要比小伙子还好，身材仍然像杨树那样溜直，这说明你真有功夫，性命改了，才叫拳道相合。拳道真的相合也不可能有大肚子。佛教过去的佛像都是细腰的，如今在东南亚还能看到。中国人没出息，自己道心不固性命上不修，出了家的比寻常老百姓肚子都大，岁数一大浑身的肉都松懈了，这是修的什么道？看这人有没有功夫，看手就行了。里头有功夫的手得厚，两个大小鱼际高高隆起，好像两个小山丘，手掌气血充盈，红彤彤的。脸蜡黄，手也蜡黄，身上没肌肉，手掌也是干干巴巴如干姜，这是生命力衰弱的体现。十八九岁的小伙子小姑娘，你去端详人家的手掌，虽然不一定厚，但柔软红润，肌肤光滑，这是十八九岁生命的特征。咱们练出来要超过一般人十八九岁的体质体能，从身体特征上也会比他们更雄壮。

功夫这事，其实不是做加法，而是做减法。为道日损，损之又损嘛。不是求来的，也不是练来的，是你去了后天的浮皮，它自己就会来了。所以，你刻意个什么呢？不光是空空静静，功夫来了感官功能率先敏感，别人听不见的你能听见，别人闻不到的你能闻到。先天大道，无形无相，简单得要死，你非要复杂，是所谓自作孽。什么丹田运气，什么呼吸作意，都是自掘坟墓。正道难觅，外道横行。见到真的，还以为是假的，见到假的，倒以为是真的。真东西练了就见效，十分客观而且科学。假的外表美丽，忽悠来忽悠去，最终两手空空，还闹一身毛病。要素心净意，专一踏实。大道唯一，歧路却成千上万。东边日出西边雨，以为条条大路通罗马，最后也是两手空空。老师可以指点你方向，却管不了你的终程，总归虚心谨慎没坏处。要听话，别瞎琢磨。

　　人到中年，肾虚了，先天之本没了用处，带来的就是眼花、掉牙，然后气血虚，头发就花白了。气血一虚，脾胃运化就差，但这个岁数吃吃喝喝的事还多，于是不管男人女人，都耸起一个大肚皮和一个松松垮垮的大屁股，相伴着三高也跟着来了。有句话说很多人没熬过60岁这个坎，坎在哪儿？不是很清楚嘛。先天之本在接续，后天之本在养护。本来先天就断了，后天还一劲儿消耗，等于是烈火烧干锅，火上浇油了。找个明白人打打拳站站桩，把先天续上，生活里远离酒色财气，用习主席的话讲，清清爽爽地做人。把这两点做到了，对生命就有自信了。不然活得糊涂，死那天更糊涂。中国人里高血压的太多了，西医就是终身服药，中医也没什么好办法。其实是气血循环的事。人的整个循环系统是封闭互通的，如果有地方出现阻滞，阻碍了血液输送，人体就会自动调整，心脏会加大泵血力度，体现出来的表征就是血压高了。那么只要打通阻滞，血液循环正常了，血压就会下来。中国人多是40岁以后出现高血压，这多数都是肝脾不和造成的，特别是脾胃受伤，而脾胃除了消化的另一个功能是掌管气血升降。脾胃功能一旦受损，气血循环第一个出问题。所以喝多了呕吐的人脸色煞白，

就是血上不去了。40岁以后的脾胃伤，要从吃吃喝喝上去找病根，所以古人讲淡泊以明志，是很好的养生妙方。已经高血压了怎么办呢？可以通过混元桩打通血脉，同时调理好脾胃，注意饮食休息，特别是睡眠。熬夜的人虚阳亢盛，阴虚阳亢，也是血压高的主因。饮食有节，睡眠充足，站桩打拳，都能慢慢恢复。

今天来的学员和我说了一件事，让我非常感慨。他的老岳母80多岁了，因为长期操劳，已经出现了老年痴呆的症状，而且还有比较严重的肩周炎，到医院去看，大夫也无能为力。这个岁数，这么严重的小脑萎缩，只能回家随缘了。他就让老太太站无极桩，从一开始十分钟，到现在每天3次，每次三四十分钟，老太太的身体恢复得非常好。不但老年痴呆症状没有了，而且大脑思维能力也都完全恢复。他们夫妻俩谈论事情，以前老太太只是听听而已，如今不但参加讨论，而且会抓住不清楚的细节提问。肩周炎也完全好了，每天可以自己出去买菜吃早点。这就验证了我说的，性命之学在于接续，只要空空静静返先天，接上了道体本源的功能，首先恢复的就是肾功能。肾既主骨，又连着大脑小脑，这两个部分最先体现，最先恢复。感谢学员与我分享成功的经验。80多岁的老人通过无极桩焕发了生命的活力，证明了孙公禄堂内家武学体系的科学和强大。有朋友问老太太站了多长时间开始恢复的，特意问了一下，原文粘贴至此给大家参考："谢谢聂老师关心，已到家。老太太从去年国庆开始练无极桩，好像过了三四个月就加练混元桩，现在也是交替练。精神状态变化好像练了三四个月就比较明显了。肩周炎好了也有三四个月了，也是我主动问，老太太才说早不疼了，正常抬胳膊都没事。话多、脑瓜灵光是从今年夏天开始的，而且心理、身体的好状态更加明显。"

气、血、肉、筋、骨、膜

　　据说日本和韩国准备申遗太极拳。韩国的说法，是张三丰出生于辽东济州岛，那个时代显然是中国人，如今济州岛则归属韩国。好像李白出生在碎叶城，那个年代是大唐疆域，如今归属中亚某国，于是这国家的人就说李白是他们的文化遗产。日本的说法，是有唐代的摹本，里头的拳式和太极拳很像，日本人说这就是太极拳。联合国教科文组织当然不懂什么是内功，什么是引进落空，大约只认拳架子。

　　这一千多年来，从中国拿走东西最多的是日本。从派遣唐使开始，日本人从中国引进了大量的文化、技术、资源，连和尚都引进。如今日本的东密就是当年的唐密，还有鉴真大和尚东渡等。于武术一途，日本人也是如此。但他们获得的多是拳架子，有些拳架子还很古，比我们的都标准。但是他们不懂得内功是如何，尤其不懂得发力方式。清末以后，日本人一直想弄懂形意拳的三步功夫三层道理，到中国来重金聘请形意拳师东渡教学。虽然也有去的，估计核心的东西没教。后来他们想请孙禄堂去，一年十万大洋，孙公蔑而拒之。过去武人爱国家爱民族，讲究武人风骨。抗战时逼迫韩慕侠出来教拳，韩自断右臂铭志，日本人也佩服好汉，一看如此遂作罢。

　　可以这样说，对人身体的组成构造以及健康调理掌握最透彻的就是练形意拳的。当然，得是练明白的人。人在后天上主要是肌肉做

功，因为是精神意志的控制，身体的组织结构上只能通过肌肉运动来实现目的，所以很多运动都是在锻炼肌肉的承受力。这里有一个重要的原则，就是肉赖血养。肌肉能否做出更大的功能，要依靠血液的瞬间、快速供给到位。肉没有了血，就是死肉。当你过度锻炼肌肉时，比如练健美的，肌肉越来越大，需要的血液也就越来越多，那么对比你身体自然承受的程度，心脏的泵血能力其实还在原来的本位，如果没有提高的话，实际上就会是心脏超负荷工作。人的身体就是这样一个自动的组成结构。当身体任何一部分血液不够时，心脏会自动加大供血量，此时体现的指标就是血压高。这几年有几位世界健美先生都得了心脏病，除了他们吃药的原因，更重要的就是心脏长期超负荷工作造成的。能明白这一点，希望练在后天肌肉上的朋友，要学会适度控制肌肉的生长。

既然肉赖血养，血赖何养？血靠着气催动。那么气呢？气靠着筋催动。如今的生理医学基本只研究肌肉和血管、神经，不研究气和筋。这方面西方科学是空白，中医也基本失传，但是形意门里留了下来。全身的筋是个大网兜，筋走到哪儿，经络就走到哪儿，血管也就分布到哪儿。因此，气、血、筋三位一体无有独立，相互作用促进。回头一捋，肌肉、血、气、筋，毫无疑问起决定性作用的就是筋。所以自古以来少林寺有《易筋经》，却没有《易肉经》。当气血丰盈之后，肌肉自然会长到合适的程度，无一寸多余，亦无一寸不够，给人的整体印象就是健壮而协调。那么骨呢？骨赖髓生，髓满骨硬。髓，需要通过水火既济、心肾相交催动炼精化气，这在以前已经讲过多次，就不再重复了。

既然筋是主要，那么筋如何易就和肌肉不同了。人在后天受精神和思维控制，只要精神思维一动，身体运转就是肌肉做主，而肌肉做功的特点就是消耗。要改到筋做主时，必须在先天状态。先天状态的运动有个最大的特点，就是不累，因为是筋膜在做功，肌肉基本在休息，对气血的消耗基本为零，所以你才会不累。先天状态为何？比如踩急刹车，遇到危险，身体本能做出反应，脚就出去踩住，这个过程完全在先天。过了一会儿精神思维才发生作用，也就是回过神来，这时候才觉得后怕，这个过程就进入了后天。这时候你觉得心怦怦跳，而且会有些疲劳，就是筋膜退位，肌肉又做主了。这个肌肉不单单是指胳膊腿上的肌肉，还包括五脏六腑组成里的肌肉，比如心肌。这个从后天转化到先天的过程，就是易。筋膜做主，就是易筋。洗髓又为何物？洗髓，就是洗心。"洗髓经"基本都是禅定功夫，也就是通过禅定功夫返先天，此心脱离后天返回道体本源空空静静，则周身内外脱胎换骨，无一不洗，无一不换。在孙氏武学体系中，洗髓功夫是通过无极桩实现的，而易筋则主要通过劈拳，混元桩主要是融通气血，改变体质体能。

说完了肉、气、血、骨、筋，还剩下一个膜。膜为何物？其实动物的身体里头生长着各种膜，内脏器官的内面、外面，大脑的皮层等。这个层面的膜，主要体现器官的功能。还有一种膜在骨骼表面，是为骨膜，主要是对骨头起保护作用。第三种膜是在全身肌肉的外部包裹，都是一层细细的白膜，这部分膜主要体现腾膜。第四种是丹田内膜，也就是以横膈膜为主的整个腹腔，是为丹田。有句话叫长筋腾膜，筋的功用在于伸缩，所谓筋长一寸寿长十年。膜的功能主要在于腾起，体现身体先天本能的发动。我们练形意拳的，通过系统的训练，能够在瞬间做到长筋腾膜，借助一气内劲催发，丹田作劲，全身筋膜浑然一体。看这人练得对不对，只要他一做功，身体好像突然膨胀了一圈似的，这就是全身筋膜腾起，于是才有摧枯拉朽的一击。

以上是对人生理上的主要因素作一简单介绍，这些主要因素就是练拳的针对目标，明白了其中的道理，掌握了正确的方法，身体才会从寻常走向超强。但愿没有日本人偷看我这篇文章，一笑！其实就是我说的这些，仅限于介绍，而非方法。具体训练的方法，一千多年来都是师徒间口耳相传，法不传六耳，也写不到书上去。若想得真功夫，必须找明白人真心诚意求索啊。

先天、后天，人生理上的不同

　　我总是讲要返先天，大约现在很多人也接受了先天的概念。知道形意拳这东西确实不是练肌肉的，而是要靠本能。但先天到底为何物？怎么才能返先天？又是迷迷糊糊。这就体现出明白人带路的重要性。因为人自出生半年后思欲一开，就逐步向后天靠近，等十五六岁以后就全部在后天里头。怎么让你在后天、用后天而悟先天、返先天，这个难点就在这里。好像释迦牟尼讲法几十年，说了那么多经，其实都是在后天讲的，也是用的后天的语言思维，所以到最后他告诉众弟子，这些都是方便法门，不是本质真相，千万不要以指为月。还搞出一个不立文字直指人心的教法，付予摩柯迦叶，也即是禅宗的起源。

　　内家拳相比于佛道两家，方便之处就是直接奔着性命本源而去，好像禅宗一样直指人心顿悟来处。所以历史上，形意拳前辈们或多或少都有点像禅宗的大德，喜欢打比喻、棒喝使弟子明白。一位学生对我讲，如果我只是简单教拳法他是不学的，看到我的教学里有佛法、有道法、有出世、有入世，既能练拳悟道，明心见性，还能开发智慧，快乐人生，所以才对他产生了吸引力。其实一门真正的佛法或者道法都是如此的，不是死气沉沉远离红尘，而是出世入世两相便。不管是出世的修法还是入世的修法，都是十万八千法门之一。练我们这拳就是身体健康、生活快乐、事业成功，种种种种。为什么？因为你开发了智慧，脑子、

手、眼高人一步，生活中处理问题就相对高明，自然到处得心应手。要不说练形意拳的人脑子厉害，这就涉及接续、还精补脑等层面。

具体讲一讲，人的身体里同时存在先天和后天两套系统。十几岁以后性成熟了，人就完全进入后天。什么叫后天？就是神经思维做主，指挥着你日常的一切。这时候先天就退位了，每天都在默默地休息。为什么后天做辛苦差事你会感觉到累？因为只要思维神经一作用，就会消耗气血精神。如果是体力运动，就会指挥肌肉做功。大家可以回去自己观察，是不是但凡想拿点东西，都是肌肉运动，而不是别的。肌肉的运动要靠大量的血液来支持它的功能。大家都是见过新鲜肉的，新鲜肉都是红色的，这还是放了血之后的所谓干净肉，其实里头还有大量的血液留存，不然不会是红色。如果你用冰水冰块继续拔，就能把肉里残存的血液逼出来，不断这样做肉就会慢慢变白，也就是把血都赶出来了。因为肌肉一做功就需要大量血液，也就瞬间加大了心脏泵血的负担。你越是加大运动量，肌肉需要的血液就越多，心脏以及其他脏器的负担也就越来越重，最终超过警戒值时，身体就会给你一个信号：累了！很多人这时候仍然坚持，比如喜欢体育锻炼的，那么我可以告诉你结果，就是烈火烧干锅，你的脏器特别是心脏功能就会慢慢受到损伤了。

说到这儿，很多人就恍然大悟，为什么运动会累？干活会累？这个度如何把握？这回就懂了。我常讲最好的运动是快走、慢跑和游泳，但一定要在身体产生兴奋、多巴胺分泌到高点时就休息，一般人也就20分钟左右，超过了就会走入恶性循环。凡是专业运动员都知道这个道理，每天20分钟运动保持兴奋，一个月以后免疫力、体力耐力都会大幅度增长。但是运动员要不断冲击更高的竞技水平，所以必须得加量，让身体被动去适应。施瓦辛格做过搭桥手术，几个著名的奥林匹亚先生都有心脏病，孙杨和傅园慧都有心脏病，其实他们只是冰山一角。如人饮水冷

暖自知，谁身体不好谁明白。前几天山东有个国内著名的马拉松跑者猝死，才五十几岁。我们在给予深深悼念的同时，不思考一下背后的原因吗？如果早认识我，大约也不会如此。当然，被西方科学和体育理论洗脑了的一部分当代中国人，大概也很难听得进明白人劝解。

可能有朋友要问，那你经常一跑十五六公里，难道不是消耗吗？跑步对身体的伤害，也主要是对着心脏去的。那种张着大嘴气都喘不上来的跑者，是最容易猝死的，还有类似的、每天把自己跑得生不如死的人。因为心脏的每一次收缩泵血，时间大约只占十分之一，另外多数的时间心脏都是处于收缩后放松休息的状态。当你的心脏长期处在高频率收缩时，心脏的肌肉得不到充足的时间休息，慢慢地就会产生疲劳。这个和腰肌劳损是一个道理。人的器官组织都是肉做的，只要是肉它就会疲劳。时间久了，产生的后果就是心肌丧失了它最完美的运动能力，各种心脏问题就出现了。更严重的是瓣膜关闭不严了，距离做手术就不远了。村上春树是马拉松爱好者，他说过一句话，菜鸟都是呼哧带喘，老年几乎听不到呼吸声。如果你喜欢跑步，一定要在跑步过程中返先天，而不是一味在后天上消耗，那个是没有前途的。

所以，只要人在后天要做事做运动，就会消耗气血，过分消耗就会对身体的承受能力提出挑战。有的人通过循序渐进的运动使身体的承受能力不断提高，但不意味着你的身体就真的好，那只是耐受力更强一些而已。所以高水平运动员猝死事件屡见不鲜，西方医学找不到原因，其实是在这里。等你的身体消耗到极致，不管是心脏还是哪个脏器的肌肉组织带不动了，也就彻底结束了。那么先天呢？先天不会产生疲劳，因为先天不使用肌肉。比如你踩刹车，瞬间脚就出去，脑子里一片空白，十几秒钟后才回过神来，冷汗都下来了，这时候感觉到心里头突突，还有点兴奋。又比如孩子要掉地上，你要是在旁边肯定是想都不用想就扑

过去抱住，会累吗？因为这一瞬间身体没有走神经控制，走的是先天本能。后天来不及的时候，涉及你的生命安全或者心理所系人的安全，你的本能也即是先天就会自己启动了。所以后天不死先天不出。禅宗讲，要想活个人先得死个人，其中的意思很简单，就是把后天的种种搞死掉，这就是修！本心才会出现。所以不见本心修法无益，后天不死，你怎么可能识得佛法三昧呢？

那么先天不使用肌肉，使用的是什么呢？基本上是筋和膜。比如你伸懒腰，浑身绷得那么紧，全身那么硬，可你感觉很舒服很美，呼吸也不受影响，抻一会儿也不觉得累，这就是先天层面的运动方式。这个过程肌肉没参与吧？只是筋在拉紧而已。我和过来面授的学生测试，他们坐在沙发这头，我突然用一把匕首插他们小腹，一瞬间本能反应，他们都能平移出去一米到沙发的那头。我问他们怎么过去的？他们都说不知道。腿也没使劲，身体也没纵越，怎么就平移过去这么远？其实就是身体里筋膜瞬间的反应，把人的身体带过去了。而筋膜服务于先天，当你受到生命威胁时，后天来不及也无能为力时，它们就出现了。还比如有四五个人用棍子打你，很多人都是不自觉抱住头弯下腰，把后背亮给别人，还很抗揍，像擂鼓一样。这个时候出于害怕，自我防卫的本能就出来了，脑子里什么也来不及想，精神上除了亢奋什么也没有，别人打十几棍子都没事。但这时如果人家停下来，你脑子又回来了，有人再打你一棍子，可能就要了你的命。这就是先后天的区别。

既然先天的运动不使用肌肉，五脏六腑就没有负担，所以也不会疲劳。孙存周曾经说过一句话："打一晚上都不累。"虽然谁也没有打过一晚上，但这个道理是对的。过去战场厮杀几天几夜，普通人早累死了，战士们却不会，因为他们在生死存亡之时早已将自己忘了，就返了先天。出来的都是本能，满心的都是精神，越打越兴奋，打着打着天黑

了，打着打着天又亮了。等到仗打完，一鸣金收兵，可能很多人倒在地上就睡过去了。因为一刹那他们的脑子又回来了。那么不是完全返先天吗？他们为什么会累呢？因为在厮杀这类的运动中，虽然是先天为主，但后天也会参与，也就是意气君来骨肉臣。落实到武艺的打斗中是先后天并举的，也就是孙公禄堂说的先后天要相交。这就是另外一个话题了。但也正因为先天做主，所以人才能发挥出巨大的潜能。这也就是形意拳所立根的基础。

说了这么多，就是希望大家能够明白，真理不一定只掌握在大多数人手里，也不一定掌握在所谓大科学家的手中。明白了这些道理，最起码对于自己的养生就心里有数了。你不知道怎么延长寿命，最起码不要人为去减短它。后天适当的运动是有益的，但千万不要以为越多越好。就是后天适当的运动，其实也是依靠先天的指引。当先天与它失去了联系，就会走进不断的自我消耗之中了。那么落实到武艺中，是不是等着先天自己出来就行了？那肯定是不行的。如果有歹徒持刀杀人，你等着本能出来自我防护，那肯定等同于自杀。你等着本身就已经在后天了，所以先天一定不会出来。另外，技击之中先后天的使用非常复杂，需要长期系统的训练，才能让它说出来就出来，说用就用。归根结底一句话，找明白人学习是要紧。